복 있는 사람

오직 여호와의 율법을 즐거워하여 그 율법을 주야로 묵상하는 자로다.
저는 시냇가에 심은 나무가 시절을 좇아 과실을 맺으며 그 잎사귀가 마르지 아니함 같으니
그 행사가 다 형통하리로다. (시편 1:2-3)

기도는 기독교 신앙생활을 가장 정직하게 증거한다. 기도는 보이지 않는 하나님을 신뢰하는 경건의 태도이며, 하나님의 법도를 사랑하여 순종하고자 하는 경건의 중심을 보여 주고, 자신에게 주어진 모든 삶의 분깃과 책임을 감당할 능력이 자신에게는 없다는 겸비한 경건의 열매이며, 무엇보다 하나님의 은혜의 도움을 구하고 하나님께 감사의 찬송을 드리는 경건의 즐거움이다. 그래서 신자가 경건하면 더욱 기도 생활을 가까이 하게 되는 법이다. 기도 생활을 통해 신자는 하나님께서 주시는 달콤한 기쁨과 평안을 누린다. 이처럼 하나님을 영화롭게 하는 것임과 동시에 또한 하나님을 즐거워하는 신앙생활이 바로 기도이다.

기도는 어떻게 하는 것이 옳으며, 무엇을 구하는 것이 마땅할까? 매튜 헨리의 『기도』는 우리의 신앙생활에 이전의 어떤 책 못지않은 커다란 유익을 전해 준다. 이 책이 주는 교훈을 따라서 자신의 심령의 언어로 기도할 수 있기를 바란다. 이 책으로 말미암아 나의 기도는 전과 다를 것임을 기대한다. 수고로움이라는 말보다 기쁨과 평안이라는 감사가 기도의 성격이 될 것을 소망한다. 이 책을 개정, 편집하여 낸 파머 로버트슨 선교사님께 진심으로 감사를 드린다. 그의 언약신학의 책으로 성경을 배웠는데, 이제 그의 수고로 매튜 헨리를 만나 기도를 배운다. 이 책을 꼭 손에 붙들고 마음에 담기를 독자 여러분들께 부탁드린다.

김병훈 합동신학대학원대학교 조직신학 교수

기도는 하나님의 말씀에 이끌릴 때 힘이 있다. 300여 년 전에 쓰인 매튜 헨리의 『기도』는 오늘날의 피상적 경건의 외양에 가해진 메스다. 성도에게 주신 은혜의 방편인 말씀과 기도가 이 책에서 하나가 되었다. 이 책은 나뉠 수 없는 것을 나눠 버린 우리 시대의 삐뚤어진 경건과 우리 신앙의 불균형과 부조화를 고발한다.

매튜 헨리의 『기도』는 어떻게 우리의 신학과 교리가 기도 속에 녹아들 수 있는지를 보여 준다. 우리가 배운 말씀의 교훈은 우리 삶과 경건이 되기 전에 먼저 기도 속에 녹아져 하나님께 드려져야 한다.

매튜 헨리는 시편만이 아니라 하나님의 말씀 전체를 그의 기도로 삼았다. 당신의 입의 말과 마음의 묵상이 주님 앞에 열납 되기를 원한다면 이 책을 들고 읽으며 기도하라. 인간의 말로만 무성한 기도가 아니라, 하나님의 말씀이 당신의 기도의 숨결 속에 고동치는 기도를 배우라.

김형익 벧샬롬교회 담임목사

매튜 헨리가 우리에게 보물을 주었다. 설교자라면 누구나 좋아하는 성경 주석뿐 아니라 그가 평생토록 씨름한 성경적인 기도문이 그 보물이다. 매튜 헨리의 성경적인 기도는 말씀에 나오는 기도문들을 자신의 삶에 적용한 기도의 주석이다. 우리의 욕망을 부추기는 혼탁한 기도를 정화할 깨끗한 맑은 물이 여기 있다. 거듭난 성도를 성화에 이르게 하는 기도는 우리의 욕망을 다스리고 참된 소망을 갈망하도록 한다. 그가 남긴 성경적인 기도는 이미 그의 후손들에게 진정한 영적인 유산이었고 이제는 영적 유산을 남기려 갈망하는 우리에게도 귀한 선물이다. 이 선물을 받으라고 적극 권하는 바이다.

김병년 다드림교회 담임목사

대부분의 사람들은 영국 국교회에 순응하지 않은 불세출의 청교도 매튜 헨리를 탁월한 성경 주석가로 이해한다. 이런 이해는 지당하다. 그러나 그는 말씀만이 아니라 일평생 기도에도 전념한 사람이다. 헨리의 기도는 시처럼 아름답고 성경처럼 경건하다. 이는 그의 기도가 성경에서 가장 아름답고 감동적인 언약의 도톰한 살을 예리하게 발라내어 기도의 문장으로 재구성한 것이기 때문이다. 하나님의 언약에 뿌리박지 않은 기도는 인간의 고삐 풀린 욕망으로 채워질 수밖에 없음을 잘 아는 주석가 출신의 이 기도자는 엄선된 성구들에 박힌 하나님의 약속에 기초하여 기도해야 함을 매 기도마다 강조한다. 그의 기도문은 한 문장이 하나의 단락을 이룰 정도로 긴 장문이다. 그래서 하나의 문단을 한 호흡으로 읽는다면, 헨리가 이 책에 담은 기도의 경건한 숨결을 따라, 말씀과 기도의 오묘한 조화와 균형을 갖춘 기도자가 되리라고 확신한다. 헨리의 기도문을 읽으면서 나는 눈물을 주체할 수 없었다. 하나님을 더 알게 되고 그분의 사랑을 더 느끼게 되고 그분을 더 사랑하게 되었기 때문이다. 진정한 기도자가 되기 위하여 이 책을 잡는 자에게는 사랑의 눈물이 촉촉한 독서가 될 것이 예상된다.

한병수 전주대학교 교의학 교수

성서적으로 충실하고 영적으로 진지하게 기도할 수 있도록 그리스도인들을 가르치는 도구가 300여 년이나 지난 이 시점에서 새로운 방식으로 다시 소개되고 있다면, 사려 깊은 그리스도인들은 마땅히 이러한 과실을 맺게 하신 하나님의 은혜에 감사드리며 기뻐할 수밖에 없을 것이다.

D. A. 카슨 트리니티 복음주의 신학교 교수

회중 앞에서 공적으로 기도하는 법을 알고 싶거나 개인 기도를 더욱 깊이 하려는 독자가 있다면, 매튜 헨리의 이 책이 열쇠가 될 수 있다. 이 책은 기도하는 사람의 마음을 거듭 성경으로 이끄는데, 그것은 이 책이 하나님의 자기 계시라는 형식과 우선순위에 의하여 우리의 기도 생활을 형성시키기 때문이다.

칼 트루먼 웨스트민스터 신학교 역사신학 교수

매튜 헨리의 이 책이 주는 크고 독특한 유익은 성경 말씀을 직접 인용하여 기도를 구성한다는 데 있다. 그의 접근법으로 신자들은 성경 말씀을 읽고 공부하는 것은 물론 성경 말씀으로 기도까지 드릴 수 있다.

필립 라이켄 휘튼 칼리지 총장

매튜
헨리
기
도

Matthew Henry

A Way to Pray
Edited & Revised by O. Palmer Robertson

매튜 헨리 기도

매튜 헨리 지음

O. 파머 로버트슨 개정 편집

김동완 옮김

복 있는 사람

매튜 헨리 기도

2018년 7월 30일 초판 1쇄 발행
2025년 3월 7일 초판 4쇄 발행

지은이 매튜 헨리
개정 편집자 O. 파머 로버트슨
옮긴이 김동완
펴낸이 박종현

(주) 복 있는 사람
주소 서울특별시 마포구 연남동 246-21(성미산로23길 26-6)
전화 02-723-7183(편집), 7734(영업·마케팅)
팩스 02-723-7184
이메일 hismessage@naver.com
등록 1998년 1월 19일 제1-2280호

ISBN 979-11-7083-244-7 03230

이 도서의 국립중앙도서관 출판예정도서목록(CIP)은
서지정보유통지원시스템 홈페이지(http://seoji.nl.go.kr)와 국가자료공동목록시스템
(http://www.nl.go.kr/kolisnet)에서 이용하실 수 있습니다. (CIP 제어번호: 2018021893)

A Way to Pray
by Matthew Henry

Copyright © 2010 by O. Palmer Robertson
Originally published in English under the title *A Way to Pray*
by The Banner of Truth Trust, 3 Murrayfield Road, Edinburgh EH12 6EL, UK
P.O. Box 621, Carlisle, PA 17013, USA
All rights reserved.

This Korean translation edition © 2018 by The Blessed People Publishing Inc., Seoul, Republic of Korea.
This Korean edition is published by arrangement of The Banner of Truth Trust through rMaeng2, Seoul, Republic of Korea.

이 한국어판의 저작권은 알맹2 에이전시를 통하여 The Banner of Truth Trust와 독점 계약한 (주) 복 있는 사람에 있습니다. 신저작권법에 의하여 한국 내에서 보호받는 저작물이므로 무단 전재와 무단 복제를 금합니다.

나의 어머니
베스 킨캐넌 로버트슨을 기억하며

매튜 헨리의 *A Method for Prayer*는 그리스도를 섬기는 신앙의 자유를 찾아 아메리카로 이주한 스코틀랜드 칼훈 가문의 여러 세대를 거쳐 우리 집안에 전해진 책인데, 어머니께서는 친히 소장하고 계시던 이 책을 내게 주셨습니다.

—

어머니께서는 내가 어릴 때 그리스도교 신앙의 기본 진리로 나를 가르치셨습니다.

—

어머니께서는 예배로 모인 하나님의 백성들의 모임을 사랑하도록 나를 길러 주셨습니다.

그리고 어머니께서는 찬송하실 때며 웃으실 때 주님의 기쁨으로 빛나던 분이셨습니다.

◉ **일러두기** 이 책에 인용된 성경구절은 『개역개정』과 『새번역』을 함께 사용했다.

차례

서문 ———— 010

감사의 말 ———— 017

이 책을 읽는 방법 ———— 018

1. 찬양 ———— 021
2. 고백 ———— 051
3. 간구 ———— 101
4. 감사 ———— 137
5. 다른 이들을 위한 기도 ———— 187
6. 특별 기도 ———— 219
7. 마침 기도 ———— 261
8. 주기도문으로 드리는 기도 ———— 269
9. 짧게 드리는 상황별 기도 ———— 303

기도 주제 요약 ———— 366

찾아보기 ———— 387

서문 | 매튜 헨리의 *A Method for Prayer* 300주년 기념판에 부치는 서문

복음주의 교단의 그리스도인들이라면 거의 모두가 매튜 헨리의 『성서 주석』(*Commentary on the Bible*)을 알고 있다. 신앙적 통찰력과 건전한 신학, 실제적 지혜가 가득 담긴 이 여섯 권의 책은 지난 300년간 그리스도교 세계 전체에 크나큰 축복이었다.

열네 명이나 되는 개인들이 신약의 서신서부터 마지막 부분까지 집필함으로써 이 주석의 완성에 기여했다는 사실은 대체로 잘 알려져 있지 않다. 매튜 헨리의 메모에 따르면, 그는 자신의 또 다른 작업을 대단히 중요한 것으로 여겨 이 주석 작업을 중단했고, 결과적으로 매튜 헨리 주석은 그의 생전에는 완성되지 못했다. 그 다른 작업이란 온전히 성경 말씀에 근거하여 기도하는 방법에 대한 구상이었다.

매튜 헨리가 그리스도인들에게 전적으로 성경의 언어만을 사용하여 기도하도록 제시한 이 기도의 본보기는 독특하다. 합당한 기도 방법으로 이보다 더 명백한 것이 있을까? 더욱 풍부하게 기도를 체험하고 또한 주님께서 들으시고 응답해 주시는 기도를 드리고자 하는 그리스도인들에게 이보다 더 격려가 되는 것이 있을까? 그리스도 안에 있는 신자들이 주님께서 받아 주시는 기도를 드리며 은혜의 보좌 앞으로 나아가는 소리보다 더 마귀에게 위협적인 것이 있을까?

이와 같은 형식으로 드리는 기도가 바로 옛적의 청교도들이 "약속에 호소하기"라고 부른 그것이다. 하나님께서는 그분의 백성들에게 약속하셨다. 하나님의 백성들은 기도의 형식으로 이 약속을 주님께 다시 언급함으로써 반응한다. 스스로 하신 말씀에 신실하신 하나님께서 어찌 이와 같은 기도에 응답하지 않으실 수 있겠는가? 하나님께서는 약속하셨다. 그리고 그 약속을 존중하실 것이다. 모든 그리스도인들이 힘을 합쳐 성경 자체로부터 나오는 성숙함과 통찰력으로 그들의 기도를 형성한다면, 세상에 끼치는 감화는 형언하기 어려울 것이다.

그리스도인들은 하나님을 찬양하는 기도로써 응답받기만 하는 것이 아니라, 더 나아가 성경 자체의 언어로 기도함으로써 날마다 영혼을 새롭게 하여 변화받기까지 할 것이다. 하나님의 백성들이 성경의 풍요로운 언어를 사용하여 규칙적으로 기도한다면, 이러한 변화는 놀라운 결과로 이어질 수 있다.

이 책에서 매튜 헨리가 성경에 근거한 기도에 관하여 제시한 내용도 독특하지만, 매튜 헨리라는 사람 자체도 마찬가지로 독특하다. 그는 최상급의 주석가였다. 그는 성서 신학자였고, 그런 만큼 자연스럽게 구약의 그림자를 신약에서의 성취로 연결했다. 그는 조직 신학자였고, 따라서 성경과 성경을 결합하여 창조와 구속과 종말에 있는 하나님의 질서의 경이로움을 보여 주었다. 그는 무엇보다 목회자, 곧 가슴에 하나님의 백성들을 향한 사랑이 충만하고 그들의 요구와 필요를 채워 주고자 하는 열정이 넘치는 목회자였다.

올해는 매튜 헨리의 이 책 『주제별로 사용하기에 적합한 성경 말씀으로 드리는 기도 방법론』(*A Method for Prayer with Scripture Expressions Proper to Be Used under Each Head*)이 나온 지 300주년이 되

는 해이다. 지난 50년간 이 책은 나의 한결같은 동료였다. 나의 이 장서는 어머니께서 내게 물려주신 것이었고, 어머니 쪽 가문에서 앞선 여러 세대에 걸쳐 사용되며 내려왔다. 개인적으로 하나님의 얼굴을 뵈옵는 시간에 이 책을 사용함으로써 나는 거의 날마다 축복을 받았다. 내 인생에서 성경 다음으로 많이 읽고 크게 영향을 받은 책이었다. 그리스도 안에 있는 미래 세대의 신자들이 쉽게 볼 수 있도록 이 책의 문장을 현대어에 맞게 고치고자 하는 마음이 여러 해 동안 내게 있었다. 나는 이 책을 내 자식들과 손주들에게 주고 싶었다. 이제 내가 소장한 이 오래된 책은 너무 낡아서 바스러지기 시작했고, 책을 열 때마다 몇 쪽씩 떨어져 나갔다. 그러므로 마침내 이와 같이 개정하고 편집한 최신판으로 이 책을 다시 선보이게 되어서 나는 하나님께 크게 감사드린다. 내가 개인적으로 가지고 있는 원본의 상태를 생각하면 이 개정판은 정말 때맞춰 나왔다고 할 수 있다.

전면적으로 개정하고 편집한 이 최신판에는 『기도』(*A Way to Pray*)라는 새로운 제목을 달았다. 물론 매튜 헨리가 원본의 서문에서 인정하듯이 기도하는 방법은 많다. 그러나 변별적 의미로 보자면, 성경의 언어로 기도하는 것은 대단히 특별한 기도 방법으로 여겨질 수 있을 것이다. 이 개정판의 부제는 다음과 같다. "성경 말씀으로 기도의 삶과 언어를 풍성하게 하는 성경적인 방법."(*A Biblical Method for Enriching Your Prayer Life and Language by Shaping Your Words with Scripture*) 이 부제는 기도에 관한 이 책의 독특성을 강조하고, 여러분의 기도에 이 방법을 사용함으로써 얻게 될 유익을 역설한다.

원본의 내용에 대해 몇 마디 한다. 이 책의 원본은 영국에서 먼저, 그리고 그 후에 미국에서 출판되었다. 그 영국판에 "왕 되신 우리의 주님"을 위해 드리는 기도가 있었는데, 시편 72편의 말씀으로 하나님께서 그분께 "영세무궁토록 장수를 누리게 하옵소서" 하는 내용이었다. 이는 명백히 메시아적 시편으로서 우리 주 예수 그리스도께서 세상의 모든 나라를 다스리신다는 설명이다. 그런데 미국판에는 이 부분이 생략되어 있었다. 또 영국판 원본에는 "로마 가톨릭을 믿는 저 원수들"의 희망을 분쇄해 달라는 기도도 있었는데, 그들이 또다시 영국에서 왕권을 장악하는 일이 없도록 하옵소서, 하는 내용이었다. 이 부분 역시 미국판에는 삭제되어 있었다.

매튜 헨리는 당연히 그가 살았던 시대의 일상적인 어법에 따라 썼다. 그가 쓴 성서적 표현이나 문장은 모두 흠정역 성서로부터 인용한 것이었는데, 흠정역 성서는 매튜 헨리가 기도에 관한 책을 쓴 이후로도 250년 동안 표준적인 영어 번역본으로 존재했다. 그의 문장은 거의 단락을 이룰 정도로 길다. 콜론과 세미콜론의 지속적인 사용으로 문장과 문장이 연결된다. 그의 어법은 결코 21세기 그리스도인들을 위한 마음의 언어와 일치하지 않는다. 그리스도인의 삶과 예배의 다른 영역에서는 옛 시대의 고풍스러운 표현법이 어느 정도 효과를 낼 수 있으며, 이는 예부터 내려온 교회 신조의 어법에서 보는 바와 같다. 그러나 기도의 경우, 살아 계신 하나님과 깊이 교감하고자 하는 영혼은 마음에서 나오는 말이 필요하다. 이 개정판에서는 오늘날의 말과 어법으로 기도의 말을 구성하려는 시도를 했다. 그 의도는 성서에 충실함과 아울러 오늘날 하나님의 백성들의 영혼에 적합한 기도의 언어로 성경의 진리를 전하자는 것이었다.

또한 현대의 독자들이 더 '사용하기 쉽도록' 내용을 재조직하는 광범위한 노력이 있었다. 원본에서는 한 제목 아래 21개의 항목과 다시 그 아래 여러 가지 주제별로 비슷한 수만큼의 세부 항목이 배치돼 있었지만, 이 개정판에서는 이 항목들을 줄였다. 몇몇 항목에서는 유용하거나 적절하다고 여겨지는 새로운 내용 혹은 추가적인 내용을 도입했다. 예를 들어 매튜 헨리는 유아 세례를 위한 특별한 기도를 넣었다. 하지만 그런 그가 성인 세례를 위한 기도는 다루지 않았다. 아마도 이 누락은 그가 살았던 시대와 관련하여 설명될 수 있을 것인데, 그 시대란 시인 존 밀턴이 "하나님의 나라 영국"이라고 말할 수 있었던 때다. 그러므로 이 개정판에서는 유아 세례를 위한 기도는 있는 그대로 두고, 성인 세례를 위한 기도를 도입했다. 원하옵건대 주님께서 친히 그분의 교회에 날마다 구원받는 이들을 더하시어, 회개한 성인들의 세례를 위하여 기도해 달라는 요청이 교회 앞에 끊임없이 이어지기를 바라나이다!

매튜 헨리가 성경 말씀을 인용하여 만들어 낸 기도문들 중에는 성경의 원뜻에 일치하지 않는 경우가 종종 있는데, 이는 그가 의도적으로 그렇게 한 것이다. 그는 자신의 책 원본의 서문에서 이러한 방식을 설명하고 있지만, 그의 주장은 건전한 성경적 기도를 뒷받침하기보다는 성경 말씀의 전통적 사용 방식에 치우쳐 있다. 이 개정판에서는 모든 기도가 성경 본래의 문맥과 관련한 의미로부터 도출되도록 많은 노력을 기울였다. 이 과정에서 성경 원어를 빠짐없이 조사했고, 이와 아울러 현대의 여러 영역본 성경 또한 참조했다. 문자 그대로 수백여 차례의 해석학적 결정이 이 과정에서 단행되었다. 이 개정판은 단순히 매튜 헨리 원본의 언어를 현대화하고자 하는 노력만을 보여 주려는 것이 아니다. 그보다는 오히려 조심스러운 해석학적 고찰에 비추어 매튜 헨리 원본을 존중하되 철저히 재작업하려는 노력을 보여 주려는 것이다. 이와 같은 과정의 주된 이유는 매튜 헨리의 원래 계획 이면에 있던 확신에 근거한다. 기도가 주님께서 하신 말씀에 더욱 가깝게 구성될수록, 그 기도에 대한 하나님의 응답 또한 더 확실할 것이다. 하나님께서는 친히 하신 말씀에 신실하심을 장구한 세월에 걸쳐 증명하셨다. 그분께서 하신 말씀은 단 한 마디도 땅에 떨어지지 않았다. 하나님께서는 백성들이 기도의 형태로 그분께 '다시 제시하는' 그분의 진리를 기뻐하신다. 그분께서는 그분의 말씀에 따라 들으시고 응답하실 것이다.

  이 개정판 작업의 거의 전부는 성경이므로, 성경의 언어를 고쳐 쓸 때는 성경 번역에 많은 노력을 기울여야 한다. 이 개정판을 읽는 독자들은 이 책의 성경 번역이 '문자적' 번역이 아니라 의미를 중시하는 '역동적' 번역의 범주에 있음을 알 것이다. 이러한 접근법은 대부분 정당하다 할 수 있는데, 이는 오늘날의 언어로 가능한 한 자연스럽게 읽힐 수 있도록 노력했다는 사실에 근거한다. 이와 같이 해서 독자들은 하나님 앞에서 각자의 모국어로 자연스럽게 자신을 표현할 수 있을 것이다. 기도는 언제나 마음의 언어로 드려야 절실하기 때문이다. 그리고 성경의 근본 의미와 관련하여 말씀을 번역하려는 진지한 노력 또한 있었다.

  매튜 헨리는 자신의 책으로 유익을 얻는 독자들에게 저자를 위해 기도해 달라는 부탁으로 서문을 끝맺었다. 나 또한 이 개정판 작업으로 인해 유익을 얻을 독자들에게 이 편집자를 위해 기도해 달라는 부탁을 드린다. 내 안에서 선한 일을 시작하신 하나님께서 예수 그리스도의 날이 이르기까지 그 일을 계속하시옵소서, 하는 기도를 올려 주시기를.

2010년
O. 파머 로버트슨

감사의 말

아래에 호명하는 우간다의 아프리카 성서 대학교 학생들에게 마음 깊이 감사드립니다. 학생들이 묵묵히 매튜 헨리의 *A Method for Prayer* 원본 원고를 입력해 준 덕에 이 책이 개정, 편집될 수 있었습니다.

Banda Thom Jack, Chiwale Maxwell Tisaiwale, Gondwe Kennedy Mchinanguwo, Hahirwabatuma Kamanzi Innocent, Jamu Joseph Elias, Jere Margaret, Katani Lydia, Manda Steven, Matandika Joseph R. A., Mtimaunenenji Alinafe, Musinguzi Justus, Mwanza Charles Jabulani, Nkhoma MacDuff Kutha, Odongo Bernard

그리고 나의 아내 조안나에게 깊은 사랑과 감사를 전합니다. 아내의 끝없는 격려로 인하여 나는 '선을 행하다가 낙심'할 뻔했던 많은 유혹을 이겨 낼 수 있었습니다.

2010년 7월
우간다, 캄팔라, 아프리카 성서 대학교에서,
O. 파머 로버트슨

이 책을 읽는 방법

아마도 여러분은 이 책을 여러분이 선택하는 일반적인 책들과 같은 방식으로 읽을지도 모르겠다. 하지만 이 책은 일반적인 책이 아니다. 온전한 유익을 얻고자 한다면 여러분은 이 책을 다른 방식으로 읽어야 한다.

사실을 말하자면 여러분은 일단 이 책을 처음부터 끝까지 한 번 읽어 보기부터 해야 한다. 이처럼 통독함으로써 여러분은 이 책의 크나큰 영향력을 경험하게 될 것이다. 또한 여러분은 새롭고 더욱 풍부한 기도 방법을 배우게 될 것이다. 그리고 기도와 관련된 내용의 넓이를 느끼기 시작할 것이다. 그렇지만 최대한의 유익을 얻고자 한다면 이 책을 다시, 그리고 다른 방식으로 읽어야 한다.

이 책은 기도의 형태로 된 하나님의 풍성한 말씀으로 가득 차 있다. 이 말씀의 충만함은 한 번 읽는 것으로는 다 이해할 수 없다. 이 집약된 표현을 많이 묵상하는 것만이 말씀으로부터 온전한 유익을 얻는 유일한 길이다.

이 책을 읽는 가장 좋은 방법은 일단 편안한 의자가 아니라 무릎을 꿇고 앉는 것이다. 그다음에야 여러분은 계속해서 다음의 방식으로 읽어 나갈 수 있다.

어구, 문장, 단락에 이르는 짧은 부분을 읽으라. 그리고 눈을 감든지 혹은 하늘을 향해 눈을 들어 올리든지 하라. 읽은 부분을 여분의 입으로 다시 말해 보라. 정확히 기억할 수 없으면 읽은 부분을 다시 확인하라. 그렇게 읽은 말씀을 여러분의 상황에 적용한다.

어머니의 태중에서 사람을 지으신 놀라운 일을 인하여 하나님을 찬양하는 내용이 나오면, 이를 여러분 자신에게 적용해 보라. 여러분이 탄생한 시간과 환경을 인하여 하나님을 찬양하라. 하나님께서 여러분 안에 두신 신체적 능력과 마음과 성품과 영혼을 인하여 주님을 찬양하자.

혀를 잘못 사용한 죄를 고백하는 내용이 나오면, 지난 24시간 동안 여러분이 급하게 혹은 분노에 차서 한 말들을 떠올려 보자. 기회가 있었음에도 부끄러워서 그리스도와 그분의 복음을 담대히 증언하지 못했음을 인정하자. 은혜로우사, 여러분을 용서해 주시고 혀로 지은 여러분의 죄로부터 구원해 달라고 주님께 요청하자.

그러고 나서 다음 부분으로 넘어간다. 점차 진도를 나아감에 따라 하나님의 말씀인 성령의 검으로 여러분의 영혼을 정결하게 하도록 하자.

이와 같은 방식으로 여러분은 책 전체를 끝마칠 수 있을 것이다. 하지만 여기에는 상당한 시간이, 아마도 거의 1년에 가까운 시간이 소요될 수 있다. 그렇지만 여러분의 생각과 말이 점점 더 하나님의 말씀으로 형성되기까지 인내하자.

또한 여러분은 마커 펜을 미리 준비해 두고 기도의 다양한 주제에 맞추어 성경 말씀을 정리할 수 있다. 그리고 하나님께 대한 찬양 부분으로부터 시작해서 죄의 고백, 자비에 대한 감사, 다른 이들을 위한 기도와 여러분 자신을 위한 간구로 마칠 수 있을 것이다. 이와 같은 방식으로 여러분은 기도로 하나님 앞에 나아갈 때 치우침 없는 균형을 유지할 수 있다. 죄의 고백 부분만을 붙들고 여러 주 혹은 여러 달을 보내다 보면 자칫 낙심이 될 수도 있다. 하지만 이 고백 부분을 어렵게 통과하여 그리스도 안에서 발견한 온전한 용서에 대한 감사로 넘어가면, 여러분은 하나님과 사람과 여러분 자신 앞에 있는 여러분의 삶에 대해 더욱 균형 잡힌 시각을 유지할 수 있을 것이다.

마지막으로, 이 책을 여러분의 삶의 지속적인 동반자로 삼으라. 하나님의 말씀과 일치하는 기도를 계속하여 드리다 보면 여러분의 하늘 아버지와 사귐을 가질 때에 낙심하는 일이 거의 없을 것이다. 왜냐하면 여러분의 마음이 계속하여 하나님의 마음과 일치하기만 한다면 그분께서는 더더욱 기꺼이 여러분이 구하는 것보다 더 많은 것을 주시고자 하시기 때문이다.

> # 1. 찬양

하나님의 영광스러운 존재와 친히 행하신
일을 인하여 찬양 가득한 마음으로
주님 앞에 나아갑시다

● 전능하신 하나님께 더욱 가까이 다가가는 이 특별한 순간에 온 전히 집중하십시오. 여러분의 흐트러진 생각을 한데 모으십시오. 살 아 있는 믿음으로 여러분 자신을 하나님께 산 제물로 드리십시오. 그리고 성경 말씀의 비춤을 받아 여러분의 영혼과 마음의 제물을 끈으로 제단 뿔에 붙들어 맵시다. 롬 12:1, 시 118:27

　이제 하늘에 계신 하나님께 우리의 마음을 열고 눈과 손을 들어 기도하게 하소서. 우리가 하나님의 얼굴을 뵈러 나아갈 때는 분발하 여 주님을 붙들게 하소서. 우리로 주님의 이름에 합당한 영광을 돌 려 드리게 하소서. 하나님은 영이시니, 영과 진리로 주님을 예배하 게 하소서. 아버지께서는 이렇게 예배를 드리는 사람들을 찾으십니 다. 애 3:41, 요 17:1, 사 64:7, 시 27:8; 29:2, 요 4:23-24

　오, 주님, 우리의 영혼이 주님을 우러러봅니다. 우리를 도우사 전 심으로 주님을 바라보게 하소서. 입으로는 주님께 가까이 가고 입술 로는 주님을 공경하면서 마음은 주님에게서 떠나 있는 자 되게 마 소서. 겸손하되 담대한 마음으로 우리가 예수의 피를 힘입어 가장 거룩한 곳으로 들어갑니다. 우리가 나아가는 그 길은 새로운 길이요 살아 있는 길이니, 주님께서는 우리를 위하여 휘장을 뚫고 그 길을 열어 주셨으며, 그 휘장은 곧 주님의 찢기신 육체입니다. 시 25:1, 고전 7:35, 마 15:8, 히 10:19-20

● 이제 여러분이 감히 다가가는 이 영광스러우신 하나님께 온전히 집중하십시오. 하나님의 유일하심을 믿고 또한 그분의 위대하심에 경외심을 느끼는 자로 그분 앞으로 나아갑시다. 여러분은 온갖 거짓 신들을 섬기는 사람들과 다르니, 여러분 자신과 그들을 구별하십시오.

거룩하고 거룩하며 거룩하신, 전능하신 주 하나님, 주님께서는 전에도 계셨으며, 지금도 계시며, 또 장차 오실 분입니다. 주님께서만 홀로 그 위대하신 "스스로 있는 자"이며, 주님께서만 홀로 온 세상에서 지극히 높으신 분입니다. 계 4:8, 출 3:14, 시 83:18

오, 주님, 주님께서는 우리의 하나님이십니다. 우리가 애타게 주님을 찾습니다. 물기 없는 메마르고 황폐한 땅에서 우리의 영혼이 목마르게 주님을 찾고, 우리의 육신이 주님을 그리워합니다. 주님께서 우리의 하나님이시니, 우리가 우리 선조의 하나님이신 주님을 찬송하고 또한 높이겠나이다. 주님께서는 참되신 하나님이요 살아 계신 하나님이며, 살아 계시며 참되신 단 한분의 하나님이고, 영원하신 왕이며, 언약의 주님, 곧 유일하신 주님인 우리의 하나님이십니다. 시 63:1, 출 15:2, 렘 10:10, 신 6:4

여러 민족이 섬기는 우상은 금과 은으로 된 것입니다. 그것들은 허황된 것이요 거짓이며 사람이 만든 것입니다. 우상을 만드는 사람들은 우상과 같고, 우상을 믿는 모든 사람들 또한 그러합니다. 하지만 주님께서 택하신 자녀로서 우리가 유산으로 받은 하나님은 이러한 거짓 신들과 같지 아니합니다. 주님께서는 만물을 지으신 분이며, 우리는 주님께서 택하여 소유로 삼으신 백성들입니다. 주님의 이름은 "만군의 주"이시니, 곧 만물 위에 계시며 영원토록 찬송을 받으실 하나님이십니다. 시 115:2, 4, 8, 렘 10:15-16, 롬 9:5

그들의 반석은 우리의 반석과 같지 아니하니, 이는 그들조차 스스로 인정할 수밖에 없는 일입니다. 우리의 하나님께서는 영원한 반석이시며, 변치 않는 언약의 주님이십니다. 주님의 이름이 영원히 빛날 것이며, 주님의 명성이 대대로 이어질 것입니다. 하지만 하늘과 땅을 만들지 아니한 신들은 이 땅에서 사라지고, 저 하늘 아래에서도 없어질 것입니다. 신 32:31, 사 26:4, 시 135:13, 렘 10:11

● 참되고 살아 계시는 이 유일하신 한분 하나님, 스스로 계시며 스스로 족하신 이 하나님을 향한 여러분의 경이로움을 표현하십시오. 하나님께서는 모든 완전함을 갖추신 무한하고 영원한 영이심을 인정하십시오. 하나님의 이름과 칭호와 속성과 하신 일에 드러난 영광을 그분께 돌려 드립시다.

오, 주 우리의 하나님, 주님께서는 한없이 위대하십니다. 주님께서는 권위와 위엄을 갖추셨습니다. 주님께서는 빛을 옷처럼 입고 계십니다. 하지만 우리가 보기에는 어둠을 장막 삼아 두르셨습니다. 주님을 가린 이 어둠으로 인하여 우리는 어떻게 주님께 다가서야 하는지 알지 못합니다. 시 104:1-2; 18:11, 욥 37:19

우리가 주님께 대하여 들은 말씀이 있사온대, 이 말씀이 참됨을 우리가 고백합니다. 주님께서는 빛이시며, 주님 안에는 어둠이 전혀 없습니다. 주님께서는 빛의 아버지이십니다. 주님께는 모순됨이 없습니다. 주님께서는 움직이는 그림자처럼 변하는 일이 없습니다. 주님께서는 사랑이시며, 사랑 안에 있는 사람은 주님 안에 있고, 주님께서도 그 사람 안에 계십니다. 온갖 좋은 선물과 완전한 은사는 주님께로부터 내려옵니다. 주님께서는 복되시고 유일하신 주권자이

찬양

며, 만왕의 왕이시요 만주의 주이십니다. 오직 주님만이 죽지 아니하십니다. 주님께서는 사람이 가까이할 수 없는 빛 속에 계십니다. 어떤 사람도 주님을 본 일이 없고 또한 볼 수도 없습니다. 요일 1:5, 약 1:17, 요일 4:16, 딤전 6:15-16

하나님께서 의심의 여지없이
존재해 계심을 인정합시다

하늘이 하나님의 영광을 선언하고 창공이 하나님께서 하신 일을 알려 줍니다. 주님의 영원하신 능력과 신성은 주님의 창조를 통하여 명백히 보고 깨달을 수 있습니다. 하나님이 없다 하는 사람들은 어리석은 자들이니, 어떠한 핑계도 댈 수 없습니다. 하늘에서는 물론 땅에서도 심판하는 하나님이 분명히 계십니다. 의로운 사람에게는 주님께서 주시는 상이 있습니다. 그러므로 우리가 주님께서 계시다는 것과 또한 주님께서는 주님을 열심히 찾는 사람들에게 상 주시는 분이심을 믿으며 주님께 나아갑니다. 시 19:1, 롬 1:20, 시 14:1; 58:11, 히 11:6

여러분은 결코 하나님의 위대하심을 온전히 파악할 수 없음을 받아들입시다

오, 주님, 주님께서는 위대하시니, 크게 찬양받으셔야 마땅합니다. 주님의 위대하심은 헤아릴 길이 없습니다. 우리가 아무리 애를 써도 우리의 하나님이신 주님의 위대하심을 밝혀 낼 수 없습니다. 우리는 전능하신 주님을 결코 다 이해할 수 없습니다. 누가 과연 주님께서 이루신 놀라운 일을 온전히 선포할 수 있겠는지요? 누가 과연 주님께서 받아 마땅하신 그 모든 찬양을 다 드릴 수 있겠는지요? 시 145:3, 욥 11:7, 시 106:2

신들 가운데서 주님과 같은 분이 어디에 있는지요? 주님과 같이 거룩하시며, 영광스러우시며, 찬양받을 만한 위엄이 있으시며, 놀라운 기적을 일으키시는 분이 어디에 있는지요? 오, 주님, 땅 위에서 주님과 견줄 자가 누구이며, 하늘에서 주님과 동등한 자가 누구이겠는지요? 오, 전능하신 주 하나님, 주님과 같이 능력 있는 자가 누구인지요? 주님의 신실하심이 주님을 둘러싸고 있사온대, 이와 같은 신실함에서 어느 누가 주님과 비교될 수 있겠는지요? 이른바 '신들' 가운데서 주님과 같은 이는 없습니다. 어느 누구도 주님께서 하시는 일을 행할 수 없습니다. 주님께서는 위대하고 놀라운 일을 행하십니다. 주님만이 홀로 하나님이십니다. 주님의 팔만큼 힘 있는 팔을 가진 피조물은 없으며, 주님의 음성처럼 우렁찬 소리를 내는 피조물 또한 없습니다. 출 15:11, 시 89:6, 8; 86:8, 10, 욥 40:9

주님께서는 하나님이시요 사람이 아니십니다. 주님의 눈은 사람의 눈과 같지 아니하니, 주님께서는 모든 일을 사람이 보듯 보시지 아니합니다. 주님의 날은 사람의 날처럼 짧지 아니하고, 주님의 세월은 사람의 세월처럼 덧없지 아니합니다. 하늘이 땅보다 높듯이, 주님의 생각은 우리의 생각보다 높고 주님의 길은 우리의 길보다 높습니다. 주님께는 뭇 나라가 두레박에서 떨어지는 물 한 방울과 같고, 저울 위의 티끌과 같을 뿐입니다. 주님께서는 대륙을 먼지를 들어 올리듯 가볍게 들어 올리십니다. 주님 앞에 그 땅은 없는 것과 같으며, 아무것도 아니요 지극히 하찮을 뿐입니다. 호 11:9, 욥 10:4-5, 사 55:9, 40:15, 17

이 위대하신 하나님의 영광스러운 모습을 몇 가지 떠올려 봅시다

◐ 하나님께서는 시작도 없고 끝도 없으시며, 시간이 흘러도 변함이 없으신 영원한 분이십니다.

주님께서는 영원한 왕이시며, 없어지지도 않고 보이지도 않는 하나님이십니다. 산들이 생기기 전에, 땅과 세계가 생기기 전에, 영원부터 영원까지 주님께서는 하나님이십니다. 주님께서는 어제나 오늘이나 영원히 한결같은 분이십니다. 태초에 주님께서는 땅의 기초를 놓으시고, 손수 하늘을 지으셨습니다. 그 땅과 하늘은 사라지더라도, 주님께서는 그대로 계십니다. 그 땅과 하늘은 모두 옷이 낡듯이 낡아질 것입니다. 주님께서는 그것들을 옷을 갈아입듯이 바꾸실 것이니, 그것들은 그렇게 지나갈 것입니다. 하지만 주님께서는 언제나 한결같으시고, 주님의 시간은 영원합니다. 딤전 1:17, 시 90:2, 히 13:8, 시 102:25-27

주님께서는 하나님이십니다. 주님께서는 변치 아니하시며, 그 이유 하나만으로도 우리는 소멸하지 아니할 것입니다. 오, 우리의 거룩하신 주 하나님, 주님께서는 영원부터 계시지 아니하셨습니까? 주님께서는 영원한 하나님이시요 주님이시며 땅끝까지 창조한 분이십니다. 주님께서는 피곤하여 쓰러지는 법이 없으시며, 지칠 줄을 모르십니다. 주님의 지혜가 얼마나 무궁한지 우리로서는 알 길이 없습니다. 말 3:6, 합 1:12, 사 40:28

◐ 하나님께서는 한없이 영광스러운 모습으로 어느 곳에나 계시고 어느 때나 계십니다.

주님께서는 가까이 계신 하나님이며, 결코 멀리 계신 하나님이 아니십니다. 누구도 주님께서 볼 수 없는 은밀한 곳에 숨을 수 없으니, 이는 주님께서 하늘과 땅 어디에나 계시기 때문입니다. 주님께서는 우리 중 어느 누구에게서도 멀리 떨어져 계시지 않습니다. 우리는 결코 주님 앞에서 벗어날 수 없으며 주님의 영을 피해 달아날 수 없을 것입니다. 우리가 하늘로 올라가더라도 주님께서는 거기 계십니다. 우리가 저 땅 깊은 곳에 자리를 펴더라도 주님께서는 거기 계십니다! 우리가 새벽 날개를 타고 광대한 바다 저 끝으로 간다 해도, 거기서조차 주님의 손이 우리를 이끌어 주시고, 주님의 오른손이 우리를 붙들어 주실 것입니다. 우리는 주님을 피해 달아날 수 없습니다. 렘 23:23-24, 행 17:27, 시 139:7-10

◐ 하나님께서는 모든 사람과 모든 일을 완전하게 아시고, 사람들의 깊은 비밀을 환하게 보고 계십니다.

모든 것이 주님의 눈앞에 벌거벗은 듯이 드러나 있습니다. 우리는 주님 앞에 모든 것을 드러내 놓아야 합니다. 주님께서는 모든 사람의 마음에 있는 은밀한 생각과 의도조차 훤히 아십니다. 주님의 눈은 어느 곳에서든지 악한 사람과 선한 사람을 지켜보십니다. 주님께서는 마음을 다하여 주님을 찾는 사람들에게 능력을 주시려고 그 눈으로 온 땅을 두루 살피십니다. 히 4:12-13, 잠 15:3, 대하 16:9

주님께서는 사람의 마음을 살피시고 깊은 속까지 들여다보셔서, 각 사람의 행실과 행한 바에 따라 보상해 주십니다. 주님께서는 우리를 살펴보셨으니, 우리를 훤히 아십니다. 우리가 앉아 있거나 서 있거나 주님께서는 다 아시고, 멀리 계셔도 우리의 생각을 다 아십니다. 주님께서는 우리가 가는 길과 쉬는 곳을 깊이 살피시니, 우리의 모든 행실을 익히 알고 계십니다. 우리의 말이 혀를 통해 나오기도 전에 주님께서는 그 말을 완전히 아십니다. 이러한 앎이 우리에게는 말할 수 없이 놀라워, 감히 측량할 수 없습니다. 주님께는 어둠조차 어둠이 아니니, 주님께 어둠은 빛과 같을 뿐입니다. 렘 17:10, 시 139:1-4, 6, 12

● 하나님의 지혜는 한이 없으며, 그 지혜의 궁극적인 목적은 인간의 이해를 초월해 있습니다.

오, 주님, 주님의 지혜는 한이 없습니다. 주님께서는 별들의 수효를 정확히 아시고, 그 별들 하나하나마다 이름을 붙여 주기까지 하십니다. 주님의 계획은 놀랍고, 주님께서 이루신 일들은 누구도 뛰어넘을 수 없습니다. 주님께서는 지혜가 깊으시고 전능하십니다. 시 147:4-5, 사 28:29, 욥 9:4

주님께서 만드신 것들이 어찌 이렇게 많은지요! 주님께서는 이 모든 것들을 지혜로 만드셨습니다. 모든 것이 주님께서 뜻하신 완전한 계획에 따라 이루어집니다. 오, 하나님의 지혜와 지식은 어찌 그리 깊은지요! 주님의 판단은 누구도 헤아릴 수 없고, 주님의 길은 누구도 찾아 낼 수 없습니다. 시 104:24, 엡 1:11, 롬 11:33

● 하나님의 주권은 명백하거니와, 이는 그분께서 만유의 절대적 주님이시기 때문입니다.

지극히 높은 하늘이 주님의 것이며, 셀 수 없이 많은 별들 또한 주님의 것입니다. 땅과 그 안의 모든 것이 주님의 것이며, 온 세상과 그 안에 사는 모든 사람들 또한 주님의 것입니다. 주님께서는 바다 깊은 곳과 산의 높은 꼭대기도 손에 쥐고 계십니다. 주님께서 만드셨으니 대양이 주님의 것이며, 대륙 또한 주님께서 손으로 지으셨습니다. 숲속의 뭇 짐승이 주님의 것이며, 무수한 언덕의 가축들이 또한 주님의 것입니다. 주님께서는 크신 하나님이요, 모든 신들보다 뛰어나신 왕입니다. 살아 있는 모든 것들의 생명과 사람의 목숨이 주님의 손 안에 있습니다. 시 115:16; 24:1; 95:3-5; 50:10, 욥 12:10

하늘의 왕 되신 주님께 찬송과 찬양과 영광을 돌립니다. 주님께서 하시는 모든 일이 참되고, 주님의 모든 길이 의롭습니다. 주님께서는 교만한 자를 능히 낮추십니다. 주님의 다스리심은 영원하고, 주님의 나라는 대대로 이어집니다. 주님께서는 하늘의 군대와 땅에 사는 모든 사람에게 뜻대로 행하십니다. 아무도 주님의 손을 막거나 주님께 이의를 제기할 수 없습니다. 단 4:34-35, 37

● 하나님의 권세는 무한히 크고, 하늘이나 땅의 어느 누구도 하나님의 권세를 제한할 수 없습니다.

오, 하나님, 우리가 아오니, 주님께서는 완전하신 뜻에 따라 모든 일을 행하실 권세가 있습니다. 주님께서 생각하시는 일은 어느 하나라도 좌절될 수 없습니다. 오직 주님께만 권세가 있습니다. 진실로 하늘과 땅의 모든 권세가 주님의 것입니다. 주님께서는 상하게도 하시고 낫게도 하시며, 죽게도 하시고 살게도 하십니다. 아무도 주님의 손에서 누구를 빼앗아 갈 수 없습니다. 주님께서는 약속한 일을 능히 이루시오니, 주님께 불가능한 일은 없습니다. 단 4:35, 시 62:11,

마 28:18, 신 32:39, 롬 4:21, 눅 1:37

◐ 하나님께서는 흠 없이 거룩하시고 온전히 의로우십니다.

　주님께서는 거룩하십니다. 주님의 백성들이 주님의 거룩하고 의로우신 통치를 찬양으로 고백합니다. 주님의 이름이 거룩하고 두렵습니다. 주님께서는 하시는 모든 일에서 거룩하시고, 주님의 집은 거룩함으로 단장하고 있습니다. 주님의 거룩하심을 기억할 때마다 우리가 감사드립니다. 시 22:3; 111:9; 145:17; 93:5

　악은 결코 주님 곁에 함께 있을 수 없으니, 주님께서는 눈이 맑으셔서 악을 그냥 두고 보시는 일이 없기 때문입니다. 주님께서는 반석이시니 하시는 일이 완전하며, 주님의 모든 길이 참되고 올바릅니다. 주님께서는 진실하신 하나님입니다. 주님에게서는 거짓을 찾을 수 없습니다. 주님께서는 나의 반석이시며, 주님께는 불의가 없습니다. 합 1:13, 신 32:4, 시 92:15

◐ 하나님의 다스리심은 공의로우니, 진실로 하나님께서는 그분의 피조물 어느 하나에게라도 그릇되게 행하지 아니하셨고, 또한 앞으로도 그리하지 아니하실 것입니다.

　주님의 의로우심은 완전하여 높고 높은 산들과 같고, 또한 주님의 공평하심은 깊고 깊은 바다와 같습니다. 구름과 흑암이 주님을 둘러싸도 정의와 공평이 언제나 주님 보좌의 기초입니다. 시 36:6; 97:2

　오, 하나님, 우리가 주님 앞에서 변론할 때마다 주님께서는 늘 의로우십니다. 말씀할 때마다 옳으시고, 판결할 때마다 정당하십니다. 하나님께서는 도무지 악한 일을 행하실 수 없으며, 또한 전능자께서는 결코 옳지 아니한 일을 행하실 수 없습니다. 오히려 주님께서는 각 사람이 한 일에 따라서 마땅히 갚아 주시는 분입니다. 렘 12:1, 시 51:4, 욥 34:10-11

◐ 하나님의 진실하심은 영원히 변치 않고, 그분의 선하심의 보화는 무궁무진합니다.

주님께서는 선하시며, 주님의 인자하심은 영원합니다. 우리에게 향하신 주님의 인자하심이 크고, 주님의 진실하심은 영원히 지속됩니다. 주님께서 주님의 이름을 선포하여 이르시되, 언약의 주님이시요, 자비롭고 은혜로우시며, 노하기를 더디 하시고, 선하심과 진실함이 풍성하시다 하셨습니다. 주님께서는 수천 대에 이르기까지 자비를 베푸시고, 악과 허물과 죄를 용서하십니다. 주님의 이름은 영원히 우리의 견고한 성루입니다. 시 100:5; 117:2, 출 34:6-7, 잠 18:10

주님께서는 선하시며 또한 선을 행하십니다. 주님께서는 모든 것을 선하게 대하시며, 주님의 온유하신 자비는 지으신 모든 피조물에 미칩니다. 참으로 주님께서는 택하신 백성들에게 선을 베푸시고, 마음이 정결한 사람들에게 선을 베푸십니다. 주님, 주님의 선하심을 우리 앞으로 지나가게 하셔서, 우리로 그 선하심을 맛보아 알게 하소서. 주님의 인자하심이 언제나 우리 눈앞에 있게 하소서. 시 119:68; 145:9; 73:1, 출 33:19, 시 34:8; 26:3

◐ 하나님께서 하늘에 나타내신 영광에 대하여 여러분이 들었으니, 이로 인하여 하나님을 찬양합시다.

주님께서는 하늘에 주님의 보좌를 세우셨습니다. 그 보좌는 드높은 영광의 보좌입니다. 주님 앞에서는 스랍 천사들도 얼굴을 가립니다. 우리를 향하신 연민으로 주님께서는 주님 보좌의 영광을 가리시고, 그 위를 구름으로 덮으십니다. 시 103:19, 사 6:1-2, 욥 26:9

주님께서는 주님의 천사들을 바람과 같이 삼으시고, 주님의 사역자들을 불꽃과 같이 삼으십니다. 그들 가운데 주님을 섬기는 자가 수천이요 주님 앞에서 모시는 자가 수만입니다. 그들은 주님의 말씀을 듣고 따르는, 힘찬 용사들입니다.

이제 우리가 믿음과 소망과 정결한 사랑으로 성령을 통하여 그 수많은 천사들과 또한 완전하게 된 의인의 영들과 친교하게 되었습니다. 우리의 예배로 우리는 하늘의 예루살렘에 모인 장자들의 교회에 들어왔습니다. 시 104:4, 단 7:10, 시 103:20-21, 히 12:22-23

◐ 주님의 영광스러운 완전하심에 대하여 여러분이 할 수 있는 모든 말을 한다 해도 주님의 그 위대하심을 합당히 선언하기에는 한없이 부족함을 인정합시다.

우리는 주님께서 하시는 놀라운 일의 지극히 일부분만을 설명할 수 있을 뿐입니다. 주님의 위대하심에 대해서 우리가 들은 것도 가냘픈 속삭임에 지나지 않습니다. 주님의 우레와 같은 권능을 누가 이해할 수 있겠는지요? 누구도 전능자이신 주님을 찾아 낼 수 없습니다. 주님께서는 권능과 정의와 의로우신 판단이 무한히 뛰어나십니다. 주님께서는 높고 높으시니 사람으로서는 주님을 이루 다 찬양하고 기릴 수가 없습니다. 욥 26:14; 37:23, 느 9:5

만물의 창조자이시며 세상의 통치자요 보호자이신 하나님께 영광을 돌리십시오

오, 주님, 주님께서는 찬송과 존귀와 영광과 권능을 받기에 합당하시니, 주님께서 만물을 창조하셨고, 만물은 주님의 뜻에 따라 또한 주님의 영광을 위하여 창조되었기 때문입니다. 하늘과 땅과 바다와 그 안의 모든 것을 만드신 주님을 우리가 예배합니다. 주님께서 말씀하시니 모든 것이 생겨났고, 주님께서 명령하시니 모든 것이 견고하게 되었습니다. 주님께서 빛이 있으라 하시니 빛이 있게 되었습니다. 주님께서 창공이 생겨나라 이르시니 그대로 되었습니다. 주님께서는 만물을 아름답게 만드셨고, 만물은 오늘날까지도 주님의 규례대로 흔들림 없이 서 있으니, 이는 창조된 모든 것이 주님을 섬기기 위해 있기 때문입니다. 계 4:11; 14:7, 시 33:9, 창 1:3, 6-7, 31, 시 119:91

낮도 주님의 것이요 밤도 주님의 것입니다. 주님께서 해와 달을 제자리에 두셨습니다. 주님께서 땅의 모든 경계를 정하셨으며, 주님께서 여름과 겨울을 만드셨습니다. 그리스도이신 주님, 주님께서는 주님의 능력 있는 말씀으로 만물을 보존하십니다. 주님 안에서 만물이 조화롭게 유지됩니다. 시 74:16-17, 히 1:3, 골 1:17

땅은 주님께서 지으신 것들로 가득하고, 넓은 바다 또한 그러합니다. 모든 피조물이 주님만 바라보고, 주님께서는 그들에게 때를 따라 먹을 것을 주십니다. 주님께서는 손을 펴시어, 살아 있는 모든 피조물의 소원을 만족스럽게 이루어 주십니다. 주님께서는 사람과 짐승을 다 같이 보호하시며, 모두에게 먹을 것을 주십니다. 시 104:24-25; 145:15-16; 36:6; 104:27-28

주님께서만 모두의 주이십니다. 주님께서는 하늘과, 하늘들 위의 하늘을 지으셨으며, 하늘의 별들을 지으셨고, 땅과 바다와 그 안의 모든 것들을 지으셨으며, 그 모든 것들을 보존해 주십니다. 그러므로 하늘의 수많은 천사들이 주님께 경배합니다. 주님께서는 만유를 다스리시니, 참새 하나라도 주님의 주권적인 뜻 없이는 결코 땅에 떨어지지 아니합니다. 느 9:6, 시 103:19, 마 10:29

태초에 주님께서 땅의 흙으로 사람을 지으시고 생명의 기운을 불어넣어 주셨으니, 사람이 생명체가 되었습니다. 그 하나의 혈통으로부터 주님께서는 인류의 모든 민족을 만드셨고, 그로 인하여 사람들은 지금 온 땅 위에 흩어져 살고 있습니다. 수천 년 전에 주님께서는 여러 민족이 나고 지는 시기를 정하셨으며, 또한 그들이 거주할 경계를 주권적으로 결정하셨습니다. 창 2:7, 행 17:26

주님께서는 인간의 나라를 다스리시는 가장 높은 분이십니다. 주님께서는 누구든지 주님의 뜻에 맞는 사람에게 권세를 주십니다. 사람들은 그들의 통치자의 환심을 사려 하지만 참된 판결은 주님에게서만 나옵니다. 할렐루야! 전능하신 주 하나님께서 다스리시고 또한 주님께서 원하시는 뜻대로 행하시오니, 우리가 주님의 영광을 찬송합니다. 단 4:25, 잠 29:26, 계 19:6, 엡 1:11-12

오, 하나님, 주님께서 우리를 지으셨으니, 우리는 주님의 것입니다. 우리는 우리의 것이 아니요 주님의 백성이며 주님께서 기르시는 양입니다. 그러므로 우리가 엎드려 경배하며, 우리를 지으신 주님 앞에 무릎을 꿇습니다. 시 100:3; 95:6

주님께서는 우리의 몸을 만들어 주신 분입니다. 우리의 몸은 놀랍고도 오묘하게 빚어졌습니다. 모태에서 우리의 형질이 갖추어지기도 전에 주님께서는 우리를 보고 계셨습니다. 우리에게 정해진 모든 날들은 시작되기도 전에 이미 주님의 책에 기록되었습니다. 주님께서는 피부와 살을 우리에게 입히시고, 뼈와 힘줄로 우리를 엮으셨습니다. 주님께서는 우리에게 생명과 은혜를 주시고, 우리를 보살피시며, 우리의 영을 지켜 주셨습니다. 시 139:13-16, 욥 10:11-12

주님께서는 우리 영의 아버지이시니, 이는 주님께서 사람 안에 영을 만드시고, 우리를 위하여 이처럼 죽지 않는 영혼을 만들어 주셨기 때문입니다. 하나님의 영이 우리를 만드셨고, 전능자의 입김이 우리에게 생명을 주셨습니다. 주님께서는 우리 안에 지혜를 주시고, 또한 우리 마음에 깨달음을 주셨습니다. 주님께서는 우리를 창조하신 하나님입니다. 주님께서는 땅의 짐승들보다 사람을 더 많이 가르치시고, 하늘의 새들보다 우리를 더 지혜롭게 만들어 주십니다. 우리는 진흙이요 주님께서는 우리를 빚으신 토기장이입니다. 우리는 모두 주님께서 손수 지으신 피조물입니다. 히 12:9, 슥 12:1, 욥 33:4, 렘 38:16, 욥 38:36; 35:10-11, 사 64:8

주님께서는 우리를 모태에서 이끌어 내시고, 우리가 어머니의 젖을 빨 때부터 지켜 주셨습니다. 우리는 태어날 때부터 주님께 맡겨져, 늘 주님의 보호를 받아 왔습니다. 주님께서는 우리가 태어나기 전부터 우리의 하나님이셨습니다. 그러하기에 우리가 항상 주님만을 찬양합니다. 우리는 하나님 안에서 살고 움직이며 존재하오니, 이는 우리가 하나님의 자녀이기 때문입니다. 시 22:9-10; 71:6, 행 17:28

주님께서는 우리의 생명을 주님의 손에 쥐고 계십니다. 또한 주

찬양

님께서는 우리의 모든 길을 작정하시니, 실로 사람의 길을 결정함이 사람에게 있지 아니합니다. 누구도 자신의 걸음을 지도할 능력이 없습니다. 우리의 앞날은 오직 주님의 손에 달려 있습니다. 주님께서 결정하지 아니하신 일을 누가 말하여 이룰 수 있는지요? 오, 지극히 높으신 하나님, 궂은일도 좋은 일도 주님의 입에서 말씀이 나와야 일어납니다. 주님께서 우리의 호흡을 거두어들이시면 우리는 죽어서 본래의 흙으로 돌아갑니다. 주님께서는 오늘날에 이르기까지 우리의 모든 삶의 목자가 되어 주셨으며, 온갖 악에서 우리를 구해 내셨습니다. 주님께서 언약하신 사랑으로 인하여 우리가 소멸되지 않으니, 주님의 긍휼이 끝이 없습니다. 주님의 긍휼이 아침마다 새롭고 주님의 신실하심이 큽니다. 단 5:23, 렘 10:23, 시 31:15, 애 3:37-38, 시 104:29, 창 48:15, 애 3:22-23

삼위일체 하나님께
각기 구별되는 합당한 영광을 돌려 드립시다

아버지, 우리가 주님을 하늘과 땅의 주님으로 공경합니다. 주님께서는 우리 영의 아버지이시니, 우리는 주님께 복종하고 주님을 위해 살아야 합니다. 주님께서는 빛의 아버지이시며, 자비로운 아버지이시고, 온갖 위로를 주는 하나님이십니다. 주님께서는 영원한 아버지이시니, 만물이 주님에게서 나고, 주님으로 말미암아 있고, 주님을 위하여 있습니다. 히 12:9, 약 1:17, 고후 1:3, 사 9:6, 롬 11:36

영원한 말씀이신 주님을 우리가 경배하오니, 말씀이신 주님께서는 태초에 하나님과 함께 계셨고, 또한 하나님이십니다. 모든 것이 주님으로 말미암아 창조되었으며, 주님 없이 창조된 것은 하나도 없습니다. 때가 차매 말씀이신 주님께서는 육신이 되어 우리 가운데 사셨습니다. 주님께서는 주님의 영광을 드러내셨으니, 그 영광은 곧 아버지와 함께 계시는 독생자의 영광이었고, 주님께는 은혜와 진리가 충만하였습니다. 요일 5:7, 마 11:25, 요 1:1-3, 14

모든 사람이 아버지를 공경하듯 또한 아들도 공경하게 하심이 하나님의 뜻이므로, 오, 그리스도여, 우리가 주님을 주님의 아버지의 영광의 광채요 그분의 본성을 그대로 나타내시는 분으로 공경합니다. 하나님의 모든 천사들이 주님께 경배하라는 명령을 받았사온대, 우리 또한 모든 천사들과 함께 주님을 경배합니다. 하나님의 영원한 아들, 곧 높임받으실 구속자요 신실한 증인이시며 죽은

찬양

자들의 첫 열매이시고 땅 위의 왕들의 통치자이신 주님께 우리가 모든 영광을 드립니다. 우리가 예수 그리스도를 주님으로 고백하여 아버지 하나님께 영광을 돌립니다. 요 5:23, 히 1:3, 6, 계 1:5, 빌 2:11

   오, 성령님, 아드님께서 아버지께로부터 보내 주신 보혜사이시며 참으로 진리의 성령이신 분을 우리가 또한 경배합니다. 성령께서는 성경에 영감을 주신 분이며, 이로 인하여 하나님의 거룩한 사람들이 성령의 감동하심을 받아 말씀을 쓰게 되었습니다. 성령께서는 아버지와 아들에게서 나오셨습니다. 성령께서는 진리의 성령으로서 우리에게 모든 것을 가르쳐 주시고, 아드님께서 우리에게 말씀하신 모든 것을 생각나게 해주십니다. 벧후 1:21, 요 15:26, 14:26

기도로 하나님께 나아갈 수 있는
특권에 대하여 진정으로 감사드립시다

◐ 이 하나님께서 여러분의 하나님이심을 인정하고, 하나님께서 여러분을 소유하고 여러분을 다스리심을 인정합시다.

오, 주님, 우리의 영혼이 주님께 아뢰오니, 주님께서는 우리의 하나님이시며, 주님밖에는 우리에게 행복이 없습니다. 우리가 의롭다 한들 주님께 돌려 드릴 것은 없습니다. 주님께서는 우리의 가장 높은 왕이십니다. 주님 아닌 다른 권세자들이 우리를 다스렸으나 이제부터 우리는 오직 주님의 이름만 부르겠습니다. 시 16:2, 욥 35:7, 시 44:4, 사 26:13

오늘 우리가 언약의 주님께서 우리의 하나님이심을 선언합니다. 우리는 주님의 길을 따르고, 주님의 규례와 명령과 법도를 지키겠다고 약속합니다. 우리는 기꺼이 주님의 소리를 듣고 우리 자신을 온전히 주님께 드리려 합니다. 우리는 우리가 주님의 소중한 백성, 우리의 하나님이신 주님의 거룩한 백성임을 인정하오니, 주님의 이름을 빛내고, 찬양받게 하며, 영광스럽게 함이 우리의 소명입니다. 신 26:17-19, 렘 13:11

오, 주님, 우리는 주님의 집에서 태어난 주님의 종입니다. 주님께서 우리의 결박을 풀어 주셨습니다. 우리는 주님께서 값을 치르고 사들인 몸이니, 우리 자신의 것이 아닙니다. 우리는 주님께 복종하고, 결코 잊지 아니할 영원한 언약으로 주님과 연합합니다. 우리를 구하소서, 우리가 주님의 모든 계명을 깨닫고자 애를 씁니다. 우리가 주님께 드리는 것은 무엇이든 이미 주님의 것이며, 처음부터 주님의 손에서 나온 것입니다. 시 116:16, 고전 6:19-20, 대하 30:8, 시 119:94, 대상 29:16

❶ 기도로 하나님께 나아갈 수 있도록 허락받을 뿐 아니라 격려받기까지 하는 이 엄청난 특권을 깊이 감사하는 마음으로 받아들입시다.

주님께서는 우리에게 언제나 온갖 기도와 간구로써 감사하는 마음으로 기도하라고 명령하셨습니다. 주님께서는 우리에게 늘 깨어서 모든 성도들을 위하여 항상 기도하며 끝까지 인내하라고 이르셨습니다. 주님께서는 우리에게 쉬지 말고 기도하며 모든 일에서 우리의 소원을 기도와 간구로 주님께 아뢰라고 말씀하셨습니다. 주님께서는 우리에게 구하고, 찾고, 두드리라고 가르치셨습니다. 주님께서는 우리에게, 얻을 것이요 찾을 것이요 열릴 것이라고 약속하셨습니다. 엡 6:18, 골 4:2, 빌 4:6, 마 7:7-8

주님께서 우리를 위하여 위대한 대제사장을 임명하셨으니, 우리가 그분의 이름으로 담대히 은혜의 보좌로 나아갈 수 있습니다. 우리는 우리의 중보자를 통하여 자비와 은혜를 입어 필요한 때에 도움을 얻을 것입니다. 주님께서는 우리에게 악한 사람의 제사는 주님께서 역겨워하시지만 정직한 사람의 기도는 기뻐하신다고 명백히 말씀하셨습니다. 또한 이르시기를, 찬양을 바치는 사람이 주님을 영광스럽게 하는 사람이요, 감사의 제사를 드림이 소를 바치는 것보다, 뿔 달리고 굽 달린 황소를 바치는 것보다 주님을 더 기쁘시게 한다고 말씀하셨습니다. 히 4:14-16, 잠 15:8, 시 50:23; 69:30-31

주님께서는 기도를 들으시는 분이니, 모든 민족의 사람들이 나아갈 것입니다. 주님께서 "너희는 내 얼굴을 찾으라" 말씀하시니, 우리 마음이 말합니다, "주님, 우리가 주님의 얼굴을 찾겠습니다." 진실로 백성 된 자들은 자기들의 하나님께 구해야 하지 않겠는지요? 우리가 주님께 가지 아니하면 어디로 가겠는지요? 오직 주님께만 영생의 말씀이 있습니다. 시 65:2; 27:8, 사 8:19, 요 6:68

◐ 여러분에게는 주님께 나아가 말씀드릴 자격이 없음을 고백합시다.

하나님께서 어찌 사람과 함께 땅 위에 계실 수 있는지요? 하늘들 위의 하늘이라 해도 감히 모실 수 없는 하나님이신데, 어찌 벌레요 벌레보다 못한 사람과 함께 계실 수 있는지요? 오, 주 하나님, 우리가 무엇이며 우리 선조들이 무엇이기에 주님께서 우리를 여기에 이르게 하셨는지요? 감히 우리가 어떻게 주님 앞에 나아갈 수 있는지요? 그리스도를 통하여 우리는 한 성령으로 말미암아 아버지 앞으로 나아가게 되었습니다. 그러나 주님께서는 이마저도 부족하게 여기셔서, 주님의 종들에게 있을 먼 미래의 일들까지 약속해 주셨습니다. 사람이 무엇이기에 주님께서 이토록 생각해 주시며, 사람의 아들이 무엇이기에 이토록 돌보아 주시는지요? 주님께서는 손수 지으신 모든 피조물들을 사람에게 다스리게 하심으로 사람을 높여 주셨습니다. 대하 6:18, 욥 25:6, 삼하 7:18-19, 엡 2:18, 시 8:4, 6

오, 주님, 티끌이요 재에 불과한 우리들이 영광스러우신 주님께 감히 입을 열어 말씀을 드린다 해도 노하지 마소서. 우리는 주님께서 종들에게 보여 주신 그 넘치는 자비와 신실하심을 받을 자격이 조금도 없습니다. 자녀들의 빵을 우리 같은 사람들에게 던져 주심은

찬양

결코 온당하지 아니할 것입니다. 그러나 개들도 주님의 식탁에서 떨어진 부스러기를 먹으며, 주님께서는 주님을 부르는 모든 사람들에게 풍성한 자비를 베풀어 주십니다. 창 18:27, 30; 32:10; 마 15:26-27, 롬 10:12

◐ 하나님을 향한 여러분 마음의 소망을 주님께 아뢰십시오, 주님만이 참된 복의 근원입니다. 주님만이 여러분이 삶에서 소유할 유일한 가치요 다른 모든 복의 근원이 되심을 인정하십시오.

하늘에서 우리에게 주님 외에 또 누가 있겠습니까? 땅에서도 우리는 주님밖에 사모할 이가 없습니다. 주님과 견줄 만한 것은 없습니다. 우리의 몸과 마음이 지칠 때, 주님께서는 우리의 생명을 살리시는 힘입니다. 주님께서는 우리의 영원한 몫입니다. 주님께서는 이 세상에서 우리가 받을 복의 잔이요, 다가올 세상에서 우리가 받을 유산입니다. 주님을 소유하게 되었을 때 우리는 반드시 말하기를, 아름다운 곳에 우리 땅의 경계를 정해 주셨으니 우리가 참으로 빛나는 유산을 물려받았다 할 것입니다. 시 73:25-26; 89:6; 16:5-6

우리 영혼의 큰 소망은 주님입니다. 주님을 생각할 때마다 우리가 즐겁습니다. 밤에 우리의 영혼이 주님을 간절히 생각하였으니, 아침에 우리의 영혼이 주님만 찾습니다. 오, 하나님, 사슴이 시냇물을 찾아 헐떡이듯, 우리의 영혼이 주님을 찾아 헐떡입니다. 우리 안의 영혼이 하나님, 곧 살아 계신 하나님을 갈망합니다. 낮에는 주님께서 언약으로 맺으신 사랑을 베풀어 주시고, 밤에는 우리의 생명의 하나님이신 주님께 우리의 기도가 올라가듯 우리의 찬송이 올라가게 하소서. 사 26:8-9, 시 42:1-2, 8

우리가 의에 주리고 목말라 왔사오니, 이는 주님께서 굶주린 사람들을 좋은 것으로 채워 주시고 부한 사람들을 빈손으로 보내시기 때문입니다. 물이 없어 메마르고 황폐한 땅에서 우리의 영혼이 목마르게 주님을 찾고 우리의 몸이 애타게 주님을 그리워합니다. 주님께서 성소에서 나타내시는 권능과 영광을 보기를 우리가 간절히 원합니다. 주님께서 언약으로 맺으신 사랑은 생명보다 귀합니다. 맛있고 기름진 것을 먹어서 만족함과 같이 우리의 영혼이 주님으로 만족하리니, 우리의 입이 기쁨 가득한 입술로 주님을 찬양할 것입니다. 마 5:6, 눅 1:53, 시 63:1-3, 5

◐ 하나님과 그분의 풍성하심과 그분의 능력과 섭리와 약속을 믿는 여러분의 믿음의 소망과 확신을 명백히 고백합시다.

오, 하나님, 우리가 주님을 의지합니다. 결코 우리를 부끄럽게 하지 마소서. 주님을 의지한 일로 인하여 수치를 당함이 없게 하소서. 우리의 영혼이 주님을 기다림은 우리의 구원이 주님에게서 오기 때문입니다. 주님께서만 홀로 우리의 반석이요 구원이십니다. 우리의 영광과 우리의 힘과 우리의 피난처는 주님께 있습니다. 우리 삶의 모든 희망이 주님께 있습니다. 시 31:1; 25:3; 62:1, 5-7

오, 언약의 주님, 다른 모든 피난처가 소용이 없고, 누구도 우리의 목숨을 걱정해 주지 않는 때에, 우리가 주님께 울부짖습니다. 주님께서는 우리의 피난처요 이 세상에서 우리가 받은 분깃입니다. 어떤 사람들은 전차를 의지하고 어떤 사람들은 기마를 의지하지만 우리는 언제나 주 우리 하나님의 이름을 기억하며, 언약으로 맺으신 사랑을 영원히 의지합니다. 주님의 이름에는 성도들에게 주시는 모든 약속이 넘치오니, 주님의 이름에 우리의 소망이 있습니다. 또한 우리가 주님의 말씀에 소망을 두었으니, 주님께서 종들에게 친히 하신 말씀을 기억하소서. 주님께서 우리를 권면하여 주님의 약속을 믿으라 하셨나이다. 시 142:4-5; 20:7; 52:8-9; 119:49

◐ 여러분의 기도가 보잘것없을지라도 여러분을 받아 주시기를 주님께 간구합시다.

오, 주님, 우리의 기도와 간구를 들으소서. 주님의 진실하심으로 응답하소서. 우리의 기도가 아무리 미약하다 해도 주님을 부를 때는 우리 가까이 계시옵소서. 자녀들이 주님을 찾사오니, 주님께서 깊이 사랑하시는 그 자녀들을 실망케 마소서. 주님께서는 어린 까마귀들의 울음에도 귀 기울이시니, 부디 우리에게 침묵하지 마소서. 주님께서 침묵하시면 우리는 무덤으로 가는 자들과 같을 것입니다. 우리의 기도를 향연처럼 올라가게 하시고, 두 손을 들어 올려 드리는 기도를 저녁 제사와 같이 받아 주소서. 시 143:1, 신 4:7, 사 45:19, 시 147:9; 28:1; 141:2

많은 사람들이 말하기를, 누가 우리에게 인생의 좋은 것을 보여 주겠느냐 합니다. 우리는 말하기를, 주님, 주님의 얼굴빛을 우리에게 인자하게 비추어 주소서 합니다. 그리하시면 우리 가슴이 곡식과 포도주가 넘치는 사람들의 기쁨보다 더한 기쁨으로 넘칠 것입니다. 우리가 온 마음을 다하여 주님의 은혜를 간구합니다. 우리가 이 육신에 머물러 있든지 육신을 떠나 있든지, 우리를 받아 주소서. 시 4:6-7; 119:58; 고후 5:9

◐ 하나님께서 여러분을 받으시도록 오직 주 예수 그리스도만 온전히 의지한다고 명백히 고백하고, 예수 그리스도의 이름으로 그분 앞에 나아갑시다.

우리의 의로움을 가지고는 결코 주님 앞에 우리의 요청을 내놓을 수 없습니다. 우리는 우리의 죄에 둘러싸여 주님 앞에 드러나 있으며, 우리의 허물로 인하여 주님 앞에 설 수 없습니다. 그러므로 우리는 오직 그리스도의 의로우심만을 힘입어 간구합니다. 그리스도께서는 '주 우리의 공의'이십니다. 단 9:18, 스 9:15, 시 71:16, 고전 1:30, 렘 23:6

우리가 아오니, 주님께서는 우리의 신령한 제사도 예수 그리스도를 통해서만 받아 주십니다. 우리는 예수 그리스도의 이름으로 구하지 아니하면 어떠한 것도 받을 희망이 없습니다. 그러므로 우리는 주님께서 주님의 사랑하시는 아들 안에서 받아 주신 사람들로서 주님 앞에 나섭니다. 우리가 아오니, 그분의 희생에서 나온 많은 향이 성도들의 기도와 합쳐져 주님의 보좌 앞 금 제단에서 바쳐질 것입니다. 벧전 2:5, 요 16:23, 엡 1:6, 계 8:3

우리는 하늘로 올라가신 위대한 대제사장의 이름으로 나아가는데, 그분께서는 바로 하나님의 아들 예수이십니다. 주 예수님, 주님께서는 우리의 연약함을 깊이 동정하시오니, 이는 주님께서도 인간의 육신과 피의 한계를 가지고 사셨기 때문입니다. 그러므로 주님께서는 주님을 힘입어 하나님께 나아오는 모든 사람을 완전하게 구원하실 수 있습니다. 주님께서는 영원히 살아 계셔서 우리를 위하여 중재의 간구를 하십니다. 히 4:14-15, 7:25

오, 아버지, 우리의 방패이신 분을 돌보시고, 주님께서 기름 부으

찬양

신 분의 얼굴을 살피소서. 하늘로부터 소리가 있어 이르시되, 주님께서는 그분을 몹시 기뻐하신다 하셨습니다. 주님, 우리가 그분과 하나이오니, 우리 또한 그분과 같이 기뻐해 주소서. 시 84:9, 마 3:17

◐ 여러분이 기도할 때 주님의 성령께서 능력 있는 도우심으로 도와주시기를 주님께 간구합시다.

　주님, 우리는 마땅히 무엇을 위해 기도해야 하는지 알지 못합니다. 주님의 성령으로 하여금 우리의 약함을 돕게 하시고, 우리를 위해 간구하게 하소서. 우리를 가르쳐 "아빠, 아버지"라 부르게 하시는 은혜와 간구의 성령을 우리에게 풍성히 부어 주소서. 우리를 자녀로 삼아 주시는 성령을 힘입어 이와 같은 기도를 드리도록 우리 마음에 감동을 주소서. 롬 8:26, 슥 12:10, 롬 8:15, 삼하 7:27

　주님의 빛과 진리를 우리에게 오게 하시고, 그 빛과 진리의 인도를 받아 주님의 거룩한 산, 주님께서 거하시는 곳에 이르게 하소서. 그 빛과 진리의 안내를 받아 우리의 가장 큰 기쁨이신 하나님께 나아가게 하소서. 우리의 입술을 열어 주소서, 그리하시면 우리의 입이 주님을 찬양하는 노래를 전파하겠나이다. 시 43:3; 51:15

◐ 하나님께서 영광받으시기를 여러분의 모든 기도의 가장 높은 목표로 삼읍시다.

　주님께서는 선언하시되, 주님께 가까이 나아오는 이들로 인하여 세상 모든 사람들 앞에서 거룩함을 보이시고 영광을 받을 것이라 하셨습니다. 그러므로 우리가 주님께 경배하여 주님의 이름을 영광스럽게 합니다. 우리가 주님을 부르면, 주님께서는 우리를 구해 주시고 우리는 주님께 영광을 돌립니다. 진실로 만물이 주님에게서 나오고, 주님으로 말미암아 있고, 주님을 위하여 있습니다. 레 10:3, 시 86:9; 50:15, 롬 11:36

2. 고백

거룩하신 하나님 앞에서
여러분의 죄를 고백하고,
겸손히 그 죄를 회개하십시오

● 기도를 드릴 때 우리는 먼저 주님의 크신 영광을 인하여 주님을 찬양해야 하는데, 이는 주님께서 마땅히 받으셔야 할 일입니다. 그리고 이제 우리는 크나큰 부끄러움으로 우리의 모든 죄를 고백해야 하는데, 부끄러움은 우리가 마땅히 느껴야 할 일이기 때문입니다. 우리는 주님 앞에서 우리 자신을 낮추고, 우리의 더러움과 부패와 죄악을 고통스럽게 깨달아야 합니다. 또한 우리는 우리의 정의로운 재판장이신 주님을 깊이 공경해야 하는데, 이는 우리가 재판장이신 주님께 정죄를 받아 마땅한 사람들이기 때문입니다. 이와 함께 우리는 우리의 범죄에도 불구하고 예수 그리스도 안에 있는 은혜로 말미암아 용서받고 죄 없다 여기심을 받고자 하는 소원을 표현해야 합니다.

주님께 반역하고 그분의 율법을 어긴 많은 일들을 고백하십시오

● 여러분이 주님의 율법을 어긴 그 모든 일들에 대하여 정당한 형벌을 받아 마땅함을 인정하십시오. 여러분은 주님 앞으로 나올 때 필히 부끄러워해야 하는데, 이는 여러분이 주님의 거룩하심을 욕되게 하고 주님의 정의 앞에서 율법을 어긴 자로 정죄받았기 때문입니다.

오, 하나님, 우리가 부끄럽습니다. 주님께서 못 보시게 우리의 얼굴을 숨겼으면 좋겠습니다. 우리의 죄악이 감당할 수 없이 불어났고, 우리의 범죄가 하늘까지 닿았습니다. 우리의 낯이 뜨겁고 수치스러우니, 이는 우리가 주님을 거슬러 죄를 지었기 때문입니다. 스 9:6, 단 9:8

우리가 주님께 무슨 말씀을 드릴 수 있겠습니까? 우리는 손으로 우리의 입을 막을 뿐이며, 우리의 입을 땅바닥에 댈 뿐입니다. 주님께서는 주님의 거룩한 자들마저 믿지 아니하시고, 또 주님 보시기에는 하늘마저 깨끗하지 아니합니다. 하물며 죄를 물 마시듯 하는 사람이야 얼마나 더 역겹고 더럽겠는지요. 우리에게 조금이라도 희망이 있을진대, 우리는 입술을 가리고, 율법 아래 있던 그 나병 환자와 같이 "부정하다, 부정하다" 외쳐야 할 것입니다. 우리가 왕 되신 만군의 여호와를 한순간이라도 뵙게 되면, 우리는 오로지 이렇게 부르짖을 수밖에 없습니다. "재앙이 나에게 닥치겠구나! 이제 나는 죽게 되었구나!" 욥 40:4, 애 3:29, 욥 15:15-16, 레 13:45, 사 6:5

주님께서는 언제나 주권과 위엄이 있으시며, 하늘 높은 곳에서 올바른 질서를 유지하십니다. 주님의 올바른 심판을 거행하는 이들을 누가 헤아릴 수 있겠습니까? 주님의 빛을 받지 않는 자가 어디에 있겠습니까? 주님의 눈에는 별조차 깨끗하지 아니한데, 사람이 어찌 하나님 앞에서 의로울 수 있으며, 여자에게서 태어난 사람이 어찌 깨끗할 수 있겠습니까? 우리가 스스로 의롭다 하면, 우리의 입이 우리를 죄 있다 할 것입니다. 우리가 완전하다 하면, 그 말이 곧 우리가 틀렸음을 증명할 것입니다. 주님께서 우리와 논쟁하시면, 우리는 주님의 천 가지 비난 가운데 단 한 가지 비난에도 대답을 할 수 없을 것입니다. 욥 25:2-4; 9:3, 20

주님께서는 두려운 분이시니, 주님께서 한번 진노하시면 누가 주님 앞에 설 수 있겠습니까? 누가 주님의 진노의 위력을 알겠습니까? 우리의 하나님이신 주님께서는 태워 없애는 불이십니다. 우리가 스스로에 대해 아무런 잘못도 알지 못한다 해서 의로운 것은 아니니, 우리를 심판하시는 분은 우리 마음보다 크시고 모든 것을 아시는 주님이기 때문입니다. 그러나 마음속으로는 우리가 아오니, 우리는 죄지은 자들입니다. 아버지, 우리가 하늘과 아버지 앞에 죄를 지었습니다. 우리는 아버지의 자녀라고 불릴 자격이 없습니다. 우리를 아버지의 품꾼 중 하나로 여겨 주소서. 시 76:7; 90:11, 히 12:29, 고전 4:4, 요일 3:20, 눅 15:21

여러분의 근원적인 부패를 인정하십시오

◐ 여러분은 대대로 반역적인 부모들의 자손임을 인정하십시오. 이로 인하여 여러분에게는 태초의 순수함과 정직함에서 벗어나 타락한 본성이 생기게 되었습니다.

주님, 주님께서는 우리를 올바른 사람으로 만들어 주셨으나, 우리가 여러 가지 그릇된 꾀를 내었습니다. 한 사람으로 인하여 세상에 죄가 들어왔고, 그 죄로 인하여 죽음이 들어왔습니다. 모든 사람이 죄를 지었으므로 죽음이 모든 사람에게 이르게 되었습니다. 그 한 사람의 불순종으로 우리를 포함한 많은 사람이 죄인이 되었습니다. 전 7:29, 롬 5:12, 19

우리는 악을 행하는 자들의 종자입니다. 우리의 아버지는 이방인 아모리 사람과 다름없었고, 우리의 어머니는 이교도 헷 사람과 다르지 않았으며, 우리 자신은 모태에서부터 반역자라 불려 마땅한 자들이었습니다. 우리가 주님께 얼마나 반역적으로 행할지 주님께서는 알고 계셨습니다. 주님께서는 사람의 본성을 아주 올바른 종자, 곧 뛰어나고 고귀한 포도나무로 심으셨으나, 그 본성은 타락한 포도나무가 되어 소돔의 포도송이와 고모라의 포도송이를 내게 되었습니다. 어찌하여 금이 제 빛을 잃었으며, 순금이 변했는지요! 사 1:4, 겔 16:3, 사 48:8, 렘 2:21, 신 32:32, 애 4:1

우리는 아직 모태에 있을 때, 죄 가운데서 형성되었습니다. 우리는 어머니가 우리를 잉태할 때부터 이미 죄인이었습니다. 누가 더러운 것에서 깨끗한 것을 나오게 할 수 있겠습니까? 우리는 본래 주님의 진노 아래 있는 자식들이요, 다른 사람들과 마찬가지로 불순종의 아들들입니다. 모든 사람들이 모든 삶에서 완전히 부패했습니다. 우리는 모두 주님께서 우리에게 두신 처음의 목적에서 벗어났습니다. 우리는 몹시 더러워서, 선을 행하는 사람이 단 하나도 없습니다. 시 51:5, 욥 14:4, 엡 2:2-3, 창 6:12, 시 14:3

악을 생각하고 행하며
선한 모든 것과 멀어지려는
여러분의 마음 바탕을 슬퍼하십시오

◐ 하나님께 속한 일들에 대하여 여러분의 마음이 어두운 것과, 하나님께서 주시는 깨달음의 빛을 받아들이지 못하는 마음의 무능력을 깊이 인식합시다.

본래 우리의 마음은 어둡거니와, 우리 안의 무지로 인하여 하나님의 생명으로부터 떠나 있습니다. 우리의 마음은 완고합니다. 우리의 본성으로는 하나님의 성령이 하시는 일들이 어리석어 보입니다. 그 일들은 영적으로만 분별이 되므로 우리는 그 일들을 알 수 없습니다. 우리는 악을 행하는 데는 총명하나 선을 행하는 데는 무지합니다. 우리는 아무것도 올바로 알지 못하고, 깨닫는 능력을 모두 잃었으며, 어둠 속에서 걷고 있을 뿐입니다. 하나님께서 한 번 말씀하시고 또 말씀하셔도 우리는 주님께서 하시는 말씀을 이해하지 못합니다. 우리는 아무리 들어도 깨닫지 못합니다. 우리는 사람을 보고서 나무 같은 것들이 걸어 다닌다고 합니다. 엡 4:18, 고전 2:14, 렘 4:22, 시 82:5, 욥 33:14, 마 13:14, 막 8:24

◐ 여러분의 의지의 완고함을 슬퍼하고, 하나님의 법에 복종해서 살아야 하는 모든 권면에 대해 지속적으로 저항하려는 의지를 슬퍼합시다.

우리에게는 육적인 생각이 있어서 하나님을 적대시합니다. 육신의 생각으로는 하나님의 법에 복종하여 살지 않을 것이며, 복종하여 살 수도 없습니다. 주님께서 우리를 위하여 수만 가지 율법을 써 주셨으나 우리는 그 율법을 우리와 관계없는 것으로 여겼습니다. 우리의 부패한 마음은 끊임없이 말합니다, '전능자가 누구이기에 우리가 그를 섬겨야 하는가?' 우리는 하나님의 율법을 무시합니다. 우리는 마음으로 모의하고 입으로 말한 것은 무엇이든 기꺼이 하고 싶어 합니다. 우리는 우리 마음이 원하는 길을 따라 걷고 우리 눈이 즐거워하는 일을 행하며, 육체와 마음이 원하는 욕구를 끝없이 채웠습니다. 롬 8:7, 호 8:12, 욥 21:15, 렘 44:17, 전 11:9, 엡 2:3

우리의 목은 무쇠 힘줄로 된 듯 뻣뻣했습니다. 우리는 마음을 돌처럼 단단하게 하여, 듣기를 마다하고 주님께 등을 돌려 돌아섰습니다. 우리는 마술사가 아무리 뛰어난 기술로 홀려도 그 소리를 듣지 않으려는 귀머거리 독사처럼 우리의 귀를 막았습니다. 우리가 얼마나 훈계를 싫어하였는지요! 우리의 마음은 책망을 멸시하였습니다. 우리는 우리 스승들의 음성에 순종하지 않았으며, 우리를 가르쳐 주려는 사람들의 말에 귀를 기울이지 않았습니다. 사 48:4, 슥 7:11-12, 시 58:4-5, 잠 5:12-13

◑ 무익한 것들에 몰두하고 영혼의 자양분이 되는 것들에는 집중하지 아니한 일에 대하여 하나님께 용서를 구합시다.

우리 마음에 품은 모든 생각은 처음부터 악하고 종일토록 악하기만 할 뿐이었습니다. 이 무익한 계획이 어린 시절부터 우리의 생각을 사로잡았습니다. 이 헛된 생각이 얼마나 오랫동안 우리 안에 깃들어 있었는지요! 우리들의 어리석은 생각에는 죄가 가득합니다.

이 악한 생각은 마음으로부터 나옵니다. 우리는 밤에 누워서 생각하는 동안, 어찌하면 모든 것을 우리에게 이익이 되도록 꾸밀 수 있을까 하고 끊임없이 계획합니다. 우리의 눈은 어리석은 자들의 눈처럼 헛된 마음에서 나온 것들을 땅끝까지 담고 다닙니다. 창 6:5; 8:21, 렘 4:14, 잠 24:9, 마 15:19, 미 2:1, 잠 17:24

오, 하나님, 주님께서 우리의 모든 생각의 중심에 계셔야 마땅하나 그렇지 아니합니다. 우리가 조금이라도 주님을 생각한다면 다행입니다. 주님께서는 우리를 생겨나게 한 바위이신데, 우리는 우리를 지은 하나님이신 주님을 잊었습니다. 셀 수도 없이 많은 날들을 우리는 주님을 잊었습니다. 우리의 마음은 지극히 공허하고 쓸모없는 것들을 쫓아다녔습니다. 우리의 속셈은 이러하였으니, 곧 우리가 인생에서 이룬 것들—우리의 집과 가족과 우리가 사는 동안 산출해 낸 것들—이 언제까지고 지속되리라 하는 것이었습니다. 우리는 어리석은 부자와도 같아서, 주님께서 오늘 밤 우리의 문 앞에 죽음을 이르게 하실 수 있으며, 이로 인해 우리가 주님 앞에서 모든 것을 해명해야 하리라는 것을 잊었습니다. 우리가 얼마나 어리석었는지요! 시 10:4, 신 32:18, 렘 2:32, 5, 시 49:11, 13, 눅 12:20

◐ 여러분의 육신의 정욕과 무질서한 욕망을 부끄러워합시다.

우리는 위에 있는 것들을 사랑했어야 하나 아래에 있는 것들을 사랑했습니다. 보물이 영원히 지속되는 곳, 그리스도께서 하나님의 우편에 앉아 계신 곳, 우리는 바로 그 하늘에 보물을 쌓아 두어야 했습니다. 하지만 우리는 필히 무익한 것으로 판명 날 세상의 보물을 모으는 데 마음을 쏟았습니다. 우리가 마땅히 구해야 할 것들이 우리의 탐욕을 제어하지 아니하였습니다. 우리는 우리에게 거짓말하는 우상을 쫓아다니는 데 몰두했으며, 주님께서 우리에게 그토록 은혜로이 베풀어 주신 자비를 저버리기까지 했습니다. 우리는 생수가 넘치는 샘을 버리고, 썩은 웅덩이, 물이 고이지 않는 터진 웅덩이를 샘으로 삼았습니다. 골 3:1-2, 마 6:21, 욘 2:8, 렘 2:13

우리는 땅의 티끌을 갈망했으며, 오로지 무엇을 먹고 무엇을 마시며 무엇을 입을지 근심했습니다. 우리는 하나님의 나라와 하나님의 의를 먼저 구하지 아니하고, 믿지 아니하는 이들이 중요하게 여기는 것들에 우리의 모든 삶을 바쳤습니다. 우리는 헛된 우상에 마음을 쏟고, 실체가 없는 허무한 것들을 바라보았습니다. 우리는 한순간에 사라질 보이는 것들을 사랑했으되, 영원히 지속될 것들은 믿지 아니하거나, 제쳐 두거나, 잊었습니다. 암 2:7, 마 6:31-33, 시 24:4, 잠 23:5, 고후 4:18

◐ 여러분의 전인적 부패를 가슴 깊이 슬퍼합시다. 이 부패가 무질서한 욕망을 조장하고 성령의 생명으로부터 여러분의 마음을 멀어지게 했습니다.

우리는 타락하고 죄악 된 본성을 가지고 태어났으며, 계속해서 이와 같은 상태에 있는 것에 몹시 만족스러워합니다. 우리의 육신에는 선한 것이 깃들어 있지 아니합니다. 선을 행하려는 의지가 우리에게 더러 있다 해도, 우리는 그 선을 행할 수단을 찾을 수 없습니다. 우리는 우리가 행하고자 하는 선은 행하지 아니하고, 도리어 행하지 아니하려는 악을 행합니다. 우리 육신의 각기 다른 모든 지체를 지배하는 법이 있으니, 곧 우리는 우리가 옳다고 알고 있는 것과 맞서 싸우려 합니다. 끊임없이 우리는 우리 육신의 여러 지체를 지배하는 이 법의 포로가 됩니다. 우리는 선을 행하려 하나 우리의 악한 성향이 너무 강하여 이길 수 없습니다. 요 3:6, 롬 7:18-19, 21, 23

머리는 모두 상처투성이요 속은 온통 골병이 들었습니다. 발바닥에서 정수리까지 성한 데가 없습니다. 우리에게는 상처와 멍과 곪은 것만 남겨 주는 죄의 결과가 있을 뿐입니다. 우리 안에는 살아 계신 하나님을 피하려는 성향이 있습니다. 우리 마음은 무엇보다 거짓되고 철저히 사악하니, 다음에 무슨 일을 꾸며 낼지 누가 알겠습니까? 우리 마음은 느슨한 활처럼 엇나갑니다. 사 1:5-6, 호 11:7, 렘 17:9, 호 7:16

여러분의 의무를 행하지 못한 일에 대하여
숨김없이 고백하십시오

● 여러분의 의무를 소홀히 했음을 인정하십시오. 하나님께서 여러분을 이 세상에 보내셔서 행하게 하신 그 크나큰 일을 여러분이 전혀 행하지 못했음을 부끄러워합시다. 그리스도와 하나 되는 세례를 받고도, 또한 하나님께서 여러분을 위해 마련해 주신 다른 모든 은혜의 수단을 얻고도 여러분이 결실을 내지 못하였음을 크게 슬퍼합시다.

우리는 포도원에 심은 무화과나무 같았습니다. 주님께서 우리에게서 열매를 얻으시려 여러 해를 다녀가셨지만 얻지 못하셨습니다. 우리는 쓸모없이 땅만 차지하고 있으니 찍어 넘겨 불에 던져짐이 마땅합니다. 주님께서는 오셔서 크고 단 포도를 찾으셨으나 보신 것은 신 포도뿐이었습니다. 우리는 우리 스스로 만족하고자 열매를 내는 무익한 포도나무였습니다. 눅 13:6-7, 마 3:10, 사 5:4

우리는 선을 행할 줄 알고도 행하지 아니하였습니다. 우리는 주님께서 맡기신 돈을 숨겼으니, 악하고 게으른 종이 받을 심판을 받아 마땅합니다. 우리는 주님의 재산을 낭비해 버린 불의한 청지기였습니다. 우리는 많은 죄인 가운데 한 죄인에 불과하지만, 한 죄인으로서 우리는 많은 선한 것을 망쳤습니다. 약 4:17, 마 25:18, 26, 눅 16:1, 전 9:18

지혜를 얻을 수 있는 풍성한 자원이 우리 손에 있었으나, 우리는 하나님을 경외하며 살기를 원치 아니하였습니다. 때때로 우리는 경건한 지혜를 구하기도 하지만, 그때에도 우리의 변덕스러운 마음은 여전히 우리의 왼쪽에 남아 있었습니다. 우리의 어린 시절과 젊음이 헛되이 지나갔으며, 우리의 모든 날들이 주님의 진노 아래 사라지고, 우리의 평생이 한숨으로 끝납니다. 잠 17:16, 전 10:2; 11:10, 시 90:9

우리는 우리에게 있던 기회의 날을 알지도 못하고 활용하지도 못했습니다. 우리는 여름에 양식을 마련하지도 않고 추수 때에 먹을 것을 모으지도 않았습니다. 우리에게 지도자와 감독관과 통치자가 있음에도 그리하였습니다. 우리는 깨닫고 믿는 마음이 무딥니다. 우리에게 주신 시간과 기회를 생각하면, 우리는 이미 다른 이들을 가르치고 있어야 마땅합니다. 하지만 우리는 하나님의 말씀의 초보적 원리도 배우지 못했습니다. 오늘날까지도 우리는 단단한 음식을 먹지 못하고 젖을 필요로 하고 있습니다. 눅 19:44, 잠 6:7-8, 눅 24:25, 히 5:12

우리는 하나님을 두려워하는 마음을 멀리 내던졌으며, 기도하려는 생각을 억눌렀습니다. 우리는 주님의 이름을 부르지 않았고, 힘을 내어 주님을 붙들지도 않았습니다. 우리는 주님의 백성들이 그러하듯 주님 앞으로 나와 주님 앞에 앉았습니다. 우리는 주님의 말씀을 들었으나, 듣는 내내 마음은 이 세상의 즐거움에 대한 생각으로 가득하였습니다. 그렇게 우리는 상처 나고 절뚝거리고 병든 것을 희생제물로 가져왔습니다. 우리는 우리의 세상 통치자에게는 결단코 바치지 아니할 몹쓸 제물을 우리의 하나님이신 주님께 바쳤습니다. 우리는 양 떼 가운데 흠 없는 수컷이 있어서 그것을 바치기로 엄히 맹세하고도, 주님께 부정한 것을 바쳤습니다. 욥 15:4, 사 64:7, 겔 33:31, 말 1:8, 14

생각과 말과 행동으로 범한
여러 가지 특정한 죄악을 회개하십시오

아버지, 우리가 하늘과 아버지 앞에 죄를 지었습니다. 우리는 모두 죄를 범하여 주님의 영광에 이르지 못하게 되었습니다. 우리는 매 순간 우리의 호흡과 발걸음을 주장하시는 하나님이신 주님께 영광을 돌리지 못했습니다. 우리가 주님께, 오직 주님께만 죄를 지어, 주님의 눈앞에서 많은 악을 행하였습니다. 우리는 주님께서 우리 앞에 명백히 세우신 율법, 거룩하고 의로우며 선한 그 율법을 따르라는 주님의 음성에 순종하지 않았습니다. 눅 15:18, 롬 3:23, 단 5:23, 시 51:4, 단 9:10, 롬 7:12

어느 누가 자신의 잘못을 낱낱이 드러내려 하겠습니까? 우리의 은밀한 죄에서 우리를 깨끗하게 하소서. 우리는 모두 여러 가지 다른 방식으로 죄를 짓고, 우리의 죄악은 우리의 머리털보다 많습니다. 샘에서 물이 솟구치듯 우리의 마음에서는 악이 솟구칩니다. 이것이 우리가 어렸을 때부터 살아온 습관이온대, 결코 진정으로 우리는 주님의 음성에 순종하기를 원치 않았습니다. 우리는 마음에 악한 것을 쌓아 두었다가 악한 것을 많이 내놓았습니다. 시 19:12, 약 3:2, 시 40:12, 렘 6:7; 22:21, 마 12:35

● 여러분의 교만한 삶을 고백하고 뉘우칩시다.

우리는 우리를 속이는 교만한 마음을 뉘우쳐야 할 이유가 충분합니다. 우리는 우리 자신을 마땅히 생각해야 하는 것보다 한층 더 높게 생각했으며, 우리 스스로를 정직하고 분별력 있게 평가하지 않았습니다. 우리는 겸손히 우리의 은혜로우신 하나님과 함께 행하지도 아니하였습니다. 대하 32:26, 욥 3, 롬 12:3, 미 6:8

우리는 우리의 명철을 의지했으며 우리의 마음을 신뢰했습니다. 우리는 그물에다가 제사를 지냈습니다. 우리는 우리를 보내신 분의 영광보다 우리 자신의 영광을 구했습니다. 우리는 통탄해야 할 일을 두고 오히려 교만해졌습니다. 잠 3:5; 28:26, 합 1:16, 요 7:18, 고전 5:2

◐ 무분별하게 화를 내고 분노했던 시간들을 부끄러워합시다.

우리는 마음을 제어하지 못하여, 성벽이 무너진 성읍과 같았습니다. 우리는 급하게 화를 내었으며, 분노가 끓어오르도록 내버려 두었습니다. 우리는 격분하여, 모세처럼 함부로 말했습니다. 우리는 오래전에 버렸어야 할 악독과 분노를 버리지 못하고 죄를 지었습니다. 잠 25:28; 14:17, 전 7:9, 시 106:33, 엡 4:31

◐ 여러분의 탐욕과 세상에 대한 사랑을 회개합시다.

우리는 탐욕 없이 살았던 적이 결코 없습니다. 이러함에도 우리는 여전히 가진 것으로 만족하는 법을 배우지 못했습니다. 모든 악의 뿌리가 되는 돈에 대한 사랑으로부터 자유롭다고 말할 수 있는 사람이 누가 있겠습니까? 우리의 생각과 행동은 탐욕의 지배를 받아 왔으니, 이 탐욕은 곧 우상 숭배였습니다. 주님께서 큰일을 "찾지 말라" 하셨음에도 우리는 여전히 큰일을 찾고만 있었습니다. 히 13:5, 빌 4:11, 딤전 6:10, 골 3:5, 렘 45:5

◐ 음욕과 육적인 쾌락을 버리십시오.

우리는 영의 일보다 육신의 일을 더 생각했습니다. 우리는 이 땅 위에서 사치와 쾌락을 누리며 살았고, 마치 도살을 앞두고 우리 몸을 살찌게 하듯 우리 마음을 쾌락으로 살찌게 하였습니다. 롬 8:5, 약 5:5

우리는 육신의 끝없는 욕망을 채우기 위해 정성 들여 육신의 요구를 만족시켰으며, 우리의 영혼을 거슬러 싸우는 그 정욕을 오히려 부추겼습니다. 우리는 하나님보다 쾌락을 더 사랑하는 사람들이었습니다. 우리가 먹고 마실 때에도 그것은 하나님이 아니라 우리 자신을 만족스럽게 하기 위하여 먹고 마신 것이 아니었습니까? 롬 13:14, 벧전 2:11, 딤후 3:4, 슥 7:6

◐ 일신의 안락을 끊고, 이 세상을 사는 동안 필연적으로 일어나는 변화를 외면하지 맙시다.

우리는 장래에 닥쳐 올 재난의 날에 대한 생각을 마음속에서 지웠습니다. 우리는 안락을 누리며 말하기를, "이제 우리는 영원히 흔들리지 아니하리라" 하였습니다. 우리는 내일도 오늘과 같이 풍성할 것으로, 오히려 오늘보다 더 풍성할 것으로 여겼습니다. 암 6:3, 시 30:6, 사 56:12

우리는 우리의 영혼을 부추겨 이르되, 마음 놓고 먹고 마시며 즐기라 하였습니다. 우리는 마치 여러 해 동안 쓸 것을 쌓아 둔 듯 살면서도, 바로 오늘 밤 우리에게서 영혼이 떠나갈 수 있음은 깨닫지 못했습니다. 우리는 살아 계신 하나님이신 주님을 의지하지 않고 덧없는 재물을 의지했습니다. 우리는 금에게 말하기를 "너는 우리의 소망이라" 하였고, 순금에게 이르기를 "우리는 너를 온전히 신뢰하

노라" 하였습니다. 눅 12:19-20, 딤전 6:17, 욥 31:24

◐ 여러분이 안달과 성급함을 보이고, 고통 중에 불평하며 크게 낙심하고, 하나님과 그분의 섭리를 불신한 일에 대하여 진정으로 슬퍼합시다.

주님께서 우리를 벌하실 때, 우리는 멍에가 익숙지 않아 거역하는 황소와 같았습니다. 우리의 어리석음으로 길을 잘못 들어 곤경에 처했음에도 우리는 주님을 원망했습니다. 우리는 어려움을 당할 때에 더더욱 주님께 범죄하였습니다. 주님께서 우리를 징벌하시면, 우리는 주님의 그 징벌을 무시하거나 그 징벌에 낙심했습니다. 하지만 고난받을 때 낙심하면 우리의 힘이 약한 것임을 우리는 주님의 말씀을 통하여 압니다. 잠 19:3, 대하 28:22, 잠 2:11; 24:10

우리는 성급하게 말하기를, "이제 주님께서 우리를 쳐다보지 않으십니다! 주님께서 우리를 버리셨습니다! 우리의 하나님께서 우리를 잊으셨습니다!" 하였습니다. 우리는 주님께서 우리에게 다시는 은혜를 베풀지 않으실 것처럼 행동했습니다. 우리는 낙심하여 판단하기를, 주님께서 우리에게 은혜 베푸는 일을 잊으시고, 진노하심으로 그 온유하신 모든 자비를 차단하셨는가 하였습니다. 우리는 약한 믿음으로 인하여 길을 잃었습니다. 시 31:22, 사 49:14, 시 77:7

◐ 여러분의 형제자매들에게 보여 준 사랑이 없음을 회개합시다. 여러분의 친척과 이웃과 친구들과 더불어 평화롭게 살지 못한 시간들을 슬퍼하며 고백합시다. 그들을 불의하게 대한 시간들에 대하여 하나님께 용서를 구합시다.

우리는 형제자매들과 맺은 관계에서 죄를 범했습니다. 우리는 평화에 도움이 되는 일들을 세심하게 헤아리지 못했으며, 형제자매들을 세워 주고 격려할 수 있는 방법을 크게 활용하지 못했습니다. 창 42:21, 롬 14:19

우리는 늘 우리의 형제를 판단하고, 그들을 아무런 가치가 없는 사람인 양 여기고자 했습니다. 우리는 모두가 곧 그리스도의 심판대 앞에 서게 될 것임을 잊었습니다. 우리는 으뜸가는 사랑의 법을 거슬러 뽐내며 교만했습니다. 우리는 무례했으며, 다른 이들의 유익보다 우리의 이익을 구했습니다. 우리는 쉽게 성을 냈습니다. 우리는 다른 사람들이 죄에 빠졌을 때 기뻐했고, 그들이 당한 재앙을 은밀히 즐거워했습니다. 롬 14:10, 고전 13:4-5, 잠 17:5

우리는 사람들에게 인정받으려는 끝없는 욕망이 있었고, 서로 노엽게 하며, 다른 이들을 죄짓게 했습니다. 우리는 형제를 높여 줄 방도를 찾을 수 있었음에도 오히려 다른 이들의 재능과 지위를 질투했으며, 사랑하고 선한 일을 하도록 서로 격려해야 했으나 그리하지 못했습니다. 갈 5:26, 히 10:24

우리는 연민하는 마음을 닫고서 가난한 이들을 헤아리지 못했습니다. 우리는 우리 혈육의 궁핍을 외면했으며, 가난에 시달리는 형제를 악하고 분노에 찬 눈으로 바라보기도 했습니다. 우리는 가난한 이들을 멸시했습니다. 요일 3:17, 사 57:7, 신 15:9, 약 2:7

우리가 형제를 해롭게 하거나 속일 때는 언제나 우리의 잘못을 고쳐야 함을 일러 주소서. 우리가 교만하여 형제를 무시하거나 우리의 발걸음이 거짓된 길로 나아갈 때는 우리를 겸손과 진리와 참된 섬김의 길로 인도하소서. 우리가 어떤 죄를 지어 다른 이들과 하는 거래에 오명을 남겼다면, 이를 밝혀 주셔서 우리로 하여금 변상하고 다시는 그와 같이 행하지 않게 하소서. 살전 4:6, 욥 31:5, 7; 34:32

● 혀로 인하여 죄지었음을 고백하십시오.

우리는 많은 말을 하는 가운데 결코 죄 없지 않았으니, 말이 많은 사람은 결코 의롭다 여김을 받지 못할 것입니다. 의인의 입술은 많은 사람을 먹여 살리지만 우리의 입술은 어리석음을 쏟아 내고 고집만 내뱉었습니다. 우리의 입에서 추한 말들이 많이 나왔습니다. 우리는 어리석은 말과 상스러운 농담을 하여 죄를 지었사온대, 이러한 말들은 언제나 주님 앞에서 온당치 아니합니다. 우리는 믿음 안에서 다른 이들을 세워 주는 말을 하지 못했으며, 우리 앞에 있는 이들에게 은혜가 될 수 있는 말도 하지 못했습니다. 잠 10:19, 욥 11:2, 잠 10:21, 32; 4:2, 엡 4:25; 5:4

우리가 한 헛된 모든 말을 해명해야 한다면, 우리는 정죄를 받을 것입니다. 우리가 한 말에 따라 무죄와 유죄를 선고받을진대, 우리에게는 재앙이 닥칠 것입니다. 우리는 모두 입술이 부정한 사람이요 입술이 부정한 사람들 가운데 살고 있으니, 우리가 죽게 되었습니다. 주님께서 우리가 혀를 놀려 한 말을 우리에게 돌리시면 우리가 어떻게 되겠는지요? 마 12:36-37, 사 6:5, 시 64:8

● 여러분의 게으름과 영적인 퇴보를 고백하십시오.

우리는 하나님의 얼굴을 찾아뵙는 일에 게을렀고, 뜨거운 마음으로 주님을 섬기지도 아니하였습니다. 조금 남아 있는 우리의 영적인 생명은 거의 죽어 가고 있으며, 우리의 행위는 주님 보시기에 부족

한 것으로 판명되었습니다. 롬 12:11, 계 3:2

  우리는 사나운 바람을 근심한 나머지 씨를 뿌리지 않기로 하였으며, 험악한 구름을 보고서 추수하지 않기로 하였습니다. 우리는 게으른 자와 같이 큰 길에 사자가 있다, 거리에 사자가 있다 하는 헛된 생각으로 두려워했으며, 문짝이 돌쩌귀에 붙어 돌아가듯 침상에만 붙어 뒹굴었습니다. 우리는 언제까지고 애원하며 "조금만 더 자자, 조금만 더 졸자, 두 손을 모으고 조금만 더 쉬자" 하였습니다. 전 11:4, 잠 26:13-14; 6:10

  우리는 처음 사랑을 잃었습니다. 우리가 처음에 누렸던 구원의 기쁨은 지금 어디에 있습니까? 우리의 선함은 아침 안개와 같았고, 덧없이 사라지는 새벽이슬과 같았습니다. 하나님의 일들을 향한 이 모든 차가움의 근원에 우리의 악이 있으니, 이는 살아 계신 하나님이신 주님에게서 떠나려는 믿지 않는 마음입니다. 계 2:4, 갈 4:15, 호 6:4, 히 3:12

죄의 크나큰 악을 알려 달라고
하나님께 간구합시다

● 죄의 악독한 성질과 그 죄가 여러분의 삶에 끼치는 지속적인 피해를 깨닫게 해달라고 하나님의 성령께 간구합시다.

◐ 죄의 악함을 생각하십시오.

오, 죄가 그 본질로서, 곧 죄로서 드러났으면 좋겠습니다! 우리로 죄의 본색을 보게 하소서. 하나님의 계명의 완전함을 인하여 우리로 하여금 죄를 극도로 악한 것임을 보게 하시며, 또한 죄는 반역적인 불법임을 우리로 깨닫게 하소서. 롬 7:13, 요일 3:4

완악한 모든 죄로 인하여 우리가 반역적으로 외치기를, "우리는 이 사람[곧 하나님]이 우리를 다스리게 두지 않으리라! 주님이 누구이기에 우리가 그의 음성에 복종해야 하는가?" 합니다. 우리가 주님을 멸시하고, 주님의 율법을 무시하며 등 뒤로 던져 버렸음이 죄로 인하여 드러났습니다. 눅 19:14, 출 5:2, 민 15:30, 느 9:26

◐ 죄의 어리석음을 깨달으십시오.

오, 하나님, 주님께서는 우리의 지극한 어리석음을 아십니다. 우리 죄의 어리석음을 주님께 숨길 수 없습니다. 우리는 불순종함으로써 우리의 어리석음을 보란 듯이 드러냈습니다. 우리의 탐욕은 심히 어리석고 해로워서 우리를 파멸과 멸망에 빠지게 합니다. 시 69:5, 딛

3:3, 딤전 6:9

어리석음은 우리가 어렸을 때조차 우리 마음에 얽혀 있었습니다. 우리는 헛되이 지혜로운 체하지만, 어리석은 사람이 지혜로울 수 없음은 들나귀 새끼가 사람으로 태어날 수 없음과 같습니다. 우리는 우리가 행한 것으로, 참으로 어리석은 일을 행한 것으로 큰 죄를 지었습니다. 우리가 얼마나 어리석고 무지했는지요! 주님 앞에서 우리는 무지한 짐승처럼 행하였습니다. 잠 22:15, 욥 11:12, 삼하 24:10, 시 73:22

◐ 죄의 무익함을 인정하십시오.

우리가 죄악 된 행실로 온 세상을 얻고도 우리의 영혼을 잃으면 무슨 유익이 있겠습니까? 우리가 죄를 지어 옳은 일을 그르쳤으며, 그것은 우리에게 아무런 유익이 되지 못했습니다. 우리의 부끄러운 행위로 우리가 무슨 열매를 거두겠는지요? 그러한 행위의 마지막은 죽음입니다. 마 16:26, 욥 33:27, 롬 6:21

◐ 죄의 속임수를 경계하십시오.

우리 마음의 교만이 우리를 속였습니다. 죄가 우리를 속였고, 주님의 의로운 계명으로 우리를 죽였습니다. 우리의 마음은 죄의 속임수로 인하여 완고해졌고, 이로 인하여 우리는 우리의 욕심에 이끌려 점점 더 죄의 유혹에 빠졌습니다. 욥 3, 롬 7:11, 히 3:13, 약 1:14

죄는 우리에게 억압을 벗어나는 자유를 약속했으나 우리를 타락한 노예로 만들었습니다. 죄는 우리더러 죽지 않으리라 약속하며 주님의 말씀을 즉시 부정했습니다. 죄는 약속하기를, 우리가 죄를 지으면 신들과 같이 되어서 우리 스스로 선하고 악한 것을 마음대로 결정할 수 있다고 했습니다. 그러나 죄는 우리에게 아첨하는 그 순간 우리의 발밑에 그물을 쳤습니다. 벧후 2:19, 창 3:5, 잠 29:5

◐ 죄로 인하여 거룩하신 하나님을 모욕했음을 인정하십시오.

우리는 율법을 어김으로써 주님을 욕되게 했으며, 이스라엘의 거룩한 분이신 주님을 진노하시게 했습니다. 우리는 주님을 심히 노여우시게 하는 많은 일들을 했습니다. 주님께서는 우리의 음란한 마음으로 인하여 슬프셨을 터이니, 이는 우리의 눈이 우리의 우상을 향해 끝없이 음욕을 품었기 때문입니다. 롬 2:23, 사 1:4, 호 12:14, 삼하 11:27, 겔 6:9

우리는 주님을 시험하고 또 시험했으며, 이 삶의 광야를 방랑하여 주님을 슬프시게 했습니다. 우리가 주님께 반역했으므로 주님께서는 우리에게서 등을 돌려 우리의 대적이 되셨습니다. 우리는 구속의 날을 위하여 우리를 보증해 주신 하나님의 성령을 슬프시게 했습니다. 시 95:9-10, 사 63:10, 엡 4:30

◐ 죄가 여러분의 영혼에 입힌 피해를 잘 살펴보십시오.

우리의 죄악으로 인하여 우리는 우리 자신을 노예로 팔았습니다. 주님을 거슬러 범죄함으로써 우리는 우리 자신의 영혼을 해롭게 하였습니다. 우리는 주님을 미워함으로써 죽음을 사랑했습니다. 주님께서 우리의 말을 들으실 수 없도록 우리의 죄가 주님에게서 우리를 갈라놓았습니다. 우리의 죄로 인하여 우리의 마음과 양심이 더러워졌습니다. 사 50:1, 잠 8:36, 사 59:2, 딛 1:15

우리의 죄가 곧 우리의 벌이 되었으니, 주님의 가장 큰 심판 중 하나는 죄의 구덩이에 빠져 더욱 타락하도록 죄인을 내버려 두는 것이기에 그러합니다. 우리의 타락이 우리를 징계합니다. 주 우리의 하나님이신 주님을 버리고, 주님을 경외하는 든든한 지혜 없이 사는 삶이 얼마나 슬픈 일인지요. 죄를 가볍게 여기는 우리는 참으로 어리석은 사람들입니다. 렘 2:19, 롬 1:24, 26, 28, 잠 14:9

하나님께서 더욱 가증스러운 죄로 여기는 것들을 잘 알아 둡시다

◐ 하나님께서 보시는 선과 악을 명백히 이해할수록 여러분이 짓는 죄도 큽니다.

우리는 우리 주님의 뜻을 알고서도 이를 행하지 않았으므로 많이 맞아야 마땅합니다. 우리는 지도자요 백성으로서 주님의 길과 주님께서 요구하시는 것들을 알고 있었으나, 주님의 멍에를 부러뜨리고 주님의 결박을 거부했습니다. 눅 12:47, 렘 5:4-5

죄로 인한 더러움 가운데 사는 사람들은 죽어야 마땅하다는 주님의 의로운 판결을 우리는 알고 있었습니다. 하지만 그럼에도 우리는 반역적으로 행하였고, 다른 이들에게도 우리와 같이 행하도록 권하며 즐거워하기까지 했습니다. 우리는 주님에 관한 많은 일들을 다른 이들에게 가르치면서도 정작 우리 자신은 가르치지 않았습니다. 우리는 주님을 우리의 하나님으로 안다고 고백하지만, 행동으로는 주님을 부인했습니다. 우리는 주님의 헌신적인 종들인 체하지만, 더럽고 고집스러워서 그 어떠한 선한 일도 할 수 없습니다. 롬 1:32; 2:21, 딛 1:16

◐ 그리스도께 헌신하겠다는 고백이 강할수록 여러분이 짓는 죄도 큽니다.

우리는 주님의 거룩한 성읍의 충성스러운 백성으로 자처합니다. 우리는 이스라엘의 하나님이신 주님을 의지한다고 고백합니다. 또한 우리는 주님의 이름으로 엄숙히 맹세했습니다. 우리는 마땅히 진실과 정의를 행함으로 이와 같은 고백의 참됨을 보여야 하지만 그렇게 하고 있지 않습니다. 이 모순된 행위로 인하여 우리는 우리를 대표하는 주님의 귀하신 이름을 욕되게 했으며, 주님의 대적들에게 주님과 주님의 백성들을 조롱할 좋은 기회를 허락하고 말았습니다. 우리는 그리스도의 이름을 부르는 사람들이지만 불의에서 떠나지는 못하였습니다. 사 48:1-2, 약 2:17, 삼하 12:14, 딤후 2:19

◐ 하나님께 받은 자비가 많을수록 여러분이 짓는 죄도 큽니다.

오, 주님, 우리가 주님께 이와 같이 갚아 드려야 했단 말입니까? 주님께서 우리를 주님의 자녀로 양육하시고 키워 주셨는데, 우리는 주님을 거역하였습니다. 우리는 어리석고 미련한 백성이었습니다. 주님께서는 우리의 아버지요 창조주이시며, 우리가 황폐한 땅에서 길을 잃고 방황하는 것을 보시고도 우리를 주님의 백성으로 삼아 주셨습니다. 주님께서는 우리를 보살피시고 보호해 주셨으며, 주님의 눈동자처럼 지켜 주셨습니다. 하지만 그럼에도 우리는 비뚤어지고 뒤틀린 세대임이 드러났습니다. 우리는 주님께서 우리에게 쌓아 주신 은혜에 합당한 감사의 마음을 보이지 않았고, 이러하므로 주님의 진노가 우리 위에 내리게 되었습니다. 신 32:5-6, 9-10, 사 1:2, 대하 32:25

◐ 죄의 위험에 대하여 여러분이 여러분의 양심은 물론 하나님의 말씀으로부터 받은 경고가 충분할수록, 그 경고를 무시하며 짓는 죄 또한 큽니다.

우리는 빈번히 책망을 받았으나 목을 곧게 세우며 마음 내키는 길로 갔습니다. 주님께서 거듭하여 우리에게, 내가 미워하는 이 역겨운 일을 하지 말라 하셨으나, 우리는 듣지 않았고, 귀를 기울이지 않았습니다. 잠 29:1, 사 57:17, 렘 44:4-5

주님의 말씀은 우리가 알아들을 수 있도록 교훈에 교훈으로, 한 줄 한 줄, 한 번에 조금씩 우리에게 왔고, 그러므로 우리는 변명할 것이 없습니다. 우리는 주님의 말씀의 거울로 우리의 본모습을 보았으나, 곧 떠나가 우리가 어떠한 사람인지 완전하게 잊었습니다. 사 28:13, 막 4:33, 롬 1:20, 약 1:23-24

◐ 여러분의 죄로 인해 받은 징계가 중할수록, 그 징계를 무시하고 짓는 죄 또한 큽니다.

주님께서 우리의 죄로 인하여 우리를 치셨으나, 우리는 회개하며 슬퍼하는 모습을 보이지 않았습니다. 우리는 징계받기를 거절하고, 얼굴을 바윗돌보다 더 굳게 했습니다. 주님의 훈계의 매로도 우리 마음에서 어리석음이 쫓겨나지 아니하였습니다. 주님께서 사람을 징계하는 매와 사람을 바로잡는 채찍으로 우리를 벌하셨으나, 우리는 우리를 치신 주님께 돌아가지 않았으며, 언약의 주님, 만군의 주님을 찾지도 않았습니다. 렘 5:3, 잠 22:15, 삼하 7:14, 사 9:13

우리는 소돔과 고모라를 무너뜨린 것과 같은 위력에 의해 어떤 사람들이 무너지는 것을 보았고, 타는 불 속에서 속히 끄집어 낸 나뭇조각과도 같이 주님의 이 맹렬한 심판을 모면하게 되었음에도, 우리의 주님이신 주님께 돌아가지 않았습니다. 주님께서 금방이라도 심판을 내리실 듯 우리 위로 팔을 들어 올리셨으나, 우리는 목전에 있는 우리의 운명을 깨닫지 못했습니다. 암 4:11, 슥 3:2, 사 26:11

◑ 더 잘 순종하겠다는 맹세와 약속을 많이 할수록 여러분이 짓는 죄도 큽니다.

불순종하면 죽으리라 한 그 언약의 맹세를 우리는 지키지 못하였고, 오히려 우리는 배신자로서 반역적으로 행하였습니다. 렘 34:18, 사 24:16

우리는 말하기를, "내가 나의 죄를 인정하며, 다시는 이와 같은 죄를 짓지 않겠다고 맹세합니다, 내가 잘못을 범하였으나, 두 번 다시 악한 일을 범하지 않겠습니다" 하지 않았습니까? 진실로 우리는 그렇게 말했습니다! 그럼에도 우리는 다시 더러운 죄로 돌아가고 말았으니, 이는 개가 그 토한 것을 핥고 돼지가 씻었다가 다시 진창에 뒹구는 것과 다를 바가 없습니다. 주님께서는 백성들의 그 모든 범죄에도 불구하고 화평을 약속해 주셨습니다. 그러나 우리는 이전과 같은 죄의 어리석음으로 돌아가고 말았습니다. 욥 34:31-32, 벧후 2:22, 시 85:8

◑ 여러분이 하나님의 율법을 위반하고 있음을 많이 알고 있을수록, 그분의 마땅한 형벌을 면하기가 어렵습니다.

율법책에 기록된 모든 계명에 순종하지 않는 모든 사람들에게는 주님의 율법이 저주임을 우리는 압니다. 죄의 삯은 사망임을 우리는 압니다. 부도덕함과 더러운 행위와 탐욕과 음란과 우상 숭배와 어리석은 말과 상스러운 농담과 여타의 계명을 거역함으로, 주님의 진노가 불순종하는 자들에게 미침을 우리는 압니다. 갈 3:10, 롬 6:23, 엡 5:3-6

우리의 지속적인 반역에도 불구하고 주님께서 이 모든 자비를 보여 주셨으니, 우리가 무슨 말을 하겠습니까? 우리는 또다시 주님의 계명을 저버렸으며, 같은 죄를 반복했습니다. 사람을 살피시는 주님, 우리가 무엇을 해야 주님께 갚아 드릴 수 있겠는지요? 스 9:10, 욥 7:20

성경이 우리 모두를 정죄받은 자들로 여기니, 진실로 우리가 죄인입니다. 그러므로 주님께서 진노하시어 우리 모두를 멸하시되, 주님의 진노를 피해 살아남는 자가 하나도 없도록 멸하심이 마땅합니다. 주님께서 완전한 의를 줄자로 삼으시고 완전무결한 정의를 저울추로 삼으실진대, 언약의 저주에 따라 마땅히 우리 모두를 따로 구별하셔서 극렬한 재앙에 넘기시고, 또한 우리의 이름을 하늘 아래에서 영원히 지우셔서 아무도 기억 못하게 하실 수 있을 것입니다. 롬 3:19, 갈 3:22, 스 9:14, 사 28:17, 신 29:20-21

주님께서는 마땅히 분노하시어 우리가 주님의 안식에 들어가지 못하리라고 맹세하실 수 있으며, 우리를 발가벗겨서 광야에 버리실 수 있고, 또한 우리의 곡식이 익을 때 그것을 다시 거두어 가실 수 있습니다. 완전무결하게 의로우신 주님께서는 사람들이 두려워 떠는 심판의 잔을 우리 손에 들려 주셔서 한 방울도 남기지 않고 마시게 하실 수 있습니다. 주님께서는 우리에게 어떠한 벌을 내리시든 정당하시니, 주님께서는 언제나 옳은 일만 하시고 우리는 악한 일만 하기 때문입니다. 우리에게 닥친 재앙이 무엇이든, 주님께서는 은혜로우셔서 우리의 죄악보다 가벼운 형벌을 내리셨습니다. 시 95:11, 호 2:3, 9, 사 51:17, 22, 스 9:13, 느 9:33

주님께서는 심판하실 때에 그 정의로움이 말할 수 없이 명백하시며, 어떠한 판결을 내리시든 온전히 합당하시니, 우리가 우리 죄악에 대한 형벌을 받아들입니다. 우리가 주님의 능력의 손 아래로 우리 자신을 낮추며, 주님은 의로우시다고 선언합니다. 어찌하여 살아 있는 사람이 자신의 죄로 인해 받는 벌을 불평합니까? 그럴 수 없습니다! 우리는 주님을 거슬러 죄를 지었으므로 주님의 분노를 견딜 것입니다. 시 51:4, 레 26:43, 벧전 5:6, 대하 12:6, 애 3:39, 미 7:9

여러분의 모든 죄를 온전하고도 남김없이 용서해 달라고 진실하게 기도합시다

● 죄의 상처가 드러났고, 따라서 여러분은 죄의 악함과 죄의 권세와 여러분 안에 여전히 남아 있는 죄의 잔재를 느꼈습니다. 그러므로 이제 하나님께 그분께서만 주실 수 있는 치유와 도움을 구하여 죄의 악함과 정죄와 권세로부터 여러분을 구해 달라고 간구합시다. 여러분에게 하나님의 자비가 필요하다는 간절한 마음을 가집시다. 그분의 은혜로운 용서가 없다면 여러분은 전적으로 멸망한 존재라는 사실을 받아들이십시오. 여러분이 주님에게서 오는 이 용서와 회복의 자비를 받기만 하면 이 세상의 삶과 다가올 세상의 삶 모두에서 참된 복을 경험하게 될 것임을 깨달읍시다. 죄로 인한 불행과 위험을, 그리하여 여러분에게 온전하고도 남김 없는 용서하심이 절실히 필요함을 충분히 인식하십시오.

오, 주님, 나의 죄악이 크오니, 주님의 이름을 생각하셔서 용서하소서. 헤아릴 수 없이 많은 재앙이 나를 둘러쌌습니다. 나의 죄악이 나를 사로잡았으므로 나의 길이 밝게 보이지 않습니다. 나의 죄가 내 머리털보다 많으니, 내 영혼이 절망합니다. 주님, 부디 나를 구하소서! 속히 나를 도우소서. 시 25:11; 40:12-13

우리의 옛 죄들을 기억하지 마시고, 주님의 긍휼을 속히 베풀어 주소서, 우리가 몹시 비참하게 되었습니다. 오, 우리의 구원의 하나님, 주님의 이름의 영광을 위하여 우리를 도우시고, 우리의 죄를 없애시고 우리를 구해 주소서. 우리가 젊었을 때 행한 죄와 반역을 기억하지 마시고, 주님의 선하심이 크시니 그 자비로우심으로 우리를 기억해 주소서. 시 79:8-9; 25:7

주님, 내가 죄를 깨우친 세리처럼 주님께 갑니다. 그는 주님에게서 멀리 떨어져 서서 감히 하늘을 우러러볼 생각도 못하고, 다만 가슴을 치며 기도했습니다. 그러므로 그가 기도한 것처럼 내가 기도하오니, 하나님, 이 죄인에게 자비를 베풀어 주소서. 그 세리와 같이 나 또한 나 스스로를 세상에서 가장 비천한 사람으로 봅니다. 나의 죄악을 남김없이 씻어 주시고, 나의 죄를 깨끗이 없애 주소서. 나의 범죄를 내가 인정하니, 나의 죄가 너무도 명백합니다. 그리스도의 유월절 희생의 뿌린 피로 나를 씻기시면 내가 깨끗해질 것입니다. 나를 씻어 주시면 내가 눈보다 더 희게 될 것입니다. 내 죄에서 주님의 얼굴을 돌리시고, 나의 죄악을 지우소서. 눅 18:13, 시 51:2-3, 7, 9

주님, 이제 내가 무엇을 구하겠습니까? 내 희망은 오직 주님께 있습니다. 나의 모든 죄악으로부터 나를 구해 내시고, 어리석은 자들이 나의 허물을 보고 나를 조롱함이 없게 하소서. 내가 비록 불의하나 긍휼히 여겨 주시고, 나의 죄와 잘못을 다시는 기억하지 마소서. 주님께 진 나의 큰 빚을 탕감해 주소서. 모세의 율법을 지켜서는 의롭다 하심을 얻을 수 없었던 그 모든 죄들에서, 그리스도 안에 있는 구원을 통하여 주님의 은혜로 값없이 의롭다 하심을 얻게 하소서. 시 39:7-8, 히 8:12, 마 18:32, 롬 3:24, 행 13:39

우리의 잘못을 지나가는 구름처럼 거두시고, 우리의 죄를 아침 안개가 사라지듯 주님 앞에서 사라지게 하소서. 우리를 구원해 주신 분이 주님이시기에 우리가 주님께로 돌아갑니다. 죄가 걸림돌이 되어 우리가 멸망하는 일이 없게 하소서. 우리의 죄를 거두어 가셔서 우리로 죽지 않게 하소서. 우리를 구해 내시면 우리가 영원히 지속될 둘째 사망의 해를 당하지 않을 것입니다. 주님께서 보시기에는 누구도 의롭지 못하니, 주님의 종 된 우리를 심판하지 마시고, 비록 우리가 정죄받아 마땅하나 정죄하지 마소서. 주님께서 우리 영혼에 대한 속전을 받으셨으니, 우리를 구해 내셔서 구덩이에 들어가지 않게 하소서. 사 44:22, 겔 18:30, 삼하 12:13, 계 2:11, 시 143:2, 욥 10:2; 33:24

우리의 모든 죄악을 거두어 가시고, 우리를 은혜로이 받아 주소서. 우리의 반역을 고쳐 주시고, 우리를 아낌없이 사랑해 주소서. 우리에게 임했던 주님의 분노를 되돌리소서. 우리의 죄가 주홍과 같이 붉을지라도 눈과 같이 희게 하시고, 진홍과 같이 붉을지라도 양털과 같이 희게 하소서. 우리가 반역하고 대적하는 것이 아니라 자원하고 복종하는 마음을 보일 때에는 땅에서 나는 가장 좋은 소산을 먹게 하소서. 호 14:3-4, 사 1:18-19

◐ 여러분에게 인내하시고 오래 참으시며, 기꺼이 여러분과 화해하심을 인하여 하나님께 합당한 영광을 돌리십시오.

오, 하나님의 인자하심과 너그러우심과 오래 참으심이 얼마나 풍성한지요! 주님께서 우리에게 행하시는 모든 일에는 우리를 회개로 이끌어 복을 주시려는 뜻이 있었습니다. 주님께서는 진실로 우리에게 관대하셔서, 아무도 멸망하지 않고 모두가 회개에 이르기를 원하십니다. 주님께서는 우리가 죄지은 그대로 우리를 벌하지 아니하셨으며, 우리가 잘못한 그대로 우리에게 갚지 아니하셨으며, 오히려 우리에게 은혜를 베풀어 끝까지 인내를 보이셨습니다. 롬 2:4, 벧후

3:9, 시 103:10, 사 30:18

　우리의 악행에 대한 유죄 판결이 속히 실행되지 아니하였으니, 주님께서는 우리에게 회개하고 주님과 화해할 기회를 주셨으며, 반역하는 자녀들조차 돌아오라고 부르시고 그들의 반역을 고쳐 주겠다고 약속하셨습니다. 그러므로 우리가 주님께 가오니, 여전히 우리는 주 우리의 하나님이신 주님과 언약을 맺은 사이입니다. 전 8:11, 계 2:21, 렘 3:22

　진실로 주님의 오래 참으심으로 인하여 구원의 문이 열립니다. 주님께서 우리를 죽이려 하셨으면, 지금까지 우리에게 행하시고 이제도 그치지 아니하시는 그 놀라운 일들을 보여 주지 아니하셨을 것입니다. 오, 주님의 선하심으로 인하여 우리가 회개에 이르기를 원합니다! 우리가 주님을 거슬러 범죄하였으나, 우리에게는 아직도 희망이 있습니다. 롬 2:4, 스 10:2, 벧후 3:15, 삿 13:23

　주님께서는 악인이 죽는 것을 기뻐하지 아니하신다고 선언하시고 맹세로써 확증하셨습니다. 오히려 주님께서는 악인이 그 길에서 돌이켜 떠나 사는 것을 기뻐하십니다. 그러므로 우리가 옷을 찢으며 신실한 체하지 아니하고 마음을 찢으며 참되게 회개할 것이며, 주 우리의 하나님이신 주님께 돌아갈 것이니, 주님께서는 은혜롭고 자비로우시며 노하기를 더디 하시고 온유한 마음이 크십니다. 주님께서 마음을 돌이키셔서 우리를 불쌍히 여기시고 복을 내려 주실지 누가 알겠습니까? 겔 33:11, 욜 2:13-14

● 하나님 앞에서 회개할 수 있도록 죄인들을 격려하신 주님의 그 격려는 또한 여러분에게도 주시는 것임을 믿고, 슬픔과 부끄러움으

로 여러분의 죄를 고백하십시오.

오, 주님, 주님께서 우리의 죄악을 낱낱이 기록하시면 누가 감히 주님 앞에 설 수 있겠습니까! 그러나 주님께는 용서하심이 있으니 우리가 주님을 경외합니다. 주님께서는 자비하심이 있으며, 진실로 우리의 하나님께서는 온전한 회복의 희망이 있습니다. 주님께서는 주님의 백성을 그들의 모든 죄와 그 죄의 결과로부터 속량하실 수 있습니다. 시 130:3-4, 7-8

오, 하나님, 주님께서 받아 주시는 제사는 상한 심령입니다. 주님께서는 죄를 뉘우치는 상한 마음을 결코 멸시하지 아니하실 것입니다. 주님께서는 지극히 높고 존귀하시며 영원히 살아 계십니다. 주님의 이름은 거룩하고, 하늘은 주님의 보좌요 땅은 주님의 발판입니다. 그럼에도 주님께서는 가난하고 겸손한 사람, 주님의 말씀을 두려워할 줄 아는 상한 심령을 가진 사람을 굽어 살피십니다. 주님께서는 뉘우치는 사람들의 심령을 소생시키시고 겸손한 사람들의 마음을 되살려 주십니다. 시 51:17, 사 57:15; 66:1-2

주님께서 은혜로이 우리에게 보증해 주셨으니, 자신의 죄를 감추는 사람들은 형통할 수 없으나 죄를 고백하고 버리는 사람들은 언제나 주님의 자비를 받는다는 것입니다. 회개하는 불쌍한 죄인이 "나의 죄를 주님께 고백합니다" 하고 외칠 때, 주님께서는 그 죄인의 모든 죄악을 용서하셨습니다. 이와 같이 주님과 동행하고자 하는 모든 사람은 주님을 만날 기회를 얻어서 기도해야 할 것입니다. 우리가 죄 없다 말하면, 우리 자신을 속이는 것이요 진리를 부인하는 일입니다. 그러나 주님께서 약속하신 바, 우리가 우리 죄를 고백하면, 주님께서는 신실하시고 의로우셔서 우리의 죄를 용서하시고 또

한 우리를 모든 불의에서 깨끗하게 해주십시오. 잠 28:13, 시 32:5-6, 요일 1:8-9

◐ 겸손한 마음으로 여러분의 죄로 인한 수치심을 표현하십시오. 하나님의 넘치는 은혜를 구하여, 이제부터는 주님께 더욱 영광이 되는 삶을 삽시다.

주님, 우리가 회개하오니, 진실로 천국이 가까이 왔습니다. 하나님 나라가 왔다는 증거로 주님께서는 왕 되신 예수 그리스도를 높이시고 또한 그분께 권능을 부여하시어 세상 모든 나라가 회개하고 죄 사함을 받도록 하셨습니다. 우리의 죄악이 너무도 무거운 짐으로 우리를 눌렀습니다. 오, 그리스도여, 주님 안에서 우리 영혼이 쉼을 얻으리라 약속하셨으니, 이 짐에 눌려 지친 우리가 주님께 갑니다. 마 3:2, 행 5:31, 시 38:4, 마 11:28

전능하신 하나님, 우리가 주님에 대하여 귀로 듣기만 했으나 이제는 우리 마음의 눈이 주님의 아드님에 관한 계시를 봅니다. 그러므로 우리가 스스로를 낮추고 티끌과 잿더미에 앉아서 회개합니다. 우리는 모두 골짜기의 비둘기처럼 되어, 하나하나가 그 죄악으로 인해 울었습니다. 우리의 머리가 물웅덩이가 되고 우리의 눈이 눈물샘이 되면 좋겠습니다. 그러면 우리가 우리의 죄악을 생각하며 밤낮으로 울기라도 할 것입니다. 우리로 하여금 눈물로 씨를 뿌려서 기쁨으로 거두게 하시며, 울며 나가서 고귀한 씨를 뿌리고 때가 되어 기쁨으로 곡식 단을 가지고 돌아오게 하소서. 욥 42:5-6, 겔 7:16, 렘 9:1, 시 126:5-6

우리 한 사람 한 사람 모두가 자신의 마음의 재앙을 알도록 도우

서서, 우리가 찌른 그분을 믿음으로 바라보게 하시고, 그분을 인하여 울며 통곡하기를 맏아들을 잃고 통곡하는 자와 같이 하게 하소서. 우리로 하여금 하나님의 뜻에 맞도록 슬퍼하게 하소서. 이 슬픔은 회개하여 구원에 이르게 하는 슬픔이니, 결코 후회로 끝나지 아니하는 슬픔입니다. 우리로 주님께서 우리를 속량하시기 위해 치른 값을 보고 우리의 죄를 기억하고 부끄러워하게 하시며, 이 부끄러움으로 인하여 결코 다시는 우리의 입을 열지 못하게 하소서. 왕상 8:38, 슥 12:10, 고후 7:10, 겔 16:63

우리가 길 잃은 양과 같이 방황하였습니다. 우리가 주님의 계명을 잊지 않고 있사오니 주님의 종들을 찾아 주소서. 우리에게 능력을 주셔서 회개에 합당한 열매를 맺게 하시고, 다시 죄의 어리석음으로 돌아가지 않게 붙들어 주소서. 우리가 사람의 손으로 만든 무익한 우상과 더 이상 무슨 상관이 있겠습니까? 우리는 이제 정죄하는 율법 아래 있지 아니하고 주님께서 값없이 주시는 용서와 회복의 은혜 아래 있으니, 죄가 더 이상 우리를 지배하지 못할 것입니다. 시 119:176, 마 3:8, 시 85:8, 호 14:8, 롬 6:14

참되며 살아 계신 하나님으로, 스스로 본성을 계시하신 하나님의 자기 계시에 근거하여 여러분의 죄를 용서해 달라고 탄원하십시오

❶ 주님의 한없이 선하시며, 기꺼이 용서하시고, 즐거이 자비를 보여 주시는 모습을 생각합시다.

오, 우리의 언약의 주님, 주님께서는 선하시며 언제나 기꺼이 용서하시고, 주님을 부르는 모든 사람에게 풍성한 자비를 보여 주십니다. 주님께서는 긍휼이 가득한 하나님이시며, 은혜롭고 인내가 많으시며 은혜와 진실이 풍성한 분이십니다. 주님께서는 죄를 용서해 주는 하나님이시며, 자비롭고 노하기를 더디 하시며 인자하심이 넘치는 분이십니다. 주님께서는 언제까지나 꾸짖기만 하시지 않고, 또한 우리의 죄에 대하여 늘 분노를 품고 계시지 아니합니다. 주님께서는 주님을 위하여 우리의 죄악을 지워 주시고, 다시는 우리의 죄를 기억하지 않으십니다. 시 86:5, 15, 느 9:17, 시 103:9, 사 43:25

주님, 주님의 큰 능력을 나타내 보이셔서 주님의 백성을 온전히 구하소서. 주님께서 노하기를 더디 하시고 자비가 넘치시어 죄와 반역을 용서하는 분이심을 보여 주소서. 우리가 구원받은 첫날부터 지금에 이르기까지 우리를 용서해 주신 것처럼, 주님께서 약속하신 그 크신 사랑으로 다시 한 번 우리의 죄악을 용서하소서. 주님 같으신 하나님이 또 어디에 계시겠는지요. 주님께서는 주님 백성들 가운데 남은 자들의 죄를 용서하시고 그들의 허물을 눈감아 주시며, 진노를 언제까지나 품고 계시지는 아니하시며, 기꺼이 자비를 보여 주십니다. 우리를 불쌍히 여기셔서, 우리의 죄를 발로 밟으시고 우리의 모든 죄악을 바다 깊은 곳으로 던지소서. 민 14:16-19, 미 7:18-19

◐ 주 예수 그리스도의 공로와 의를 생각하며 힘을 냅시다. 여러분의 죄에도 불구하고 하나님 앞에 바로 설 수 있는 근거가 되는 그리스도의 생명과 죽음의 효험에 온전히 의지하십시오.

주님께서 은혜로우시고 자비하신 분임을 우리가 압니다. 하지만 주님께서는 또한 의로우신 하나님이시니, 죄와 함께 남아 있는 사람을 결코 그냥 두지는 아니하실 것입니다. 우리가 주님께 "우리를 참아 주시면 우리가 죄로 인하여 주님께 끼친 손해를 모두 갚아 드리겠습니다" 하고 말한다면 지극히 어리석은 일이 될 것입니다. 우리는 모두 부정한 물건과 같고, 주님 앞에서 우리의 모든 의는 더러운 옷과 같습니다. 시 11:7, 출 34:7, 마 18:26, 사 64:6

그러므로 주님께서 죄인들을 위해 준비하신 대로 예수 그리스도를 우리의 의와 거룩함과 구원이 되게 하소서. 우리를 주님의 구속하시는 사랑의 대상으로 삼아 주시고, 예수 그리스도 안에서 하나님의 의가 되게 하소서. 예수 그리스도께서는 결코 죄지은 바 없으나 우리를 위하여 죄 있는 분으로 여김을 받으셨습니다. 우리가 죄를 지었으나 의로우신 예수 그리스도를 주님 앞에서 우리를 변호해 주시는 분으로 삼아 주소서. 우리의 죄를 위해 드리는 그리스도의 속죄의 제물을 보시고 우리에게 향한 주님의 진노를 거두시고, 죄인들을 대신한 그리스도의 죽음을 우리의 죄뿐 아니라 세상 모든 사람들의 죄를 위한 속죄의 제물로 삼으소서. 고전 1:30, 고후 5:21, 요일 2:1-2

주님께서는 우리가 죄인임에도 우리를 의롭다 할 수 있는 유일하신 한분이시니, 그리스도의 속죄의 피는 아벨의 정죄하는 피보다 더 좋은 것을 영원히 말해 줍니다. 하물며 누가 우리를 정죄하겠습니까? 예수 그리스도께서 우리를 위해 죽으셨고, 죽음에서 부활하시고 하나님의 거룩하신 분으로 확증되셨으니, 진실로 그리스도께서는 썩음을 당하지 아니하셨습니다. 이제 그리스도께서는 하나님의 오른편에 앉아 계시어 우리를 대신하여 쉬지 않고 간구해 주십니다. 롬 8:33-34, 행 2:27, 31-32, 히 12:24

우리는 어떤 사람들이 의라고 여기는 일체의 유익을 해로 여기고, 이로써 그리스도를 얻으며, 우리에게 있는 좋은 것은 무엇이든 배설물로 여깁니다. 그러므로 우리로 하여금 그리스도를 얻게 하시고, 그리스도 안에 있는 사람이 되게 하시며, 우리의 의가 아니라 그리스도를 믿는 믿음을 통하여 오는 의만을 소유하게 하소서. 그분께서는 "주 우리의 공의"라 일컬음을 받을 것이니, 주 그리스도로 하여금 우리의 공의가 되게 하소서. 주님, 우리가 그리스도를 믿습니다. 믿음 없는 우리를 도와주소서. 빌 3:7-9, 렘 23:6, 막 9:24

주님, 다윗과 그가 겪은 모든 고난을 기억해 주소서. 다윗보다 크신 자손과 그분께서 우리의 죄를 위하여 자기를 제물로 드리신 일을 기억해 주소서. 그분께서 드리신 번제를 받아 주시고, 주님께서 기름 부어 세우신 그분의 얼굴을 외면하지 마소서. 그분께서는 스스로 흘리신 피로써 하늘 성소 그 자체에 들어가시고, 이제 우리를 위하여 주님 앞에 나타나 계십니다. 주님께서는 주님의 아들 예수 그리스도의 피를 믿는 믿음을 통하여 죄에 대한 주님의 진노를 거두시려고 친히 그분을 제물로 내세우지 아니하셨습니까? 그분의 희생으로 인하여 이때에 죄를 용서하시는 주님의 의로우심이 나타나고, 이로써 주님께서도 의로우시다는 것과 또한 예수를 믿는 사람들도 의롭다고 하신다는 것을 보여 주시려 함이 아니었습니까? 예수를 믿는 믿음으로써 이제 우리는 우리 죄를 위한 그분의 속죄를 얻었습니다. 시 132:1, 10; 20:3, 히 9:24, 롬 3:25-26; 5:11

◐ 진정으로 회개하고 주님의 복음을 믿는 사람들은 모두 용서하시겠다는 약속을 주님 앞에 나아가 아룁시다.

　　악한 자가 그 길을 버리고 불의한 자가 그 생각을 버리면 주님께서 자비를 베푸시겠다는 이 말씀이 주님께서 직접 하신 말씀 아닌지요? 주님께서는 언약을 깬 자가 그의 하나님이신 주님께 돌아오면 너그러이 용서하시겠다고 약속하지 않으셨습니까? 우리가 비록 주님께 반역하더라도 우리의 언약의 주님께서는 자비와 용서하심이 있다는 이 말씀이 진실 아닌지요? 사 55:7, 단 9:9

　　주님께서 선택하신 백성들의 죄를 없애시고 그들의 죄악을 용서하시며 그들의 범죄를 더 이상 기억하지 아니하리라 하심이 택하신 모든 백성들과 맺으신 언약 아닌지요? 하나님께서 택하신 이스라엘의 죄를 아무리 찾아도 찾아내지 못하고, 유다의 죄를 아무리 찾아도 찾아내지 못하리라고 주님께서 선언하지 않으셨습니까? 롬 11:27, 렘 50:20

　　악인이 그 모든 죄악에서 돌이켜 주님의 율례를 지키면, 그는 반드시 살고 죽지 아니하리라고 주님께서 약속하지 않으셨습니까? 그가 지은 모든 죄악을 하나도 기억하지 아니하리라고 주님께서 선언하지 않으셨습니까? 주님께서는 악인의 죽음을 조금도 기뻐하지 않는다고 말씀하지 않으셨습니까? 그리스도의 이름으로 죄 사함을 받게 하는 회개가 모든 민족에게 전파되어야 한다고 주님께서 명령하지 않으셨습니까? 겔 18:21-23, 눅 24:47

이스라엘의 모든 죄악과 반역을 희생 염소의 머리에 씌우면, 그 염소와 함께 죄가 황무지로, 그들의 죄를 비난하며 증언할 사람이 살지 않는 광야로 추방되리라고 주님께서 약속하지 않으셨습니까? 동쪽이 서쪽에서 먼 것처럼 우리의 죄악을 우리에게서 그토록 멀리 치우시겠다고 주님께서 말씀하지 않으셨습니까? 레 16:22, 33, 시 103:12

주님께서 주님의 종들에게 하신 이 말씀들을 부디 기억해 주소서. 주님의 이 약속들로 인하여 우리가 큰 희망을 갖게 되었습니다. 시 119:49

◐ 죄를 용서받은 사람들의 복됨을 기뻐합시다.

주님께서 우리의 잘못을 용서하시고 우리의 죄를 덮어 주셨으니, 우리는 진실로 복된 사람들입니다. 주님께서 우리를 더 이상 죄 있는 사람들로 여기지 아니하시니, 우리가 얼마나 기쁜지 모릅니다. 우리가 이제는 우리의 죄를 숨길 필요가 없으니, 얼마나 안심이 되는지요. 주님의 풍성하신 은혜를 따라 우리의 모든 죄를 용서받는 구속, 곧 그리스도의 피를 통하여 얻은 그 구속의 헤아릴 수 없는 복됨을 인하여 우리가 얼마나 행복한지 모릅니다. 우리를 위해 구원을 예비하신 주님의 넘치는 지혜에 우리는 놀랍니다. 우리는 우리의 하나님이신 주님과 더불어 누리는 평화로 인하여 즐거워하고, 예수 그리스도 안에 있으므로 어떠한 정죄도 받지 않는 자유로 인하여 또한 즐거워합니다. 시 32:1-2, 엡 1:7-8, 롬 5:1; 8:1

우리의 많은 죄를 용서받고 평안한 마음으로 주님 앞에서 물러나올 수 있다는 이 복된 확신이 우리에게 있으니 얼마나 놀라운 일인지요. 하늘에 있는 시온 산의 백성으로서 우리는 죄를 용서받았으므로 많은 병으로부터 놓여 난 자유를 기뻐합니다. 눅 7:47, 50, 히 12:22, 사 33:24

하나님께서 여러분과 온전히 화해하셔서,
여러분에게 은총과 축복을 베푸시고
또한 여러분을 은혜로이 받아 주시기를 기도합니다

◐ 하나님께서 여러분과 화목하게 되셔서, 그분의 진노가 여러분에게서 완전히 떠나가기를 기도합니다.

우리가 믿음으로 의롭다 하심을 받았으니 우리 주 예수 그리스도를 통하여 주님과 화목하게 되었음을 기뻐하게 하소서. 믿는 자들이 누리는 이 은혜를 우리로 하여금 그리스도로 말미암아 끊임없이 경험하게 하소서. 우리에게 주님의 큰 영광에 이르게 될 소망이 있음을 기뻐하게 하소서. 우리가 이전에는 주님과 멀리 떨어져 있었으나 이제는 그리스도의 피로 주님과 가까워지게 하소서. 그리스도를 우리의 화평이 되게 하소서. 그분께서는 주님의 옛 백성 유대 사람들과 이방 사람들을 가르는 미움의 담을 허무셨습니다. 우리 둘을 그리스도의 십자가로 인하여 주님과 화해시키시고, 이로써 이전의 모든 원한이 없어지고 화평이 영원히 들어서게 하소서. 나그네요 외국인이었던 우리가 그리스도로 인하여 성도와 함께하는 동포 시민이요 주님의 가족이 되게 하소서. 롬 5:1-2, 엡 2:13-16, 19

우리를 두렵게 하지 마소서. 주님께서는 재앙의 날에 우리의 유일한 희망이십니다. 누가 감히 찔레와 가시덤불을 세워서 주님과 싸우려 하겠습니까? 주님께서는 그것들을 모조리 불살라 버리실 것입니다. 주님께서는 우리에게 주님께로 피하여 화평을 구하라 하셨으며, 주님과 화해하자고 권고하셨습니다. 그러므로 우리가 주님의 말씀에 복종하여 화해하고, 이로써 주님께서 주시는 복을 누리게 하소서. 우리를 고쳐 주소서, 그리하면 우리가 낫겠나이다. 우리를 구해 주소서, 그리하면 우리가 살아나겠나이다. 주님께서는 우리가 찬양할 분이십니다. 우리에게 영원히 진노하기를 그치시고 우리를 다시 살려 주셔서, 주님의 백성들이 주님을 기뻐할 수 있게 하소서. 오, 주님, 우리에게 주님의 자비를 보여 주시고 주님의 구원을 허락하소서. 렘 17:17, 사 27:4-5, 욥 22:21, 렘 17:14, 시 85:5-7

◐ 하나님과 맺은 언약으로 보증을 받아서, 그분과 영원히 연합하는 관계가 되기를 기도합니다.

주님, 우리를 지팡이 아래로 지나가게 하시고, 또한 언약의 띠로 매소서. 우리에게 맹세하고 언약하셔서 우리를 주님의 백성이 되게 하소서. 우리와 영원한 언약을 맺으소서. 이 언약은 곧 다윗에게 베푸신 확실한 은혜입니다. 우리가 영원한 언약으로 주님과 연합하고, 그 언약을 굳게 지킬 것입니다. 우리의 하나님이 되어 주시고, 우리를 주님의 백성으로 삼아 주소서. 우리를 주님의 권능의 날에 즐거이 주님께 헌신하는 백성으로 삼으소서. 겔 20:37; 16:8, 사 55:3, 렘 50:5, 사 56:4, 히 8:10, 시 110:3

◐ 하나님의 특별한 사랑을 받는 사람들로서 여러분에게 그분의 끊임없는 은혜가 임하기를 기도합니다.

오, 우리의 주님, 우리가 온 마음을 다하여 주님의 그침 없는 은혜를 간구합니다. 주님께서 말씀하신 대로 우리에게 자비를 베푸소서, 생명이 주님의 은총에 있습니다. 오, 하나님, 진실로 그러합니다!

주님께서 약속하신 사랑이 생명보다 소중합니다! 주님의 온화한 얼굴을 우리에게 비추어 주시고 은혜를 베풀어 주시며, 웃는 얼굴로 우리를 보아 주시고 평화를 베풀어 주소서. 우리를 기억하셔서 주님의 백성들에게 보여 주시는 그 그침 없는 은혜를 베푸시고, 우리의 모든 삶을 넘치게 하셔서 택하신 자들에게 오는 유익을 우리로 하여금 목격하게 하소서. 또한 우리로 하여금 주님 나라의 복을 기뻐하게 하시고, 주님께서 주신 기업의 번영을 즐거워하게 하소서. 시 119:58; 30:5; 63:3, 민 6:25-26, 시 106:4-5

◐ 여러분의 삶에 언제나 하나님의 복이 임하기를 기도합니다.

오, 하나님, 우리에게 은혜를 베풀어 주시고 복을 내려 주시며, 주님의 얼굴을 환하게 비추어 주소서. 우리에게 주님의 복을 선언하소서. 하늘과 땅을 지으신 주님께서 하늘의 시온에 있는 보좌에서 우리에게 복을 내리소서. 그리스도 예수 안에서 하늘에 속한 온갖 신령한 복을 우리에게 내려 주소서. 시 67:1, 6; 134:3, 엡 1:3

주님께서 복 주지 아니하시면 어찌 살겠습니까! 우리를 위하여 무궁한 복을 약속하소서, 그 복은 곧 영생입니다. 주님께서 무슨 복을 주시든 그것은 진실로 행복한 일이 될 것입니다. 우리로 하여금 주님께서 주시는 특별한 복, 곧 우리 구원의 하나님이신 주님의 의로우심의 복을 받게 하소서. 우리에게 아브라함의 복이 미치게 하소서. 이 복은 믿음을 통하여 세상 모든 나라 사람들에게 임할 것입니다. 또한 우리로 하여금 야곱의 복을 얻게 하소서. 주님께서 복 주지 아니하시면 주님을 붙들고 보내 드리지 않겠습니다. 대상 4:10, 시 133:3, 대상 17:27, 시 27:5, 갈 3:14, 창 32:26

● 하나님께서 언제나 여러분과 함께하시기를 기도합니다.

주님께서 친히 우리와 함께 가지 아니하시려거든 이곳에서 우리를 한 걸음도 움직이게 하지 마소서. 결코 주님을 떠나지도 마시고 버리지도 마소서. 주님 앞에서 우리를 쫓아내지 마시고, 우리에게서 주님의 성령을 거두어 가지 마소서. 우리로 하여금 정직한 모든 사람들과 함께 주님 앞에서 평생토록 살게 하소서. 출 33:15, 히 13:5, 시 51:11; 140:13

● 여러분이 하나님과 화해했으며 하나님께서 여러분을 받아 주셨음을 생각하며 위로를 얻기를 기도합니다.

▶ 하나님께서 은혜를 베푸셔서 여러분에게 명백한 증거, 곧 여러분의 모든 죄를 용서하시고 여러분을 양자로 삼아 주셨다는 명백한 증거를 얻게 해주시기를 기도합니다.

우리에게 기쁨과 즐거움을 선사하셔서, 우리의 죄로 인하여 꺾으신 뼈들도 기뻐하게 하소서. 우리 하나하나에게 말씀하시기를, "아들아, 딸아, 네 죄를 모두 용서받았으니 기뻐하라!" 하소서. 시 51:8, 마 9:2

영원하신 성령을 힘입어 자기 몸을 흠 없는 제물로 하나님께 바치신 그리스도의 피로 우리의 양심을 죽은 행실에서 깨끗하게 하셔서, 우리로 하여금 살아 계신 하나님께서 받아 주시는 헌신을 드리게 하소서. 주님의 성령으로 하여금 우리가 하나님의 자녀임을 우리 영혼에게 쉼 없이 증언하게 하시며, 우리가 주님의 상속자, 곧 하나님의 상속자요 또한 그리스도와 더불어 공동 상속자임을 우리로 확신하게 하소서. 주님께서 우리의 구원이라 확답해 주셔서, 우리의

영혼을 위로하소서. 히 9:14, 롬 8:16-17, 시 35:3

▶ 하나님께서 여러분에게 흔들림 없는 양심의 평화를 주시기를 기도합니다. 또한 여러분이 의롭다 하심을 받은 것과 하나님께서 여러분 안에서 행하신 선한 일을 인하여 여러분의 마음에 하나님의 평화가 깃들기를 바랍니다.

평화의 주님께서 우리에게 친히 언제나 어느 방식으로나 평화를, 모든 평화를 주소서. 예수께서 우리에게 남겨 주셨으며, 그분께서 친히 우리에게 주시는 그 평화를 주소서. 세상이 줄 수도 없고 빼앗아 갈 수도 없는 평화, 곧 우리의 영혼을 평화롭게 하여 근심도 두려움도 없게 하는 그리스도의 평화를 주소서. 살후 3:16, 요 14:27

우리 영혼에 의의 열매가 맺어 평화를 이루게 하시고, 의의 결실이 영원한 평안과 확신이 되게 하소서. 주님의 백성, 곧 주님의 모든 성도들에게 평화를 말씀하시고, 또한 우리로 하여금 모든 평화를 훼손하는 죄의 어리석음으로 돌아가지 않게 하소서. 사 32:17, 시 85:8

먼 곳에 있는 사람들과 가까운 곳에 있는 사람들에게 평화, 평화를 가져오는 열매를 우리 입술에 허락하시고, 슬퍼하는 사람들을 위로하소서. 평화를 바라는 사람들이 있는 곳에서 우리의 평화가 그들 위에 머물게 하소서. 아침마다 우리에게 주님께서 언약하신 사랑을 말씀하셔서 듣게 하시며, 또한 우리가 주님께 의지하오니 주님의 인자하심을 맛보게 하소서. 사 57:18-19, 눅 10:6, 사 143:8, 벧전 2:3

사람의 모든 헤아림을 뛰어넘는 하나님의 평화가 그리스도 예수 안에서 우리의 마음과 생각을 지키게 하시며, 그리스도의 평화가 우리의 마음을 지키게 하소서. 우리는 한 몸으로서 이 평화를 누리도록 부르심을 받았습니다. 또한 소망의 하나님께서 믿음에서 오는 온갖 기쁨과 평화를 우리에게 충만하게 하셔서, 성령의 능력으로 우리에게 소망이 넘치게 하소서. 빌 4:7, 골 3:15, 롬 15:13

3. 간구

여러분에게 지속적으로 필요하며,
하나님께서 은혜로우신 손으로 내려 주시는
많은 것들을 위해 간절히 기도합시다

● 하나님에게서 오는 선한 것들, 곧 우리에게 필요한 그 선한 것들을 위해 기도할 때, 우리는 반드시 담대하게 그분의 보좌로 나아가야 하며 이로써 우리는 필요할 때마다 우리를 도우시는 풍성한 은혜를 얻을 수 있습니다. 은혜로우신 하나님, 우리로 예수 그리스도 안에 있는 은혜를 충만히 받게 하소서. 주님께서는 그분 안에 모든 충만을 머무르게 하기를 기뻐하십니다. 우리로 하여금 예수 그리스도의 충만하심에서 은혜에 은혜를 더하여 받게 하소서. 이 은혜는 우리 삶의 어떠한 일에도 능히 족할 것입니다. 히 4:16, 골 1:19, 요 1:16

여러분의 모든 간구를 도우시는 근거로서 하나님의 약속에 호소하십시오

● 주님께서 친히 해주신 약속을 그분 앞에 내어 놓고, 그 약속을 주신 하나님의 신실하심을 온전히 신뢰합시다.

주님, 주님께서는 우리에게 말할 수 없이 크고 귀한 약속들을 많이 해주셨습니다. 이 약속들은 모두 예수 그리스도 안에서 "예"와 "아멘"으로 확증됩니다. 이제 주님께서 친히 하신 말씀대로 주님의 종들에게 이루어지게 하소서. 벧후 1:4, 고후 1:20, 눅 1:38

우리로 하여금 기쁨으로 주님의 구원의 우물에서 물을 길어 올리게 하소서. 또한 주님의 위로의 품에서 젖을 빨며 만족하게 하시고, 주님의 넘치는 풍성함을 넉넉히 받아 마시며 기뻐하게 하소서. 친히 주님의 종들을 가리켜 하신 말씀을 영원히 세우시고, 약속하신 대로 행하소서. 만사를 구비하고 견고하게 하신 영원한 언약을 따라 우리에게 행하소서. 이 언약의 끈으로 인하여 우리가 구원에 필요한 모든 것과 삶에서 바라는 모든 것을 발견할 수 있게 하소서. 사 12:3; 66:11, 삼하 7:25; 23:5

주님의 이름을 사랑하는 사람들에게 하시듯이 우리에게 얼굴을 돌리시어 은혜를 베푸시고, 그리스도 예수 안에서 영광 가운데 주님의 풍성하심을 따라 우리에게 필요한 모든 것을 채우소서. 또한 우리를 구속하실 때 약속하신 모든 것을 행하시어, 우리가 구하거나 생각하는 것에 더욱 넘치도록 능히 주실 수 있음을 보여 주소서. 시 119:132, 빌 4:19, 엡 3:20

모든 악한 생각과 말과 행실을 대적할 수 있는 은혜를 달라고 주님께 간구합시다

주님, 주님께서는 우리에게서 죄악을 없애시고 우리가 이 범죄로 인해 죽지 않도록 하셨습니다. 이제 우리 안에 있는 죄의 권세를 꺾으셔서 우리가 이 질병으로 인해 죽지 않도록 하소서. 우리를 도우셔서 죄를 죽이게 하소서. 롬 8:13

주님의 넘치는 은혜로 우리를 지켜 주셔서 죄의 지배를 받지 않게 하소서. 죄와 다투는 우리의 능력은 율법의 정죄로 인하여 구속당합니다. 그러므로 어느 때든지 주님의 은혜의 온전한 능력을 받아 살게 하소서. 우리를 도우셔서 육체를 그 끝없는 정욕과 욕망과 함께 십자가에 못 박게 하소서. 우리에게 능력을 주셔서 성령 안에서 걷게 하시고, 이로써 더 이상 육체의 욕망을 따라 사는 일이 없게 하소서. 롬 6:14, 갈 5:16, 24

우리의 옛 사람을 그리스도와 함께 십자가에 못 박아 죄의 몸을 멸하시고, 다시는 죄의 노예가 되지 않게 하소서. 또한 죄가 우리의 죽을 몸을 지배하지 않게 하소서. 그리하시면 우리가 몸의 정욕에 굴복함이 없을 것입니다. 우리가 죄에서 놓여 자유를 얻었으니 이제 우리를 의의 종으로 삼으소서. 우리에게 은혜를 베푸셔서 허망한 욕정으로 썩어 없어질 옛 사람을 벗어 버리게 하시고, 의로움과 참된 거룩함으로 주님의 형상을 따라 지음받은 새사람을 입게 하소서. 롬 6:6, 12-13, 엡 4:22, 24

간구

예수 그리스도 안에서 생명을 누리게 하는 성령의 법이 우리를 죄와 죽음의 법에서 해방하게 하소서. 우리로 하여금 오직 십자가만 자랑하게 하소서, 이 십자가로 세상은 우리에 대하여 죽고 우리는 세상에 대하여 죽었습니다. 우리 육신의 연약함을 생각하셔서, 우리를 시험에 들지 않게 하시고 다만 악에서 구하소서. 우리가 받는 시험은 이길 수 없는 시험이라 여기지 않게 하시고, 우리의 시험이 아무리 가혹해 보여도 주님께서는 오직 사람이 흔히 겪을 수 있는 시험만 허락하심을 확신하게 하소서. 우리가 감당할 수 없는 시험이나 시련은 결코 허락하지 마소서. 하나님께서는 신실하시니, 언제나 우리에게 시련을 벗어날 길을 마련해 주소서. 롬 8:2, 갈 6:14, 마 6:13; 26:41, 고전 10:13

우리가 하나님의 전신 갑주를 입어 마귀의 간계에 능히 맞설 수 있도록 도우소서. 악이 크나큰 권세를 드러내는 날, 굳건히 설 수 있도록 우리에게 능력을 주시고, 또한 이 세상의 죄악과 싸우기 위해 우리가 할 수 있는 모든 일을 한 뒤에 굳게 서도록 우리를 도우소서. 진리의 허리띠를 단단히 동여매고, 의의 호심경을 붙이게 하소서. 우리의 발에는 평화를 전하는 복음을 들고 나아갈 신발을 신게 하소서. 또한 믿음의 방패를 손에 들고, 이로써 악한 자가 쏘는 모든 불화살을 막아 끄게 하소서. 머리에는 구원의 투구를 쓰고, 언제나 성령의 검, 곧 하나님의 말씀을 준비하여 싸우게 하소서. 우리를 도우셔서 마귀를 대적하게 하소서, 그리하시면 그가 우리에게서 달아날 것입니다. 믿음을 굳게 하여 마귀와 맞서 싸우게 하소서. 평화의 하나님이신 주님께서 사탄을 우리의 발아래 짓밟히게 하소서, 속히 그리하소서. 엡 6:11-17, 약 4:7, 벧전 5:9, 롬 16:20

여러분 안에서 은혜의 역사가
온전히 이루어지기를 기도하고,
또한 여러분이 은혜를 입어 모든 생각과
말과 행동이 선하게 될 수 있도록 기도합시다

● 죄짓지 않게 해달라는 간구만 할 것이 아니라, 되어 마땅한 사람이 되게 해주시고 마땅히 행해야 할 모든 것을 행하게 해달라는 간구도 합시다. 그리스도를 여러분 안에 모시어 여러분의 지혜와 거룩함과 의와 구원이 되시게 합시다. 주님께서 여러분에게 능력을 주셔서 여러분이 죄에 대하여 죽고 그리스도의 죽으심과 연합하여 그분과 함께 묻히게 해달라고, 그리하여 그리스도께서 아버지의 영광으로 말미암아 죽은 사람들 가운데서 살아나신 것과 같이 여러분 또한 새 생명 안에서 걸을 수 있게 해달라고 간구합시다. 고전 1:30, 롬 6:2, 4

　주님의 선하신 모든 뜻을 우리 안에서 완성하시고, 또한 주님의 능력으로 믿음의 역사를 이루소서. 주님께서 우리 안에서 시작하신 선한 일을 예수 그리스도의 날까지 이루소서. 은혜로우신 주님, 우리의 구원과 관련한 모든 일을 완성하소서. 주님의 인자하심은 영원하오니 손수 지으신 이 모든 것을 버리지 마소서. 살후 1:11, 빌 1:6, 시 138:8

　주님의 은혜가 우리에게 족하도록 하시며, 주님의 능력이 우리의 약함 가운데서 완전하도록 하소서. 우리가 약할 때에, 주님 안에서 주님의 능력으로 강건해지도록 하소서. 고후 12:9-10, 엡 6:10

여러분의 삶에서
각기 다른 모든 형편에 필요한
특별한 은혜를 간구하며 기도합시다

◐ 주님의 은혜로 우리를 하나님의 일에 명철한 사람들로 만드소서.

오, 주님, 우리 마음이 오직 한분이시며 참되시고 살아 계신 하나님이신 주님을 알고자 소리치게 하소서. 우리가 주님의 길을 바르게 이해하게 하시고, 은을 구하듯 주님의 지혜를 구하게 하시며, 숨은 보화를 찾듯이 그것을 찾게 하소서. 주님을 경외함이 무엇인지 온전히 깨닫게 하시며, 주님을 아는 지식이 얼마나 깊은지 발견하게 하소서. 작은 사람으로부터 큰 사람에 이르기까지 우리 모두가 주님을 알게 하소서. 또한 우리로 하여금 유일하게 참되신 하나님이신 주님을 알고 또 주님께서 보내신 예수 그리스도를 알게 하소서, 이와 같이 아는 지식이 있음으로 우리가 영원한 생명을 얻을 수 있습니다. 잠 2:3-5, 히 8:11, 호 6:3, 요 17:3

그리스도를 아는 지식을 통하여 우리에게 지혜와 계시의 영을 주시고, 우리 마음의 눈을 밝히셔서 부르심을 받은 우리의 소망을 알고 또 성도들에게 베푸시는 영광스러운 상속의 풍성함을 알게 하소서. 또한 믿는 우리 안에서 강한 힘으로 활동하시는 주님의 능력의 위대하심을 우리로 하여금 체험하게 하소서. 엡 1:17-19

우리의 눈을 열어 주셔서 주님의 복음과 법의 놀라운 진리를 보게 하시며, 우리가 배운 일들이 사실임을 알게 하소서. 우리의 지식이 늘어서 우리가 알고 있는 일들을 확신하는 기쁨을 누리게 하시며, 주님의 아들이신 그리스도 안에서 세우신 신비한 뜻을 우리로 하여금 온전히 알게 하소서. 시 119:18, 눅 1:4, 엡 1:9

주님의 인자하심을 따라 주님의 종들을 맞아 주시고 주님의 율례들을 우리에게 가르치소서. 우리는 주님의 종들이오니, 주님의 법을 온전히 알도록 깨우치소서. 오, 주님, 주님 앞에서 우리가 부르짖사오니 들으시고, 주님의 말씀으로 우리를 깨우쳐 주소서. 또한 우리로 하여금 주님의 계명을 지키는 사람들을 위해 마련하신 올바른 깨달음을 얻게 하시고, 영원토록 주님을 찬양하게 하소서. 시 119:124-125, 169; 111:10

◐ 주님의 은혜로 우리를 모든 진리 가운데로 인도하소서.

진리의 성령께서 우리를 모든 진리 가운데로 인도하소서. 우리가 잘못한 것을 일러 주시고, 우리가 깨닫지 못한 것을 가르쳐 주소서. 우리에게 능력을 주시어 말과 행실을 분별하게 하시며, 선한 모든 것을 굳건히 붙들게 하소서. 요 16:13, 욥 6:24; 34:32, 살전 5:21

우리를 가르치셔서, 간교한 사람들이 주장하는 온갖 교설의 풍조에 밀려 흔들리는 어린아이들처럼 되지 않게 하시고, 오직 사랑으로 진리를 말하며 모든 일에서 그리스도 안에서 자라나게 하시며, 그리스도께서 우리의 머리가 되게 하소서. 엡 4:14-15

주님의 뜻을 깨닫기에 필요한 모든 것을 우리에게 주셔서 어떠한 가르침이 진실로 주님에게서 온 것인지 분별할 수 있게 하시고, 주님의 진리로 우리를 자유롭게 하소서. 우리에게 힘을 주셔서 우리가 들은 바른 말씀을 본보기로 삼게 하시며, 그리스도 예수 안에 있는 믿음과 사랑으로 진리를 붙들게 하소서. 우리를 도우셔서 우리가 배워 굳게 믿는 일들을 끝까지 지켜 나가게 하시고, 그러한 일들을 누구에게서 배웠는지 알게 하소서. 요 7:17; 8:32, 36, 딤후 1:13; 3:14

◐ 하나님의 진리를 언제나 지체 없이 기억하도록 우리를 도우소서.

주님의 성령께서 우리에게 모든 것을 가르치시고, 또한 주님께서 우리에게 말씀하신 모든 것을 생각나게 하소서. 그리스도의 말씀이 온갖 지혜와 영적인 깨달음으로 우리 안에 풍성히 거하게 하소서. 요 14:26, 골 3:16

점차 진리에서 멀어질 위험을 보시고 우리를 도우셔서, 주님과 그 가르치심을 받은 사람들에게서 우리가 들은 바를 더욱 굳게 간직하도록 하시며, 또한 우리가 전해 들은 것들을 흘려보내지 않게 하소서. 이 진리들을 우리 마음에 굳건히 지켜 헛되이 믿었다 여김을 받지 않게 하소서. 히 2:1, 고전 15:1-2

우리를 성경에 능통하게 하시고, 이로써 우리를 온전하게 하시며 또한 온갖 선한 일을 할 수 있는 능력을 갖추게 하소서. 우리로 하여금 천국에 대하여 가르침을 잘 받은 후에, 지혜로운 청지기와 같이 곳간에서 새로운 보화도 꺼내 오고 오래된 보화도 꺼내 오게 하소서. 행 18:24, 딤후 3:17, 마 13:52

◐ 우리의 양심을 가르치시고 우리의 의무를 일러 주셔서, 우리를 지혜롭고 분별 있는 그리스도인이 되게 하소서.

이 세상의 다른 모든 복보다는 오히려 지혜롭고 분별 있는 마음을 우리에게 주셔서, 우리가 주님의 종으로서 우리의 의무를 어떻게 행해야 할지 알게 하소서. 또한 인생의 여러 가지 형편에 처하여 우리의 길을 능히 헤아릴 만한 지혜를 허락하시며, 우리가 가야 할 길을 명백히 알 만한 분별력을 주소서. 왕상 3:9, 잠 14:8

우리의 사랑에 지식과 분별력을 더욱 넘치게 하셔서, 우리로 하여금 어려운 일들을 맞아 지혜롭게 결정할 수 있도록 하시고, 가장 좋은 것만 옳다 하게 하소서. 우리를 도우셔서 그리스도의 날이 이르기까지 순결하고 흠 없이 살게 하시며, 예수 그리스도를 통하여 주시는 의의 열매가 우리에게 가득하여 하나님께 영광과 찬양을 드리게 하소서. 빌 1:9-11

우리에게 모든 신령한 지혜와 총명으로 주님의 뜻을 아는 지식을 채워 주셔서, 우리의 하나님이신 주님께 합당하게 살고, 모든 일에서 주님을 기쁘시게 하도록 하소서. 또한 모든 선한 일에서 열매를 맺고 점점 더 하나님을 알아 가게 하소서. 오, 하나님, 우리를 비난하려 지켜보는 사람들이 있으니, 우리에게 주님의 길을 가르쳐 주시고 안전한 길로 인도하소서. 골 1:9-10, 시 27:11

언약의 주님, 우리는 인생의 어려움이 커서 어찌할 바를 모르고, 오직 주님만 바라봅니다. 우리 뒤에서 "이것이 바른길이니, 이 길로 가거라" 하시는 주님의 음성을 듣게 하시며, 우리로 주님의 길에서 벗어나 오른쪽으로도 왼쪽으로도 치우침이 없게 하소서. 주님의 말씀으로 우리의 걸음걸이를 명하시고, 어떠한 불의도 우리를 지배하지 못하게 하소서. 대하 20:12, 사 30:21, 시 119:133

◑ 우리의 성품을 정결하게 하시며, 하나님께 영광을 돌려 드리는 삶에 필요한 모든 교훈과 은혜를 우리 안에 심으소서.

평화의 하나님께서 친히 우리 삶의 모든 부분에서 우리를 깨끗

간구

하게 하시고, 우리 주 예수 그리스도께서 오실 때까지 우리의 영과 혼과 몸을 완전하게 지켜 주소서. 우리를 부르시는 분은 신실하시니, 이 일을 이루실 것입니다. 살전 5:23-24

오, 하나님, 우리 안에 깨끗한 영을 창조하시고 또한 우리 안에 올바른 영을 새롭게 심어 주소서. 주님 앞에서 우리를 쫓아내지 마시며, 우리에게서 주님의 성령을 거두어 가지 마소서. 주님의 구원의 기쁨을 우리에게 회복해 주시고, 자원하는 심령을 주소서. 시 51:10-12

우리 마음에 주님의 율법을 기록하소서. 우리 안에 주님의 율법을 새기셔서, 모든 사람에게 우리가 그리스도의 편지, 곧 살아 계신 하나님의 영으로 쓰신 편지임을 보이게 하소서. 우리의 마음을 단단한 돌판이 아니요 부드러운 육의 마음 판으로 삼으시고 그 위에 주님의 법을 새기셔서, 우리의 발걸음이 흔들리지 않게 하소서. 우리의 모든 복은 주님의 뜻을 행함에서 옵니다. 우리의 속사람이 주님의 법을 즐거워할 수 있게 하소서. 히 8:10, 고후 3:3, 시 37:31; 40:8, 롬 7:22

우리가 가르침 받은 교훈을 마음으로부터 실천할 수 있도록 도우셔서, 우리의 온 영혼이 주님의 법으로 형성되고 우리의 온 마음이 그 법으로 충만하게 하소서. 우리가 결코 이 세상을 따르지 아니하고, 오직 마음을 새롭게 하여 변화받게 하소서. 우리가 무지하여 이전에 따랐던 욕망을 버리게 하시며, 우리를 불러 주신 거룩하신 주님처럼 우리 또한 순종하는 자녀로서 우리의 모든 삶을 주님께 거룩하게 바치도록 하소서. 롬 6:17, 마 13:33, 롬 12:2, 벧전 1:14-15

▶ 믿음을 달라고 기도합시다.

구원하는 믿음은 우리에게서 나오는 것이 아니요 오직 주님의 선물이니, 우리에게 믿는 은혜를 주소서. 주님, 우리에게 믿음을 더하여 주시고 우리 믿음에 부족한 것을 채워 주셔서, 우리로 하여금 믿음이 더욱 굳세어져 주님께 영광을 돌리게 하소서. 빌 1:29, 엡 2:8, 눅 17:5, 살전 3:10, 롬 4:20

우리로 하여금 날마다 그리스도와 함께 십자가에 못 박히게 하시며, 이로써 육신 안에서 사는 우리의 삶이 우리를 사랑하셔서 우리를 위해 십자가에 못 박히시며 자기를 내어 주신 하나님의 아들을 믿는 믿음 안에서 사는 삶이 되게 하소서. 우리가 언제나 주 예수님의 죽음을 우리 몸에 짊어지고 다니듯, 그분의 생명 또한 우리 몸에 나타나게 하소서. 갈 2:20, 고후 4:10

우리가 주님이신 그리스도 예수를 믿음으로 받아들였으니, 이제 같은 믿음으로 그분 안에서 살게 하시고, 그분 안에서 뿌리를 박고 세우심을 입어서 가르침을 받은 대로 믿음을 굳게 하여 감사의 마음이 넘치도록 하소서. 주님의 말씀 하나하나가 믿음과 결합하여 우리에게 유익이 되게 하소서. 우리로 하여금 믿음으로 예수의 증언을 받아들이게 하시며, 이로써 우리 또한 스스로 증언하여 우리의 하나님이신 주님께서 언제나 참되신 분임을 인정하게 하소서. 바라는 것들의 실상이요 보이지 않는 것들의 증거인 그 믿음을 우리 안에 일으켜 주시고, 보이는 것은 잠깐이니 그 너머 보이지 않는 영원한 것을 바라보게 하소서. 골 2:6-7, 히 4:2, 요 3:33, 히 11:1-2, 고후 4:18

주님께서는 언제고 우리와 함께 계시는 분임을 우리가 믿음으로 알 수 있게 하소서. 우리의 눈이 언제나 주님을 향하게 하셔서, 사람의 눈으로는 영원히 보이지 않는 분이신 주님을 우리가 직접 보는 듯이 모든 일에서 행하게 하소서. 또한 이 세상의 위협을 두려워하지 아니하고, 다만 끝까지 주님을 신뢰하는 사람들에게 주시는 상을 바라보게 하소서. 시 16:8; 25:15, 히 11:26-27

우리의 믿음을 보시고 우리의 마음을 깨끗하게 하시며, 우리의 믿음이 세상을 이기는 승리가 되게 하소서. 이 세상을 살아가는 동안 우리가 주님의 선하심을 보게 된 것임을 믿어 의심치 않게 하소서. 행 15:9, 요일 5:4, 시 27:13

▶ 하나님을 경외하는 마음을 달라고 기도합시다.

주님, 주님을 경외함이 지식의 근본이오니, 주님을 경외하는 마음을 우리 안에 일으키소서. 또 주님을 경외하는 이 지혜를 배우게 하소서, 우리를 가르쳐 죽음의 그물에서 벗어나게 하는 이 지혜는 생명의 샘입니다. 잠 1:7; 15:33; 14:27

우리에게 한마음을 주셔서 주님의 이름을 경외하고 주님의 계명을 지키게 하소서, 이것이 사람의 본분입니다. 우리 안에 주님을 경외하는 마음을 넣어 주셔서 결코 주님을 떠나지 않게 하시며, 주님을 경외하는 일에 열심을 내게 하시고, 날마다 종일토록 주님을 경외하며 살게 하소서. 시 86:11, 전 12:13, 렘 32:40, 시 119:38, 잠 23:17

▶ 하나님을 향한 사랑이 여러분 안에 뿌리내리고, 세상을 향한 사랑은 뿌리 뽑힐 수 있도록 기도합시다.

마음을 다하고 목숨을 다하고 뜻을 다하여 주 우리의 하나님을 사랑할 수 있는 은혜를 주소서, 이와 같이 주님을 사랑함이 가장 크고 으뜸가는 계명입니다. 간절히 주님을 사랑하고 언제나 주님을 기쁘게 하소서. 그리하면 우리 마음의 소원을 들어주실 것이라고 주님께서 약속하셨습니다. 마 22:37-38, 시 91:14; 37:4

우리 마음에 할례를 베푸셔서, 마음을 다하고 정성을 다하여 우리의 하나님을 사랑하게 하시고 이로써 우리가 살 수 있게 하소서. 성령을 통하여 우리 마음에 주님의 사랑을 부어 주시고, 예수 그리스도께서 우리에게 보배가 되게 하소서, 그분께서는 믿는 모든 사람들에게 보배이십니다. 우리는 비록 그리스도를 본 일이 없으나 그분을 사랑하게 하시며, 지금도 그분께서 우리 눈에 보이지 않으나 믿게 하시고 또한 말로 표현할 수 없는 영광과 즐거움으로 기뻐하게 하소서. 신 30:6, 롬 5:5, 벧전 2:7; 1:8

그리스도의 사랑이 우리를 휘어잡아 우리가 더 이상 우리를 위하여 살지 아니하고, 우리를 위하여 죽으셨다가 살아나신 그분을 위하여 살게 하소서. 우리를 도우셔서 세상이나 세상에 있는 것들을 사랑하지 않게 하소서, 누구든지 세상을 사랑하면 아버지에 대한 사랑이 그 사람 안에 있을 수 없습니다. 우리로 하여금 땅에 있는 것들을 생각지 말게 하시며, 언제나 위에 있는 것들을 생각하게 하소서, 거기는 그리스도께서 아버지의 우편에 앉아 계신 곳입니다. 고후 5:14-15, 요일 2:15, 골 3:1-2

▶ 여러분의 마음이 언제나 부드럽게 되어 회개하는 삶을 살 수 있게 해달라고 기도합시다.

주님, 우리에게서 돌같이 단단한 마음을 거두어 가시고 살처럼 부드러운 마음을 주소서. 갖가지 모양의 악을 멀리하게 도우시며,

사탄의 간계를 우리가 알고 있으니 주의하여 사탄에게 속지 않도록 하소서. 마음을 완악하게 하지 아니하고 언제나 주님을 경외하는 사람들이 누리는 복을 누리게 하소서. 또한 우리가 서 있다고 생각하는 그때에 넘어지지 않도록 조심하게 하소서. 겔 11:19, 살전 5:22, 고후 2:11, 잠 28:14, 고전 10:12

▶ 하나님께 우리 안에 긍휼과 형제 사랑의 마음을 일으켜 달라고 기도합시다.

주님, 우리에게 서로 사랑하는 마음을 주소서, 이 사랑이 우리를 온전히 하나로 묶습니다. 성령께서 우리를 평화의 띠로 묶어서 하나 되게 하신 것을 지켜 나가게 하시며, 서로 사랑과 평화 안에서 살아가게 하소서, 그리하면 사랑과 평화의 하나님이신 주님께서 우리와 함께하실 것입니다. 모든 율법을 완성하는 그 사랑으로 우리 이웃을 우리 자신과 같이 사랑하는 은혜를 주소서. 또한 우리가 순결한 마음으로 뜨겁게 서로를 사랑하고, 이로써 모든 사람들이 우리가 그리스도의 제자인 줄을 알게 하소서. 골 3:14, 엡 4:3, 고후 13:11, 롬 13:9-10, 벧전 1:22, 요 13:35

서로 사랑하라 하신 주님의 가르치심대로 우리가 더욱더 서로를 사랑하게 하시고, 기회가 있을 때마다 모든 사람들에게 선한 일을 행하게 하소서. 할 수 있는 대로 모든 사람들과 더불어 화평하게 하시며, 서로 화평을 도모하는 일과 서로 덕을 세우는 일에 힘쓰게 하소서. 살전 4:9-10, 갈 6:10, 롬 12:18; 14:19

우리의 원수를 사랑하고, 우리를 저주하는 사람들을 축복하며, 우리를 박해하는 사람들을 위해 기도하고, 우리를 미워하는 사람들을 선대할 수 있는 능력을 주소서. 또한 우리로 하여금 서로 참으며 용납하게 하시고, 그리스도께서 우리를 용서하신 것과 같이 사랑 안에서 서로 용서하게 하소서. 눅 6:27-28, 마 5:44, 골 3:13

▶ 자기를 부인하는 은혜를 달라고 기도합시다.

우리가 우리 자신을 부인하고 날마다 우리의 십자가를 지고 주님을 따르는 은혜를 주소서. 언제나 육신의 욕망을 쳐서 굴복시키게 하시며, 우리 자신을 사랑하지 아니하고 스스로 지혜 있다 여기지 아니하며 우리의 명철을 의지하지 않게 하소서. 눅 9:23, 고전 9:27, 딤후 3:2, 잠 3:5, 7

언제나 우리 자신의 유익을 구하지 아니하고 형제의 유익에 마음 쓰게 하소서. 우리 중 아무도 자기만을 위해 살거나 자기만을 위해 죽는 사람이 없게 하시고, 살든지 죽든지 주님의 것이 되어서, 오직 주님만을 위해 살고 죽게 하소서. 고전 10:24, 롬 14:7-8

▶ 겸손과 온유를 구하며 기도합시다.

우리로 하여금 그리스도께 마음의 온유와 겸손을 배우게 하셔서 마음의 쉼을 얻게 하소서. 또한 그리스도 예수께서 보여 주신 것과 같은 태도를 우리 안에 품게 하소서, 그분께서는 하나님과 같으신 분이었으나 자기를 낮추셨습니다. 우리의 교만을 제거하시고 겸손의 옷을 입게 하시며, 주님께서 귀하게 여기시는 썩지 아니할 온유하고 정숙한 마음으로 우리를 단장하게 하소서. 겸손과 온유함으로 부르심에 합당하게 살아가는 은혜를 주시고, 사랑으로 서로를 오래 참고 용납하게 하소서. 마 11:29, 빌 2:5-6, 욥 33:17, 벧전 5:5; 3:4, 엡 4:1-2

간구

결코 마음에 분노를 담아 두지 않게 하시며, 해가 지도록 사람에게 노여움을 품지 않게 하소서. 또한 언제든 모든 사람을 온유하게 대하게 하소서, 우리도 전에는 많이 어리석었고 순종하지 아니하는 사람들이었습니다. 전 7:9, 엡 4:26, 딛 3:2-3

분에 넘치게도 우리가 하나님의 택하심을 입어 거룩하고 사랑받는 사람이 되었으니, 이제 이에 합당하게 긍휼과 자비와 겸손과 온유와 오래 참음이 흘러넘치는 마음을 갖추게 하소서. 우리 하늘 아버지께서 자비로우신 것같이 우리 또한 자비로운 사람이 되어 주님처럼 우리도 완전하게 하소서. 골 3:12, 눅 6:36, 마 5:48

▶ 만족하며 인내하고, 육신의 감각과 시간에 대한 모든 것에 집착하지 않는 은혜를 달라고 기도합시다.

우리 삶의 형편이 어떠하더라도 만족하는 법을 우리에게 가르치시고, 가난하게 살 줄도 알고 부유하게 살 줄도 알게 하시며, 배부르거나 굶주리거나 풍족하거나 궁핍하거나 그 어떠한 처지에서도 살아갈 수 있는 비결을 가르치소서. 언제나 하나님을 바라보며 만족할 줄 아는 삶이 우리에게 큰 유익이 되게 하시며, 가산이 적어도 주님을 경외하고 만족할 줄 알며 평화롭게 사는 삶이 언제나 분란을 일으키는 큰 재물을 소유하는 것보다 소중함을 알게 하소서. 고난 중에 참고 견딤으로써 우리의 영혼을 붙들게 하소서. 또한 온전히 인내함으로 성숙하고 완전하며 조금도 부족한 것이 없게 하소서. 빌 4:11-12, 딤전 6:6, 잠 15:16-18, 눅 21:19, 약 1:4

지금 가지고 있는 것보다 더 가지려 함으로써 우리의 모든 삶이 해를 입는 일이 없게 하시고, 있는 것으로 만족하는 법을 우리에게 일러 주소서, 우리에게는 언제나 주님이 계시고, 또한 주님께서는 "내가 결코 너를 떠나지도 않고, 버리지도 않겠다" 약속하셨습니다. 우리 삶에 무슨 일이 닥치더라도 "주님의 뜻이 이루어지기를 기도합니다." 히 13:5, 행 21:14

때가 얼마 남지 않았으니 우리에게 은혜를 내리셔서, 우는 사람은 울지 않는 사람처럼 살고 기뻐하는 사람은 기뻐하지 않는 사람처럼 살게 하소서. 무엇을 사더라도 그것이 우리의 소유인 양 생각하지 않게 하소서. 그리고 세상을 이용할 때는 우리의 특권을 남용하지 않게 하소서, 이제 때가 가깝고 이 세상의 질서는 사라집니다. 고전 7:29-31

▶ 하나님과 그리스도를 바라보며 영원한 생명을 기대하는 소망의 은혜를 달라고 기도합시다.

예수 그리스도께서 죽은 사람들 가운데서 부활하심으로 우리가 거듭나 산 소망을 얻게 된 이 실상을 알게 하시고, 우리를 위하여 그 소망을 안전하고 확실하게 보전해 주시며, 또한 그 소망이 휘장 안 지성소에 견고히 닻을 내리게 하소서, 그리스도께서는 우리를 위하여 우리보다 먼저 이곳에 들어가셨습니다. 벧전 1:3, 히 6:19-20

인내력으로 우리 안에 단련된 인격을 낳게 하시고, 단련된 인격으로 소망을 낳게 하소서, 이 소망은 우리를 실망시키지 아니할 것입니다. 또한 성경이 주는 인내와 위로를 통하여 소망을 얻게 하시고, 이 소망으로 구원을 얻게 하소서. 롬 5:4-5; 15:4; 8:24

야곱의 하나님을 우리의 도움으로 삼게 하시고, 우리의 하나님이신 주님께 언제나 소망을 두게 하시며, 우리 안에 계신 그리스도께서 우리의 영광의 소망이 되게 하소서. 또한 우리로 하여금 복음의 소망에서 결코 떠남이 없게 하시고, 우리 모두가 열성을 보임으로 세상 만물이 끝나는 날까지 소망의 확신을 온전히 유지하게 하소서. 시 146:5, 골 1:23, 27, 히 6:11

▶ 은혜를 베푸셔서 우리를 죄에서 지켜 주시고, 죄를 향해 다가가려는 모든 유혹으로부터 지켜 달라고 기도합시다.

우리로 악한 일을 행치 않게 하셔서, 결코 다른 사람들에게 우리를 비난할 이유를 만들어 주지 않도록 하소서. 이 구부러지고 뒤틀린 세대 가운데서 하나님의 자녀로 흠 없고 순결하게 살아, 어두운 세상에서 별과 같이 빛나게 하소서. 고후 13:7, 빌 2:15

우리의 눈을 돌이키셔서 헛된 생각을 품지 않게 하시고, 주님의 길을 씩씩하게 걸어가도록 하소서. 거짓을 행하려는 생각을 제거하시고, 은혜를 내리셔서 주님의 법을 따라 살게 하소서. 우리의 마음이 악한 일로 기울어지지 않도록 지키시고, 악한 일을 행하는 자들과 어울려 악을 행하지 않도록 도우시며, 그들의 진수성찬을 먹고자 하는 유혹에 들지 않도록 하소서. 시 119:37, 29; 141:4

우리가 미처 깨닫지 못한 죄까지도 깨끗이 씻어 주소서. 또한 주님의 종이 주제넘은 교만의 죄를 범하지 않도록 지켜 주시고, 이로써 죄가 우리를 지배함이 없게 하소서. 이와 같이 하여 우리가 올바로 살아 크나큰 죄악에서 벗어나게 하시고, 장차 죄짓는 일이 없도록 우리 자신을 지킴으로써 흠 없는 삶을 보이게 하소서. 시 19:12-13; 18:23

주님의 말씀을 우리 가슴에 깊이 간직하여 주님께 범죄하지 않게 하소서. 주님의 은혜가 언제나 우리에게 족하게 하시고, 항상 우리에게 머무르게 하시며, 우리 안에서 능력이 되게 하소서. 결코 우리를 우리 마음의 정욕대로 버려두시어 우리가 원하는 대로 가지 않게 하소서. 시 119:11, 고후 12:9, 시 81:12

우리가 하는 일을 주의 깊게 헤아려 행하게 하시며, 지혜롭지 못한 사람과 같이 살지 아니하고 지혜로운 사람답게 살며 온당한 분별력을 보이게 하소서. 그리스도의 고귀한 이름을 욕되게 하려는 사람들에게 기회를 주지 않게 하시며, 끊임없이 선을 행함으로 어리석은 사람들의 무지한 말을 막게 하소서. 또한 우리의 구주이신 하나님의 교훈을 모든 일에서 빛내게 하소서. 엡 5:15, 고후 11:12, 약 3:10, 벧전 2:15, 딛 2:10

▶ 여러분의 혀를 다스려 유용하게 사용하는 은혜를 달라고 기도합시다.

우리가 입 밖으로 내는 모든 말을 조심하여 우리의 혀로 주님이나 사람에게 죄짓는 일이 없게 하소서. 말에게 재갈을 물리듯 우리 입을 단속하여, 머리에서 생각나는 대로 조급히 입을 열지 않도록 하소서. 또한 우리 입 앞에 문지기를 세우고 우리 입술의 문을 지키게 하여 말로써 죄짓지 않게 하소서. 시 39:1, 전 5:2, 약 3:2-3, 시 141:3, 약 3:2, 전 5:6

입을 열 때는 언제나 지혜를 베풀게 하시고 혀로는 친절한 교훈을 내게 하소서. 우리로 주님께서 들으시기에 합당한 말이 무엇인지 알게 하셔서, 우리의 혀가 순은과 같이 되게 하시고 우리의 입술은 많은 사람을 먹여 살리게 하소서. 잠 31:26; 10:32; 10:20-21

우리의 말이 언제나 소금으로 맛을 낸 것과 같이 은혜가 넘치게

간구

하시고, 이로써 우리가 항상 마음에 선한 것을 쌓아 두었다가 선한 것을 내게 하소서. 우리의 입으로는 지혜를 말하고 우리의 혀로는 정의를 선언하게 하소서. 주님께서 말씀하신 진리가 이제부터 영원토록 우리의 입과 우리 자손의 입과 그 자손의 자손의 입에서 결코 떠남이 없게 하소서. 골 4:6, 마 12:35, 시 37:30, 사 59:21

여러분이 행하는 모든 의무와 관련하여
하나님께서 여러분을 지도해 주시고,
힘을 얻게 하시며, 도와주시기를
간절히 바라며 기도합시다

모든 사람에게 나타난 주님의 구원의 은혜로 우리를 훈련하셔서서 이 세상의 모든 불경건한 삶과 정욕을 버리고, 절제하며 올바르고 경건하게 살도록 하시고, 이 동일한 은혜로 우리를 가르치셔서 복된 소망, 곧 위대하신 하나님과 우리 구주 예수 그리스도의 영광이 나타나기를 간절히 고대하게 하소서. 이 은혜로 우리를 변화하게 하소서. 그리스도께서 우리를 위하여 자신을 내어 주셨으니, 이는 우리를 모든 불법에서 건지려 하심입니다. 또한 이 은혜로 우리를 깨끗하게 하시고 선한 일에 열심을 내는 백성으로 삼으소서. 딛 2:11-14

◐ 하나님께서 여러분에게 지혜를 주셔서 여러분이 모든 의무를 완수하기를 기도합니다.

주님께서 우리에게 약속하시기를, 누구든지 그 맡은 일에 합당한 지혜가 부족할 때는 모든 사람에게 아낌없이 주시는 하나님께 구하라 하셨고, 그리하면 지혜를 얻을 것이라 하셨습니다. 주님, 우리가 지혜가 부족함을 정직하게 인정합니다. 우리를 뱀과 같이 지혜롭고 비둘기와 같이 순결하게 하소서. 우리에게 주님의 지혜를 주셔서 우리의 얼굴을 밝게 하시고, 또한 주님의 지혜가 전쟁 무기보다 나음을 우리로 알게 하소서. 약 1:5, 마 10:16, 전 8:1; 9:18

우리로 믿음 바깥에서 사는 사람들을 지혜롭게 대하도록 하시고,

우리가 이 악한 시대에 살고 있으니 할 수 있는 한 모든 기회를 선용하게 하소서. 모든 일을 정의롭게 처리하고, 또한 모든 삶에서 흠 없는 마음으로 지혜롭게 행하도록 우리를 도우소서. 골 4:5, 시 112:5; 101:2

◐ 정직하고 진실하게 여러분의 의무에 임하기를 기도합니다.

아래에서 온 지혜가 우리를 인도하는 일이 결코 없게 하소서, 이러한 지혜는 땅에 속하고 육신에 속하며 마귀에게 속한 것입니다. 그러므로 위로부터 온 지혜가 우리의 지혜가 되게 하소서, 이 지혜는 우선 순결하고, 다음으로는 평화를 사랑하며, 친절하고, 다른 이들의 의견에 귀를 기울이며, 자비와 선한 열매가 가득하고, 편견과 위선이 없습니다. 이 세상에서 사는 우리의 삶이 주님께로부터 오는 빛을 받아 사는 삶이 되게 하시며, 또한 우리로 그릇된 세상의 지혜가 아니라 하나님의 구원하시는 은혜로 행하게 하소서. 약 3:15, 17, 고후 1:12

우리를 온전히 붙들어 주시고, 주님께서 언제나 지켜보고 계심을 생각하며 살게 하소서. 우리가 주님을 신뢰하오니, 완전하고 올바르게 살아가도록 우리를 지켜 주소서. 우리가 언제나 마음으로 주님의 계명을 묵상하게 하소서, 그리하면 우리가 결코 수치를 당하지 아니할 것입니다. 또한 우리의 눈을 성하게 하셔서 우리의 온몸이 밝아지게 하소서. 시 41:12; 25:21; 119:78, 80, 마 6:22

◐ 여러분의 의무에 부지런하기를 기도합니다.

우리를 보내신 분의 일을 아직 해가 있을 때 하게 하소서, 밤이 되면 아무도 일을 할 수 없습니다. 무슨 선한 일을 행하든 힘을 다해서 하게 하소서, 우리가 가는 무덤에서는 할 일이 없습니다. 주님의 선한 일에 조금도 게으름을 피우지 않게 하시고, 열심을 내어 주님을 섬기게 하소서. 우리를 훈련하셔서 늘 목표에 견실하고 흔들림이 없이 주님의 일에 힘쓰게 하소서, 주님 안에서 우리의 수고가 헛되지 아니할 줄을 우리가 확신합니다. 요 9:4, 전 9:10, 롬 12:11, 고전 15:58

주님, 우리로 하여금 모든 선한 일에 열심을 내게 하시고, 무슨 일을 하든지 마음을 다하여 하게 하소서, 우리는 사람을 섬기지 아니하고 주 그리스도를 섬깁니다. 날마다 정해진 대로 그날의 의무를 행하게 하시며, 할 수 있는 한 모든 기회를 선용하게 하소서, 우리는 악한 시대에 살고 있습니다. 그리하여 우리의 주님께서 다시 오시는 그때에, 우리에게 명하신 그 일을 열심히 하고 있는 모습을 주님께 보여 드릴 수 있게 하소서. 갈 4:18, 골 3:23, 스 3:4, 엡 5:16, 눅 12:43

◐ 여러분이 비록 그리스도를 위하여 일시적으로는 패한 자가 될 수 있으나, 마지막에는 그분으로 인하여 결코 패한 자가 되지 아니할 줄을 알고, 용기를 내어 여러분의 의무에 임하기를 기도합니다.

우리를 가르치셔서 예수 그리스도의 훌륭한 군사답게 고난을 견디고, 사람들의 비난을 두려워하지 않게 하소서. 우리의 미래를 맡아 주신 그분을 우리가 확실히 알고 있사오니, 우리로 그리스도나 그분의 말씀을 조금도 부끄러워하지 않게 하소서. 그분께서는 우리가 위대한 마지막 날을 고대하며 맡긴 것을 능히 지켜 주실 분입니다. 딤후 2:3, 사 51:7, 막 8:38, 딤후 1:12

투옥과 환난이 우리 삶의 끝없는 숙명이라 해도 주님을 향한 우리의 확고한 헌신이 약해지지 않게 하시며, 우리의 목숨조차 조금도 귀한 것으로 여기지 아니하고, 오직 기쁨으로 우리가 달려가야 할

삶의 길을 마치게 하소서. 행 20:23-24

　우리로 하여금 모든 일에 주님의 허락을 구하게 하시고, 사람들에게서 받는 영광과 수치와 비난과 칭찬을 무시하게 하시며, 우리의 오른손과 왼손에 든 의의 무기로 보호받게 하소서. 늘 깨어 있어 언제나 주님의 뜻 안에 남아 있고자 노력하게 하시며, 사람의 법정에서 심판받음을 매우 작은 일로 여기게 하소서, 우리를 심판하실 분은 주님뿐입니다. 고후 6:4, 7-8, 고전 4:3-4

◐ 기쁘고 즐거운 마음으로 의무를 행하기를 기도합니다.
　주님, 우리가 늘 기뻐하는 사람이 되게 하시고, 또한 주 안에서 항상 기뻐하는 사람이 되게 하소서, 주님께서 거듭 우리에게 격려의 말씀으로 "기뻐하라!" 하셨습니다. 언제나 기쁨으로 우리 삶의 의무를 이어 나가게 하소서. 우리가 하는 일들이 부족해도 주님께서 받아 주셨으니, 즐거이 음식을 먹고 기쁜 마음으로 포도주를 마시게 하소서. 살전 5:16, 빌 4:4, 행 8:39, 전 9:7

　좋은 약처럼 사람에게 유익이 되는 즐거운 마음을 갖게 하시고, 마음에 번민을 일으키는 근심, 죽음을 불러오는 세상 근심으로부터 우리를 구하소서. 우리에게 은혜를 베푸셔서 우리의 하나님이신 언약의 주님을 기쁘고 즐거운 마음으로 섬기게 하시고, 주님의 손에서 오는 모든 것을 풍성히 누리게 하소서. 세상의 왕들이 주님께 감사를 드림과 같이, 우리로 하여금 주님께서 행하신 일들을 그침 없이 노래하게 하소서. 우리 하나님의 영광이 크십니다. 잠 17:22; 12:25, 고후 7:10, 신 28:47, 시 138:4-5

◐ 삶의 모든 형편과 섭리하신 모든 사건과 맺고 있는 모든 관계에 요구되는 모든 의무를 행하기를 기도합니다.

좋은 날에는 기뻐하고 어려운 날에는 주님께서 우리에게 가르치시는 바가 무엇인지 헤아려 보게 하소서. 주님께서 우리 앞에 기쁜 날도 두시고 힘든 날도 두셔서, 우리로 하여금 감히 앞날을 안다 하지 못하게 하시려는 이 뜻을 이해하게 하시며, 우리가 경험하는 모든 일에서 지식에 절제를 더하며, 인내로써 주님을 기다리게 하소서. 전 7:14, 벧후 1:6

우리가 주님께 각자의 형편대로 받은 부르심에 만족하며 남아 있도록 은혜를 베푸소서. 우리가 하는 모든 일에서 주님의 다스리심을 인정하고, 늘 주님께서 우리의 발걸음을 인도하실 것임을 믿게 하소서. 주님께서 부르실 때 종이었던 사람들은 주님께 속한 자유인이 되게 하시고, 그리스도의 부르심을 받을 때 자유인이었던 사람들은 그리스도의 종이 되게 하소서. 고전 7:24, 잠 3:6, 고전 7:21-22

우리와 함께하는 모든 사람들과 온전히 어울려 살게 하셔서, 머나먼 북쪽 헤르몬 산의 이슬이 남쪽의 시온 산에 내림과 같게 하소서. 남편과 아내 된 이들은 생명의 은혜를 함께 상속 받을 사람들로 살게 하소서, 그리하시면 결코 그들의 기도가 막히지 아니할 것입니다. 시 133:1, 3, 벧전 3:7

우리를 도우셔서 모든 사람들을 존중하고 형제를 사랑하며 하나님을 두려워하고 왕을 존경하게 하소서. 위에 있는 권세에 복종하게 하시되, 진노를 두려워해서만이 아니라 양심을 위해서도 복종하게 하소서. 벧전 2:17, 롬 13:1, 5

간구

● 여러분의 의무에 전적으로 완전한 사람이 되기를 기도합니다.

주님의 율례가 제시하는 길을 우리에게 가르치소서, 우리가 끝까지 그 길을 지키겠습니다. 우리를 깨우쳐 주소서, 우리가 주님의 계명을 지키겠습니다. 우리가 온 마음을 다해 주님의 법을 지키겠다고 맹세합니다. 우리가 주님의 계명의 길로 갈 수 있게 하소서, 이 길에 우리의 기쁨이 있습니다. 우리의 마음이 주님의 증거들을 지키는 데 몰두하게 하시고, 탐욕으로 치닫지 않게 하소서. 시 119:33-36

우리에게 깊은 감화를 주셔서 서로를 위해 애써 기도하게 하시고, 이로써 우리 모두가 완전한 성숙에 이르도록 하소서. 주님의 뜻을 행하는 일에 조금도 모자람이 없게 하시며, 주님의 계명을 따라 우리의 모든 길을 가게 하소서, 우리가 주님의 계명을 낱낱이 지키면 결코 부끄러움을 당하지 아니할 것입니다. 골 4:12, 시 119:5-6

주님의 영광의 풍성하심을 따라 주님의 성령을 통하여 우리의 속사람을 모든 능력으로 강건하게 하시고, 우리의 믿음으로 말미암아 그리스도께서 우리 마음에 계시게 하소서. 우리가 사랑 가운데 뿌리를 내리고 터를 잡아서, 인간의 지식을 초월하는 그리스도의 사랑의 너비와 길이와 깊이와 높이를 모든 성도들과 함께 깨달을 수 있도록 하시며, 하나님이신 주님 안에 있는 그 모든 충만하심으로 우리를 충만하게 하소서. 이 세상과 세상의 부패한 욕망에서 멀리 떠나 하나님의 성품에 참여하여 살게 하시고, 또한 그리스도의 강권하시는 사랑에 잡혀 우리 자신을 위하여 살지 아니하고, 오직 우리를 위하여 죽으셨다가 살아나신 이를 위하여 살게 하소서. 엡 3:16-19, 벧후 1:4, 고후 5:14-15

날마다 은혜 안에서 성장하게 해달라고
주님께 간구합시다

주님, 우리가 우리의 머리 되신 그리스도께 견고히 붙어 있도록 도우소서, 신자들은 머리이신 그리스도로부터 각 마디와 힘줄을 통하여 영양을 공급 받고 서로 연결됩니다. 이로써 우리가 영적으로 성장하게 하시고, 또한 우리의 주님이시며 구주이신 예수 그리스도의 은혜와 그분을 아는 지식 안에서 자라게 하소서. 의로움으로 주님의 길을 꿋꿋이 가고 깨끗한 손으로 더욱더 힘을 얻게 하시며, 우리의 길이 동틀 때의 햇살과 같이 점점 더 밝아져 한낮의 광명에 이르게 하소서. 골 2:19, 벧후 3:18, 욥 17:9, 잠 4:18

주님께서 우리에게 아침 이슬과 같은 분이 되어 주셔서, 우리가 백합화같이 피고 레바논의 백향목처럼 깊이 뿌리내리게 하시며, 우리의 가지가 사방으로 뻗고 우리의 아름다움이 감람나무와 같게 하소서. 의로운 해가 떠올라 우리에게 치료하는 광선을 비추시고, 이로써 우리가 아침마다 외양간에서 풀려 나온 송아지처럼 뛰어나가게 하소서. 호 14:5-6, 말 4:2

우리는 아직 온전히 그리스도를 닮은 것도 아니며, 이미 완전에 이른 것도 아닙니다. 우리를 도우셔서 우리가 이전에 이룬 것들을 잊고 앞에 있는 것들, 곧 그리스도 예수 안에서 하나님께서 위로부터 부르신 그 부르심의 상을 얻기 위하여 달려가게 하소서. 빌 3:12-14

◐ 이 세상의 십자가와 고난을 겪는 여러분에게 주님께서 풍성한 은혜를 내려 주시기를 기도합니다.

우리가 알기로 인간이 고난을 타고나는 것은 불티가 위로 날아가는 것과 같이 명백합니다. 하지만 여섯 가지 환난에서 우리를 구하시고, 일곱 가지 환난에서도 재앙이 우리에게 미치지 않게 하소서. 영원하신 하나님께서 우리의 피난처가 되시고, 주님의 영원하신 팔로 언제나 우리를 받쳐 주소서. 영원히 우리와 다투지 마시고, 우리 안에 지으신 생명의 숨이 피곤하거나 꺼지게도 마소서. 욥 5:7, 19, 신 33:27, 사 57:16

우리가 사방에서 욱여쌈을 당해도 절망하지 않게 하시고, 답답한 일을 당해도 희망을 잃지 않게 하소서. 슬플 때는 항상 기뻐하게 하시고, 아무것도 가진 것이 없을 때는 그리스도 안에서 우리가 모든 것을 가지고 있음을 기억하게 하소서. 주님의 영광스러운 권능에서 오는 모든 능력으로 우리를 강하게 하시고, 이로써 우리가 끝까지 참고 견디며 기쁨으로 아버지께 감사를 드리게 하소서. 주님의 율례가 세상에서 나그네와 같이 사는 우리들의 노래가 되게 하시며, 우리가 영원히 우리의 기업으로 삼은 주님의 증거가 언제나 우리 마음의 기쁨이 되게 하소서. 고후 4:8; 6:10, 골 1:11-12, 시 119:54, 111

◐ 여러분의 삶과 행복을 위협하는 재앙으로부터 하나님께서 늘 여러분을 지켜 주시기를 기도합니다.

언약의 주님, 주님께서는 우리의 피난처이며 요새이십니다. 우리가 인생의 폭풍우를 피해 주님의 날개 아래로 들어갑니다. 주님의 진실하심이 모든 공격으로부터 우리를 지켜 주는 방패요 견고한 요새입니다. 그러므로 우리를 지켜 주셔서 밤에 찾아드는 공포를 두려워하지 않고 낮에 날아드는 화살을 무서워하지 않게 하소서. 언약의 주님께서 우리의 피난처요 우리의 가장 높은 거처이시니, 어떠한 불행도 우리에게 찾아오지 않게 하시고, 어떠한 재앙도 우리에게 가까이 오지 않게 하소서. 우리와 우리 가족과 우리가 소유한 모든 것을 튼튼하고 가시 많은 울타리로 둘러 보호하소서. 우리의 질병을 없애 주시고, 질병과 재앙이 우리에게 닥치지 않게 하소서. 시 91:2, 4, 9-10, 욥 1:10, 출 23:25; 15:26

주님께서는 주님의 백성을 지켜 주시는 분이시니 우리를 지켜 주소서, 주님께서는 졸지도 않으시고 주무시지도 않으십니다. 우리의 오른쪽에서 우리를 보호하는 그늘이 되어 주소서, 낮의 해가 우리를 상하게 하지 못하고 밤의 달도 우리를 상하게 하지 못할 것입니다. 모든 재난에서 우리를 지켜 주시고, 우리의 영혼을 또한 지켜 주소서. 우리가 나갈 때나 들어올 때나 이제부터 영원까지 지켜 주소서. 시 121:4-8

◐ 주님께서 여러분에게 날마다 필요한 양식과 지원과 위로를 공급해 주시고, 여러분은 하나님의 뜻에 순종하는 겸손한 마음으로 받기를 기도합니다.

주님께서 우리에게 말씀하시기를, 경건은 장차 올 세상의 생명은 물론 이 세상의 생명 또한 약속해 준다고 하셨습니다. 또한 약속하시기를, 먼저 하나님의 나라와 하나님의 의를 구하면 먹을 것과 입을 것과 잘 곳 같은 다른 모든 것을 우리에게 더하여 준다고 하셨습니다. 그러므로 우리가 이 모든 것에 대한 걱정을 우리를 돌보아 주시는 주님께 맡깁니다. 우리의 하늘 아버지께서는 우리에게 이 모든 것들이 필요함을 아십니다. 딤전 4:8, 마 6:33, 벧전 5:7, 마 6:32

오, 주님, 우리가 이 세상 나그네 길을 가는 동안 내내 우리를 지켜 주시고, 먹을 것과 입을 것을 주시며, 마침내 우리를 안전하게 우리 하늘 아버지 집으로 돌아가게 하소서. 주님께서 우리에게 이와 같이 해주시면, 주님 앞에서 진실한 마음으로 약속드리오니, 언제나 모든 것의 십 분의 일을 주님께 드릴 것이며, 우리의 언약의 주님께서는 언제나 우리의 하나님이 되실 것입니다. 창 28:20-22

우리에게 성읍에서도 복을 받게 하시고 들에서도 복을 받게 하소서. 우리의 곡식 광주리와 반죽 그릇도 복을 받게 하소서. 우리가 들어와도 복을 받고 나가도 복을 받게 하소서. 주님의 은혜로우신 섭리로 우리 삶의 모든 일을 명하시고, 이로써 이 모든 일이 서로 협력하여 선을 이루게 하시며, 주님을 사랑하는 사람들, 곧 주님의 선하신 목적에 따라 부르심을 받은 모든 사람들에게 이 약속을 이루소서. 신 28:3, 5-6, 롬 8:28

우리에게 능력을 주셔서 오직 주님만 의지하며 선을 행하게 하시고, 주님께서 우리에게 약속하신 땅에서 온전한 삶을 살아가게 하소서. 주님의 손에서 나오는 매일의 양식으로 우리를 만족하게 하소서. 우리의 의로운 삶이 빛과 같이 드러나고, 우리의 공정한 행실이 정오의 햇살과 같이 빛나게 하소서. 사람들의 혀에서 나오는 비난으로부터 우리를 보호하시고, 파멸이 다가와도 두려워하지 않게 하소서. 우리를 위하여 들에 있는 돌과도 언약을 맺어 주시고, 땅에서 돌아다니는 들짐승과도 평화롭게 지내도록 하소서. 주님의 평안이 우리들의 집안을 감싸게 하시고, 우리들의 가축우리를 살필 때마다 잃

은 것이 없게 하소서. 시 37:3, 6, 욥 5:21, 23-24

　주 우리의 하나님, 우리에게 흔쾌히 주님의 얼굴을 비추어 주소서. 주님의 나라를 앞당기기 위한 우리의 모든 노력이 흥하게 하시며, 우리의 손으로 행한 일을 견고하게 하셔서 영원히 기억되게 하소서. 우리에게 주님의 구원의 은총을 내리시고, 우리가 주님을 위하여 행하는 모든 일이 형통하게 하소서. 시 90:17; 118:25

　우리의 아들들이 건강하고 장성한 나무와 같이 자라게 하시고, 우리의 딸들이 궁전을 장식하는 모퉁잇돌과 같이 아름답게 다듬어지게 하소서. 우리의 곳간을 온갖 양식으로 가득하게 하시며, 아무도 우리의 집을 함부로 침노할 수 없게 하소서. 주님의 백성들이 종살이하는 일이 없게 하시고, 우리가 사는 거리에서 슬픈 울부짖음이 들리게 않게 하소서. 주님께 이러한 복을 받은 사람들은 진정으로 행복합니다. 언약의 주님을 자신들의 하나님으로 섬기는 사람들은 진정으로 복됩니다. 시 144:12-15

끝까지 인내하는 은혜를
베풀어 달라고 기도하십시오

◐ 이제부터 무덤에 이르기까지 여러분에게 일어날 어떠한 일에 대해서도 주님께서 여러분을 준비된 자 되게 해주시기를 기도합니다.

주님, 모든 악에서 우리를 건져 내시고, 주님의 하늘나라에 들어갈 때까지 보호하시며, 도중에 넘어지지 않도록 지켜 주소서. 언제나 우리를 깨끗하게 하셔서, 주님께서 영광스럽게 오시는 날, 그 앞에 흠 없는 사람으로 서서 말할 수 없이 기뻐할 수 있게 하소서. 우리 각 사람의 마음이 피차간에 사랑으로 넘치게 하시고, 모든 사람에 대해서도 그리하게 하소서. 우리의 마음을 굳세게 하셔서, 우리의 주 예수 그리스도께서 모든 성도들과 함께 오실 때에, 우리의 아버지이신 주님 앞에서 우리가 거룩함에 흠이 없게 하소서. 딤후 4:18, 유 24, 살전 3:12-13

주님, 주님께서 우리에게 말씀하시기를 사탄이 우리 모두를 사로잡아 밀 까부르듯 하려 한다 하셨습니다. 우리를 위한 주님의 능력 있는 간구로 우리 각 사람의 믿음이 꺾이지 않게 하소서. 아직 우리를 이 세상에서 데려가실 때가 이르지 않았사오니, 다만 악한 자에게서 우리를 지켜 주시고, 주님의 진리로 우리를 거룩하게 하소서, 주님의 말씀은 진리입니다. 눅 22:31-32, 요 17:15, 17

우리를 도우사 평생토록 주님께 기도하게 하시고, 죽기까지 우리의 온전함을 잃지 않게 하소서. 우리의 의로운 삶을 굳건히 붙들게 하시고, 평생을 깨끗한 양심으로 살아가게 하소서. 지극히 거룩한 믿음 위에 우리 자신을 세우고 성령으로 기도하게 하소서. 주님의 사랑 안에서 우리 자신을 지키게 하시고, 마침내 우리를 영생에 이르게 하는 우리 주 예수 그리스도의 자비를 기다리게 하소서. 시 116:2, 욥 27:5-6, 유 20-21

◐ 하나님께서 임종에 이른 여러분을 지켜 주시고, 죽음의 순간을 지날 때까지 내내 여러분을 붙들어 주시기를 기도합니다.

자비하신 주님, 우리 인생에는 끝이 있음을 언제나 기억하게 하시고, 살아갈 날에도 기한이 있음을 잊지 않게 하소서. 우리가 얼마나 연약한지 생각하게 하소서. 실로 우리의 일생은 한 뼘 길이밖에 되지 않습니다. 사람의 인생이 한낱 입김에 지나지 않고, 땅에서 살아가는 날이 지나가는 그림자와 같이 덧없음을 알게 하소서. 우리에게 남아 있는 날들을 깊이 헤아려 볼 수 있도록 가르치셔서 지혜로운 마음을 얻게 하시고, 우리의 종말이 어찌 될지 깨달을 수 있는 특별한 은혜를 내려 주소서, 아무도 이 세상에서 영원히 살 수 없습니다. 시 39:4-5, 대상 29:15, 시 90:12, 신 32:29

우리가 온전하고도 합당하게 옷을 갖추어 입고 주님 돌아오시는 날에 대비하게 하시며, 또한 등불을 밝혀 두고 서서 주님을 만나 뵐 준비를 하게 하소서, 인자께서는 우리가 생각하지도 않은 때에 오실 것입니다. 더 좋은 날이 오기까지 우리의 모든 고난의 날들을 길이 참으며 기다리게 하소서. 그때에 주님께서는 우리를 불러 주시고, 우리는 주님께 대답할 것입니다. 눅 12:35, 40, 욥 14:14-15

때가 되어 추수한 곡식단을 마당에 쌓듯이, 우리도 장수를 누리

간구

다가 때가 되어 무덤으로 가게 하소서. 조금 길든지 짧든지 만족스러운 생명을 누리게 하시고, 주님의 구원을 우리에게 보여 주소서. 우리가 죽음의 그늘 골짜기를 지날 때에 우리 곁에 계시어 아무것도 두려워하지 않게 하시고, 주님의 막대기와 지팡이로 우리를 보살펴 주소서. 주님의 선하심과 인자하심이 우리가 사는 날 동안 우리를 따르게 하시고, 우리를 주님의 집에 영원히 살게 하소서. 주님의 은혜와 진실하심이 마지막 날까지 우리와 함께하시고, 무덤의 권세로부터 우리의 생명을 건져 내소서. 주님의 교훈으로 이 삶을 인도해 주시고, 마침내 우리를 영광에 이르게 하소서. 욥 5:26, 시 91:16; 23:4, 6, 삼하 15:20, 시 49:15; 73:24

◐ 주님께서 여러분을 천국에 가도록 준비시키셔서 장차 여러분이 온전히 영생을 소유하게 되기를 기도합니다.

아버지, 하늘의 빛 가운데서 영원히 사는 성도들이 받을 상속에 참여할 자격을 주셨음에 우리가 아버지께 한없이 감사드립니다. 주님께서는 우리 안에 변화를 일으키시고, 우리가 받을 영원한 상속의 첫 부분으로서 주님의 성령을 우리에게 보증으로 주셨습니다. 그러므로 이제 우리의 죽음이 생명에게 삼켜져 없어지게 하소서. 골 1:12, 고후 5:4-5

이 세상에서 사는 우리의 삶이 천국의 삶을 드러내게 하소서. 우리로 하여금 언제나 우리의 구주이신 주 예수 그리스도를 찾게 하소서, 그분께서는 만물을 자기 앞에 복종하게 하실 수 있는 권능으로 우리의 비천한 몸을 변화시켜 그분의 영광스러운 몸과 같게 하실 것입니다. 빌 3:20-21

우리 안에 은혜로 역사하셔서 언제나 위에 있는 것만 생각하고 땅에 있는 것은 생각하지 않겠다고 다짐하게 하소서. 우리의 생명이 그리스도와 함께 하나님 안에 감추인바 되게 하시고, 우리의 생명이신 그리스도께서 온전히 나타나실 때, 우리도 그분과 함께 영광 중에 나타나게 하소서. 그분께서 나타나실 때 우리도 그분과 같은 모습이 되게 하소서, 그때가 되면 우리는 그분을 참모습대로 뵙게 될 것입니다. 우리로 떳떳하게 주님의 얼굴을 뵙게 하시고, 우리가 죽음에서 깨어날 때, 주님과 닮은 모습으로 인하여 기뻐하게 하소서. 골 3:2-4, 요일 3:2, 시 17:15

이 땅에서 삶이 다하는 날, 우리를 영원한 처소로 맞아들이소서. 하나님께서 설계하고 세우실 튼튼한 기초를 가진 그 영원한 도성을 우리가 그리워합니다! 우리로 주님과 함께 영원히 거할 것을 생각하며 서로 격려하게 하소서. 그날에는 우리가 주님께서 우리를 보시듯 환히 볼 것이요 주님께서 우리를 아시듯 온전히 알 것입니다. 눅 16:9, 히 11:10, 살전 4:17, 고전 13:12

또한 우리가 미래에 대한 우리의 영광스러운 소망을 생각나게 하는 말로 피차 격려하며 위로를 얻게 하소서. 우리에게 이 소망이 있으니 그리스도께서 흠 없으신 것과 같이 우리 또한 우리 자신을 깨끗하게 하도록 하소서. 우리 주 예수 그리스도와, 우리를 사랑하시고 은혜로써 영원한 위로와 선한 소망을 주시는 하나님께서 우리의 마음을 격려하셔서 모든 선한 일과 말에 굳건히 서게 해주시기를 기도합니다. 살전 4:18, 요일 3:3, 살후 2:16-17

4. 감사

<u>여러분에게 자비를 보여 주시고,
또한 날마다 여러분의 삶에 많은 복을
내려 주신 하나님께 감사를 드립시다</u>

● 우리는 하나님의 자비와 은총을 얻고 또한 그분의 이름에 합당한 영광을 드리기 위해 은혜의 보좌 앞으로 나아갑니다. 오직 한분이시며 살아 계시고 참되신 분으로서 무한히 완전하신 하나님을 공경함으로써 우리는 주님께 영광을 드립니다. 우리는 또한 우리에게 많이 베풀어 주신 하나님의 선하심을 크게 인정함으로써 주님께 영광을 드립니다. 우리의 감사가 하나님께 은총을 받을 자격이 없다는 겸손한 마음에서 나온 것이면, 하나님께서는 우리의 감사를 받아 주시고, 또한 그로 인해 영광을 받은 것으로 여기십니다. 우리의 감사는 하나님의 선물에 진정으로 감사를 드리는 마음으로부터, 하지만 언제나 선물보다는 선물 주신 이를 더 사랑하는 마음으로부터 나와야 합니다.

하나님께 감사드릴 이유가 많음을 인하여, 또한 이와 같은 찬양의 제사를 드릴 수 있도록 여러분을 격려해 주심을 인하여 하나님을 찬양합시다

오, 주님, 우리가 주님께 감사드립니다. 주님께서 행하신 놀라운 일들로 인하여 주님께서 영광 중에 우리와 함께 계심이 전파됩니다. 언제나 계시는 "스스로 있는 자"로 주님의 이름을 계시하심은 주님께서 언제나 우리와 가까이 계신다는 선언입니다. 그러므로 우리가 주님을 찬양하게 하소서. 우리 안에 있는 모든 것들이 주님의 거룩한 이름을 찬양하고, 우리의 영혼이 주님을 찬양하며 주님께서 베푸신 모든 은혜를 잊지 않게 하소서. 시 75:1, 출 3:14, 시 103:1-2

오, 주님, 주님께 영광을 드림이 우리가 할 수 있는 가장 귀한 일임에 주님을 찬양합니다. 올바른 사람들에게 찬양은 기쁘고 아름다운 일입니다. 오, 가장 높으신 하나님, 우리 언약의 주님께 감사를 드리며 주님의 이름을 노래함이 좋습니다. 아침에 우리가 주님께서 언약하신 사랑을 알리며, 밤마다 우리가 주님의 성실하심을 알리겠습니다. 왕 되신 우리의 하나님, 우리가 주님을 높이며, 주님의 이름을 영원히 송축하겠습니다. 우리가 날마다 주님을 송축하며, 주님의 크신 은혜를 언제나 기억하고 주님의 의를 노래하겠습니다. 시 147:1; 92:1-2; 145:1-2, 7

새 노래로 주님을 노래하며 성도의 모임 가운데서 주님을 찬양하게 하소서. 하나님의 백성 이스라엘로 하여금 그들을 창조하신 분을 기뻐하게 하소서. 시온에서 태어난 자녀들로 하여금 그들의 왕을 즐거워하게 하소서. 성도들로 하여금 하나님의 영광을 즐거워하게 하시며, 마음으로 하나님을 크게 찬양하고 또한 입으로 크게 찬양하게 하소서. 살아 있는 한 우리가 주님을 찬양하며, 이 땅에서 생명이 다할 때는 천국에 가서 주님을 더 아름답게 찬양하기를 소망하겠습니다. 시 149:1-2, 5-6; 146:2

우리가 예수 그리스도로 말미암아 주님 앞에 나와 끊임없는 찬송의 제사를 드립니다. 우리가 주님께 입술의 열매를 드리고, 주님의 이름 앞에 감사를 올립니다. 찬양을 드리는 사람은 주님께 영광을 드리는 사람입니다. 주님께서 말씀하시기를, 올바로 찬양을 드림이 뿔 달리고 굽 달린 황소를 바침보다 주님을 더욱 기쁘시게 할 것이라 하셨습니다. 히 13:15, 시 50:23; 69:31

우리가 언제나 주님께서 언약하신 사랑을 기억하고, 주님께서 우리에게 넘치도록 해주신 모든 일을 인하여 받아 마땅하신 찬양을 올려 드립니다. 주님께서 이스라엘 집에 베풀어 주신 큰 은총을 우리가 전하겠습니다. 주님께서는 자비와 언약하신 풍성한 사랑으로 이 모든 복을 우리에게 쏟아부어 주셨습니다. 사 63:7

본질적으로 선하신 하나님께
감사드립시다

모든 신들 가운데 가장 크시며 모든 주 가운데 가장 크신 주님께 우리가 감사를 드리오니, 주님께서 언약하신 사랑이 영원합니다. 주님의 선하심은 주님의 영광이요 주님의 영광은 주님의 선하심입니다. 주님께서는 풍성하신 은혜로 무익한 죄인들에게 은혜를 베풀어 주시고, 방탕하게 살아 온 반역자들에게 긍휼을 베풀어 주십니다. 주님께서는 은혜를 베풀어 주고 싶으신 사람들, 곧 우리같이 타락한 우상 숭배자들에게조차 은혜를 베풀어 주십니다. 주님께서 지으신 모든 것들이 주님을 찬양하며, 주님의 성도들이 주님의 거룩한 이름을 찬송합니다. 시 136:2-3, 출 33:19, 시 145:10

주님께서는 은혜로우시고 긍휼이 많으시며, 노하기를 더디 하시고 언약하신 사랑이 넘치십니다. 주님께서는 사람의 자녀들을 괴롭게 하는 일을 즐거워하지 아니하신다 하셨으니, 비록 그들을 근심하게 하시나, 그 크신 사랑으로 그들을 불쌍히 여기십니다. 주님께서는 주님을 경외하는 사람들과 주님의 언약으로 보여 주시는 사랑에 의지하는 사람들을 크게 기뻐하십니다. 시 145:8, 애 3:32-33, 시 147:11

이 타락한 세상에
여러 가지 구체적인 선을 베풀어 주신
하나님께 감사드립시다

● 하나님의 선하심은 장차 올 세상에까지 이어지는 구속의 섭리에서는 물론, 지금 이 세상의 은혜로운 모습에서도 명백히 드러납니다. 모든 피조 세계와 인류 전체를 향한 하나님의 선하심을 생각해 봅시다.

  악한 사람에게나 선한 사람에게나 똑같이 햇빛을 비추어 주시고, 의로운 사람에게나 불의한 사람에게나 똑같이 비를 내려 주시는 주님의 자비에 우리가 감사드리며, 날마다 새날이 오게 하심에 또한 감사드립니다. 우리가 아침마다 두 눈으로 보듯이, 주님께서 하늘을 커다란 휘장처럼 펼치시고 그 안에 해를 위하여 장막을 쳐 주시니, 해는 신방에서 나오는 신랑처럼 빛을 내며, 달려가는 용사처럼 기뻐합니다. 마 5:45, 시 104:2; 19:4-5

  주님께서 손수 만드신 하늘과 주님께서 달아 놓으신 달과 별들을 볼 때마다 우리는 이렇게까지 우리를 돌보아 주시는 주님께 놀랍니다. 사람이 무엇이기에 주님께서 이토록 생각해 주시는지요? 주님께서는 우리에게 햇빛을 주셔서 우리의 눈을 즐겁게 해주셨습니다. 빛의 아버지께 모든 영광을 드리오니, 빛의 아버지께서는 아침에게 명하여 동이 트게 하시고 새벽에게 명하여 자리를 지키게 하십니다. 주님께서는 결코 자기를 드러내지 않으신 것이 아니니, 곧 세상 모든 사람들에게 풍성히 은혜를 베푸셔서, 하늘로부터 비를 내려 주시고 땅에서 열매가 나게 하시며 먹을 것을 주셔서 그들의 마음을 기쁨과 즐거움으로 가득하게 하셨습니다. 시 8:3-4, 전 11:7, 약 1:17, 욥 38:12, 행 14:17

주님께서 하늘을 구름으로 덮으시고 땅에 내릴 비를 준비하시며, 산에 풀이 자라게 하시고 들짐승과 우는 까마귀 새끼에게 먹을 것을 주시니, 우리가 주님께 영광을 돌립니다. 주님께서는 사람 없는 광야에도 비를 내리게 하시고, 메마르고 거친 땅조차 적셔 흡족하게 하십니다. 시 147:8-9, 욥 38:26-27

주님께서 땅에 물을 대어 보살피심에 우리가 이를 보며 주님을 찬양합니다. 주님께서는 하늘에서부터 흘러내리는 하나님의 강에 물을 가득 채우셔서 땅을 심히 윤택하게 하시고, 곡식을 마련해 주십니다. 또한 주님께서는 밭고랑에 물을 넉넉히 대어 그 이랑을 평평하게 하시고, 밭을 단비로 부드럽게 적시어 움트는 새싹에 복을 주십니다. 주님의 은택으로 한 해가 이와 같이 영광을 입고, 우리의 수레는 차고 넘쳐 무겁습니다. 주님께서 골짜기마다 샘이 솟아나게 하시고, 산과 산 사이로 개울이 흐르게 하시니, 모든 들짐승들이 마시고 공중의 새들도 물가에 깃들며 나뭇잎 사이에서 지저귑니다. 시 65:9-11, 시 104:10-12

주님께서 땅의 기초를 놓으셔서 영원히 흔들리지 않게 하셨음에 우리가 이를 생각하며 놀랍니다. 주님께서는 물의 경계를 정하시고, 물이 다시 돌아와 땅을 덮는 일이 결코 없게 하십니다. 주님께서는 문을 닫아 빗장을 지르며 바다를 가두고 이르시기를, "네가 여기까지 오고 더 넘어가지 못하리니, 네 높은 파도가 여기서 그칠지니라" 하셨습니다. 다시는 노아의 홍수로 땅을 덮지 아니하리라 하신 약속을 지켜 주셨으며, 땅이 있는 한, 뿌리는 때와 거두는 때, 추위와 더위, 여름과 겨울, 낮과 밤이 그치지 아니할 것이라 하신 언약의 말씀에 신실하셨습니다. 주님께서 말씀하신 낮에 대한 언약과 밤에 대한 언약이 결코 깨진 바가 없으니, 낮에는 해를 주셔서 빛을 밝히게 하시고 밤에는 달과 별들을 주셔서 빛을 밝히게 하십니다. 시 104:5, 9, 욥 38:8, 10-11, 사 54:9, 창 8:22, 렘 33:20; 31:35

주님께서 살아 있는 모든 것들에게 먹을 것을 넉넉히 주심에 우리가 경탄합니다. 모든 피조물이 주님을 바라보며 때를 따라 먹을 것을 주시기를 기다립니다. 주님께서 무엇을 주시든 그들이 받아먹고, 주님께서 축복하여 손을 펴시면 그들이 좋은 것으로 만족합니다. 주님께서 얼굴을 숨기시면 그들은 두려워 떨고, 주님께서 그들의 숨을 거두어들이시면 그들은 죽어 흙으로 돌아갑니다. 주님께서는 땅을 새롭게 하시고, 주님의 영을 보내어 그들을 창조하십니다. 주님의 이 영광 영원하시며, 친히 행하신 이 일이 주님의 기쁨 되소서. 시 104:27-31

주님께서는 가축이 먹을 풀과 사람이 밭갈이하는 채소를 자라게 하십니다. 주님께서는 사람으로 하여금 땅에서 먹을 것을 생산하게 하시니, 마음을 즐겁게 하는 포도주와 얼굴을 빛나게 하는 기름과 힘을 얻게 하는 양식이 그와 같습니다. 주님께서는 살아 있는 모든 것들에게 생명과 호흡을 주십니다. 온 땅에 주님의 인자하심이 가득합니다. 시 104:14-15, 행 17:25, 시 119:64

가장 높은 하늘이 주님의 것임에도 사람의 자녀들에게 땅을 주신 주님을 우리가 찬양합니다. 한 세대가 가고 또 한 세대가 옵니다. 은혜롭고 선하신 주님께서는 이 부패하고 죄 많은 인류를 하늘 아래에

감사

서 지워 버리지 아니하셨습니다. 주님께서는 손수 지으신 만물을 사람의 발아래 두시고 그들로 하여금 다스리게 하셨으며, 이로써 땅의 모든 짐승과 공중의 모든 새들이 사람을 두려워하며 무서워합니다. 주님께서는 이 모든 것들을 사람의 손에 맡기셨습니다. 이와 같이 주님께서는 사람에게 은총을 보이시고, 사람의 자녀들을 주님의 기쁨으로 삼으셨습니다. 시 115:16, 전 1:4, 신 29:20, 시 8:6, 창 9:2, 잠 8:31

<u>하나님의 구원의 목적과 계획을 인하여
감사드리고, 그 선하신 구원의 은혜를 인하여
주님을 찬양합시다</u>

● 우리는 이 세상에 내리신 복을 인하여 하나님께 감사를 표현했습니다. 하지만 우리는 다음 세상에까지 이어질 그분의 복을 인하여도 특별히 감사를 표현해야 합니다. 하나님의 이스라엘이요 우리 주 예수 그리스도의 교회, 곧 주님의 언약의 백성에게 내리신 구원의 은총을 인하여 주님을 찬양합시다. 옛 이스라엘이 그들에게 보이신 주님의 위대한 능력을 거듭해서 송축했다면, 이제 오늘날의 하나님의 백성은 그리스도를 통하여 구원의 역사를 계획하시고 완전하게 하신 하나님의 수많은 은혜의 사역들을 감사함으로 되돌아보아야 합니다.

◐ 인간이 죄로 인해 잃은 바 되고 멸망하게 되었을 때, 하나님께서 인간을 위해 마련하신 위대한 구원 계획에 대하여 감사를 드립시다.

만세 전에 이미 사람을 구원하시려고 작정하신 주님의 신비한 지혜에 우리가 말할 수 없이 탄복하며 감사를 드립니다. 오, 우리 구주 하나님, 주님께서 그 인자하심과 사랑하심을 놀랍도록 나타내 보이셔서 우리를 구원해 주셨으니, 이는 우리가 행한 의로운 일 때문이 아니요 오직 주님의 긍휼하심으로 인함입니다. 우리가 우리 <u>스스로 멸망했으나 주님께 우리의 소망이 있었고 또한 주님께서만 우리</u>

의 소망이셨습니다. 우리가 들판에 버려져 불쌍히 여겨 주는 자 하나 없을 때, 주님께서 피투성이가 된 우리를 보고 말씀하셨습니다. "살아 있으라!" 진실로 우리에게 "살아 있으라!" 할 수 있는 분은 주님뿐이셨습니다. 바로 그때 주님께서는 우리를 사랑하시어 주님의 사람으로 삼아 주셨습니다. 고전 2:7, 딛 3:4-5, 호 13:9, 겔 16:5-6, 8

죄악 된 영혼을 속량하는 값이 너무도 비싸서 어떠한 것으로도 지불할 수 없을 때, 주님께서는 구덩이로 내려가는 우리를 구원할 방도를 마련하셨습니다. 어느 누구도 형제를 위해 몸값을 내놓거나 그를 구속할 수 없을 때, 주님께서는 기꺼이 합당한 값을 지불하셨습니다. 우리가 다 죽게 되었고, 땅에 쏟아져 다시 담을 수 없는 물과 같이 되었을 때, 주님께서는 방책을 베푸셔서 내쫓긴 자가 결코 영원히 하나님께 버림받은 자 되지 않게 하셨습니다. 시 49:8-9, 욥 33:24, 삼하 14:14

주님께서는 죄를 지은 천사들을 아끼지 아니하시고 지옥에 던지셨으며, 롯을 구해 내실 때 소돔과 고모라를 멸망시키셨고, 불의한 자들을 벌하셔서 심판 날까지 가두어 두셨으나, 주님의 백성을 위해서는 구원을 예비하셨으며, 주님의 부정한 백성을 일러 "그것을 없애지 말아라. 그 속에 복이 들어 있다"라고 말씀하셨습니다. 벧후 2:4, 6-7, 9, 사 65:8

◐ 백성들의 구원에 대한 하나님의 영원하신 목적과 계획을 생각하며 경외심을 가집시다.

오, 하나님, 주님께 감사드려야 하는 우리의 끝없는 의무가 얼마나 큰지 모릅니다. 주님께서는 처음부터 우리를 택하시고 성령으로 거룩하게 하셔서 구원받게 하셨습니다. 모든 세대마다 여전히 주님의 은혜로 택하심을 입어 구원받은 남은 자들이 있습니다. 주님께서 창세전에 그리스도 안에서 우리를 택하셔서 주님 앞에서 거룩하고 흠 없는 자 되게 하셨음에 우리가 놀라고 또 놀랍습니다. 주님께서는 우리를 사랑하셨으므로 주님의 기쁘신 뜻을 따라 예수 그리스도를 통하여 우리를 주님의 자녀로 삼기로 예정하셨으니, 이는 주님의 영광스러운 은혜를 찬송하게 하려 하심입니다. 주님께서 우리에게 이 구원의 은혜를 거저 주셔서, 우리를 주님의 사랑하시는 아들과 연합하게 하심이 얼마나 놀라운 일인지 모릅니다. 살후 2:13, 롬 11:5, 엡 1:4-6

하늘에 계신 아버지, 아버지께서는 잃은 바 된 많은 사람들을 이 타락한 세상의 썩어짐에서 구원하시려는 그 놀랍고 완전하신 계획으로 아버지의 사람들을 사랑하시는 아들에게 주셨습니다. 이 사람들은 본시 아버지의 사람들이었으나 아버지께서 그리스도께 주신 것입니다. 아버지께서 주신 모든 사람들 중 한 사람도 잃지 않고 마지막 날에 모두 살리는 이 일이 이전부터 이후까지 주님의 목적입니다. 요 17:6; 6:39

● 선택하신 백성을 위해 완전한 구원자를 세우신 하나님께 영광을 돌려 드립시다.

우리를 위하여 주님의 법을 완전하게 지키실 수 있는 인자, 곧 두 번째 아담을 예비해 주셨음에 우리가 주님을 찬양합니다. 아담 한 사람의 불순종으로 많은 사람들이 죄인으로 판정받았을 때, 예수 그리스도 한 분의 순종으로 많은 사람들이 의인으로 판정받았습니다. 제사와 예물로 속죄가 이루어질 수 없었을 때, 주님의 영원하신 아들이 나서셔서 이와 같이 말씀하셨습니다. "보시옵소서, 하나님, 내가 하나님의 뜻을 행하러 왔습니다. 주님께서는 나를 위하여 한 몸을 예비하셔서 주님의 뜻에 완전하게 순종할 수 있게 하셨습니다." 아드님에 관한 이 모든 말씀은 거룩하게 영감 받은 두루마리 책에 기록된 바와 같습니다. 영원하신 아들은 주님의 뜻 행하기를 즐거워하오니, 진실로 주님의 법이 아들의 심중에 있습니다. 그분께서는 주님의 뜻에 순종함이 무엇인지 깊이 배우셨고, 죽기까지 순종하셨으니, 곧 십자가에 죽기까지 순종하셨습니다. 롬 5:19, 히 10:5-7, 시 40:7-8, 히 5:8, 빌 2:8

주님께서는 우리를 위하여 백성 중에서 선택하신 젊은 용사에게 돕는 힘을 더하셨으며, 주님의 종 다윗을 찾아 주님의 거룩한 기름, 즐거움의 기름을 부어 주시고 그를 동료들보다 높여 주셨습니다. 또한 약속하시기를 주님의 구원의 손으로 그를 붙들어 주시고, 주님의 팔로 그를 강하게 하리라 하셨으며, 그를 맏아들로 삼아서 세상의 왕들 가운데 가장 높은 왕으로 삼겠다 하셨습니다. 시 89:19-20, 히 1:9, 시 89:21, 27

아버지께서 아무도 심판하지 않으시고, 심판하는 일을 아들에게 맡기셔서 모든 사람이 아버지를 공경하듯 아들도 공경하게 하심에 우리가 주님께 감사드립니다. 진실로 아버지께서는 자기 속에 생명을 가지고 계신 것과 같이 아들에게도 그 속에 생명을 가지게 해주셨습니다. 또한 아버지께서는 아들에게 심판하는 권한을 주셨으니, 이는 아들이 인자이기 때문입니다. 아버지께서는 아들을 사랑하셔서 모든 것을 아들의 손에 맡기셨습니다. 요 5:22-23, 26-27; 3:35

예수께서 그리스도이심을 우리가 기쁘게 인정하오니, 그분께서는 주님의 예언된 종이요 주님께서 붙들어 주시는 분이며, 주님께서 택하시고 마음으로 기뻐하시는 분입니다. 우리가 그분을 주님의 사랑하시는 아들로 맞아들이오니, 주님께서는 이 사랑하시는 아들을 기뻐한다 하셨습니다. 주님의 아드님께서 주님의 위대하신 계획으로 백성들의 구원에 대한 언약을 몸소 실현하시니, 이제 그분으로 인하여 우리는 더 이상 율법의 의무 아래 있지 아니하고 은혜의 언약 아래 있습니다. 지옥에 던져짐이 마땅한 이 세상을 주님께서 사랑하심이 이와 같고, 하나뿐인 독생자를 우리 죄를 위한 화목제물로 주셨으며, 누구든지 그 아들을 믿는 사람마다 멸망치 않고 이미 영생을 얻게 하셨음에 우리가 놀라고 또 놀랍니다. 사 42:1, 마 17:5, 사 49:8, 롬 6:14, 요 3:16, 요일 2:2

옛 언약 아래에서 보여 주신
하나님의 은혜로 인하여 감사를 드립시다

◐ 타락한 인류를 위한 은혜로운 계획을 옛적에 이미 암시해 주신 주님께 감사를 드립시다.

인간이 죄를 범하자마자 주님께서 은혜로이 약속하셔서 여자의 자손이 뱀의 머리를 상하게 하리라 하셨으니, 이를 우리가 듣고 놀라며 감사를 드립니다. 예수 그리스도께서 모세의 율법에 따라 드려진 모든 희생제사로 세상 죄를 지고 가는 하나님의 어린양으로 말씀되셨음에 우리가 놀랍니다. 주님의 영원하신 목적으로 그분께서 창세전에 죽임을 당하셨음에 우리가 놀랍니다. 창 3:15, 요 1:29, 계 13:8

옛적의 선조들이 비록 그들 시대에는 약속의 성취를 경험하지 못했으나 장차 오실 구주를 믿는 믿음으로 의인이라 여기심을 받았으니, 이로 인하여 우리가 기뻐합니다. 아브라함에게 그의 자손으로 말미암아 땅에 사는 모든 민족이 복을 받을 것이라 하신 그 약속을 인하여 우리가 주님께 깊은 감사를 드립니다. 주님께서는 또한 야곱에게 약속하시기를, 주님 백성의 통치자가 유다 자손에게서 이어지고 마침내는 약속한 분이 오셔서 다스릴 것이라 하셨으니, 이 약속은 곧 세상 모든 사람이 그분께 복종하리라 하시는 약속입니다. 이러한 약속들로 인하여 옛적의 조상들은 그리스도의 날을 보리라 하며 즐거워하였고, 마침내 보고 기뻐하였습니다. 이제 그들의 기쁨이 우리들의 기쁨입니다. 히 11:2, 4, 39, 창 12:3; 49:10, 요 8:56

◐ 옛 계약 아래에서 교회에 보여 주신 영광스러운 은총의 순간들을 인하여 하나님께 감사를 드립시다.

오, 약속을 지키시는 하나님, 애굽에서 연약한 포도나무 한 그루를 뽑아 오신 지혜와 선하심을 인하여 우리가 주님께 경배드립니다. 주님께서 믿지 않는 나라들을 몰아내시고 그것을 심으셨습니다. 또한 땅을 가꾸시고 그 나무의 뿌리를 내리게 하시니, 그 나무가 온 땅을 채웠습니다. 그들은 결코 그들의 칼로 땅을 차지한 것이 아니요, 그들의 힘으로 스스로를 구원한 것도 아니며, 오직 주님의 오른손과 주님의 강한 팔과 주님의 영광스러운 임재의 빛으로 하신 일이었으니, 진실로 이것은 주님께서 언제나 그들을 사랑하셨기 때문입니다. 시 80:8-9; 44:3

주님께서 백성들을 위하여 친히 하신 말씀을 옛 언약에 보존해 주셨으니, 우리가 입은 은혜가 큽니다. 그 백성들은 먼저 양자가 되는 복을 얻었고, 주님의 영광스러운 광채를 보았습니다. 또한 그들에게는 언약이 있었고 율법이 있었으며 합당한 예배의 규례와 주님의 모든 약속이 있었습니다. 주님의 종 모세를 통하여 그토록 오래전에 말씀하셨음에도, 그때나 지금이나 주님의 선하신 모든 약속의 말씀은 일 획이라도 어긋남이 없음을 우리가 진실하게 고백할 수 있습니다. 롬 3:2; 9:4, 왕상 8:56

주님께서 옛적에 여러 번에 걸쳐 여러 가지 방법으로 예언자들을 통하여 우리 조상들에게 말씀해 주셨음에 우리가 주님께 감사드립니다. 이 예언자들은 하나님의 거룩한 사람들로서 성령의 감동을 받아 말을 하고 다가올 은혜를 예언했습니다. 주님께서 이 예언자들을 세워 주셨음에 우리가 주님께 감사드립니다. 이 예언자들은 그리

감사

스도에게 닥칠 고난과 그 뒤에 올 영광을 미리 증언했으며, 자기들만을 위하여 말을 한 것이 아니요 우리들을 위해서도 이 위대한 진리를 섬겼으니, 이 위대한 진리들은 천사들조차 보고 싶어 하는 것입니다. 또한 주님께서 우리를 위하여 더 좋은 일들을 예비하셔서, 우리가 없이는 그 일들이 완성에 이르지 못하게 하셨음에 우리가 특별히 더 주님을 찬양하고 감사드립니다. 히 1:1, 벧후 1:21, 벧전 1:10-12, 히 11:40

하나님의 아들을 통하여
구원을 이루어 주셨음에 감사드립시다

◐ 아버지께서 아들에게 잃어버린 죄인들의 구원을 위임하셨음을 인하여 감사드립시다.

하늘에 계신 아버지, 주님께서 그리스도 안에서 세상을 자기와 화해하게 하셨음에 우리가 주님을 찬송합니다. 우리에게 죄가 있지만 주님께서는 우리의 죄를 우리에게 돌리지 아니하셨으며, 또한 우리에게 세상의 죄인들을 거룩하신 하나님과 화해하게 하는 말씀을 맡기셨습니다. 고후 5:19

주님께서는 다윗 언약의 계승자이신 다윗의 후손 예수를 많은 민족 앞에 증인으로 세우시고, 많은 민족의 인도자요 명령자로 삼으셨습니다. 예수께서는 주님의 선하신 목적에 따라 거룩하게 되시어 세상에 보냄을 받으셨습니다. 주님께서는 예수를 세상에 보내신 아버지로서 결코 그분을 혼자 버려두지 아니하셨으니, 이는 그분께서 언제나 주님께서 기뻐하시는 일을 하셨기 때문입니다. 지극히 높은 곳에서는 하나님께 영광이 되게 하시고, 땅에서는 주님께서 기뻐하시는 사람들에게 예수 그리스도의 평화가 임하게 하소서. 사 55:3-4, 요 10:36; 8:29; 눅 2:14

주님께서는 사랑이시요, 그 사랑을 우리에게 나타내셔서 주님의 독생자를 세상에 보내시고 그로 말미암아 우리를 살게 하셨으니, 우리가 주님께 경배를 드립니다. 우리는 주님을 사랑하지 아니하였으나 주님께서는 우리를 사랑하셔서 주님의 아들을 우리 죄를 위한 화목제물로 주셨습니다. 주님께서 아들을 영광스럽게 하실 때가 왔음에 우리가 주님께 감사드립니다. 주님께서는 아들에게 모든 사람을 다스리는 권세를 주셨으니, 이는 그 아들로 하여금 주님께서 그에게 주신 모든 사람들에게 영생을 주게 하시려는 것입니다. 요일 4:8-10, 요 17:1-2

◐ 하나님의 아들의 신비롭고 기적적인 성육신의 경이로움을 마음 깊이 새깁시다.

우리가 우리의 위대하신 하나님께 모든 영광을 드리오니, 주님께서는 때가 찼을 때에 주님의 아들을 여자에게서 나게 하시고 또한 율법 아래 놓이게 하셔서, 율법으로 정죄받은 사람들을 속량하셨습니다. 또 영원하신 말씀이 육신이 되어 우리 가운데 거하시니 우리가 주님을 찬양합니다. 이 맏아들 되시는 분께서 세상에 오실 때에, 하나님의 모든 천사들은 그에게 경배하라 명하시는 말씀이 있었습니다. 미리 택하신 증인들에게 아들의 영광을 보게 하셨음에 우리가 주님께 감사드립니다. 이 영광은 본시부터 독생자의 영광이요, 독생자는 은혜와 진리가 충만하였습니다. 영원하신 하나님께서 육신으로 나타나셨다는 이 경건의 비밀이 진실로 놀랍습니다. 갈 4:4-5, 요 1:14, 히 1:6, 행 10:41, 딤전 3:16

예수께서 동정녀에게서 태어나셔서, 진리를 증언하기 위해 세상에 오셨으니 우리가 주님을 찬양합니다. 예수께서 그리스도이시며 하나님의 거룩한 분이심을 우리가 믿고 또한 확신합니다. 예수께서 오실 그분으로 예언된 분이심을 우리가 확실히 믿사오니, 결코 우리는 우리를 구원할 다른 이를 찾지 아니할 것입니다. 마 1:22-23, 요 18:37; 6:69, 마 16:16; 11:3

인자께서 잃은 자들을 찾아 구원하시려고 이 세상에 오셨음에 우리가 주님께 감사드립니다. 인자께서는 우리로 하여금 생명을 얻고 더 넘치게 얻게 하려고 오셨습니다. 마귀의 일을 멸하시려 하나님의 아들이 나타나셨음을 우리가 기뻐합니다. 주님, 그리스도 예수께서 죄인들을 구원하시고 죄인들의 우두머리조차 구원하시기 위해 세상에 오셨다는 이 말씀은 믿음직하며 온전히 받아들일 수 있는 말씀입니다. 눅 19:10, 요 10:10, 요일 3:8, 딤전 1:15

하나님의 자녀들이 피와 살을 지녔으므로 예수께서도 피와 살을 지니시고 죽으심으로 죽음의 권세 곧 마귀를 멸하려 하셨음이니, 우리가 주님을 찬양합니다. 진실로 예수께서는 천사의 본성을 취하지 아니하시고 사람의 본성을 취하셨습니다. 그분께서는 모든 점에서 형제자매들과 같아지셨으니, 이는 주님 앞에서 자비롭고 신실한 대제사장이 되시기 위함이었으며, 이로써 자신을 백성들의 죄를 위한 희생제물로 드려서 백성의 죄를 속량하셨습니다. 그분께서는 모든 면에서 시험받으셨으므로 믿는 사람들을 자기의 형제자매라 부르기를 부끄러워하지 아니하셨습니다. 히 2:11-14, 16-17; 4:15

◐ 예수께서 보여 주신 거룩한 삶과 뛰어난 가르침과, 그 가르치신 진리를 확증하여 행하신 영광스러운 기적을 인하여 하나님의 이름을 찬송합시다.

예수께서 우리를 가르치시는 선생님으로 보내심을 받아 이 땅에 오셨음을 우리가 확신하며 주님을 찬양합니다. 주님께서 함께하지

감사

아니하시면 누구도 예수께서 행하신 기적을 행할 수 없습니다. 이 마지막 날에 주님께서는 아들을 통하여 우리에게 말씀하시기를, 예수의 가르침은 그분의 것이 아니라 그분을 보내신 분의 것이라 하셨습니다. 예수께서는 하나님의 권위를 가진 분으로서 말씀하셨습니다. 그러므로 우리가 예수께 와서 마음이 온유하고 겸손한 분이심을 배우고, 마음에 쉼을 얻습니다. 요 3:2, 히 1:2, 요 7:16, 마 7:29; 11:29

예수께서 우리에게 본보기를 남겨 주시고 이로써 우리가 그분의 발자취를 따르게 되었음에 우리가 주님께 영광을 돌립니다. 그분께서는 죄지은 일이 없고, 거짓을 말한 바가 없습니다. 모욕을 당하셨으나 모욕으로 갚지 아니하셨으며, 아버지의 완전하신 뜻을 행함이 그분의 양식이었습니다. 그분께서는 거룩하시고 흠이 없으며 더러움이 없고 죄인들의 모든 악과 구별되셨습니다. 우리도 이와 같은 마음으로 무장하게 하셔서 죄짓는 일에 굳건히 맞서게 하시고, 이 세상에 있으나 이 세상에 속하게 않게 하셔서 심판 날에 담대함을 갖게 하소서. 벧전 2:21-23, 요 4:34, 히 7:26, 벧전 4:1, 요 17:16, 요일 4:17

아버지께서 예수를 이 세상에 보내셔서 죄인들의 구주 되게 하셨음은 그분께서 하신 일이 증언하거니와, 우리 또한 이 증언 위에 우리의 증언을 보탭니다. 예수의 능력으로 눈먼 사람이 보고, 다리 저는 사람이 걸었으며, 나병 환자가 깨끗하게 되고, 듣지 못하는 사람이 듣게 되었으며, 죽은 사람이 살아나고, 가난한 사람이 복음을 들었으며, 바람과 바다도 예수께 복종했습니다. 예수께서 진실로 하나님의 아들 되신다는 이 명백한 확증으로 인하여 우리가 이스라엘의 하나님이신 주님께 영광을 돌립니다. 요 5:36, 마 11:5; 8:27; 15:31; 27:54

◐ 예수께서 이 땅에 계시는 동안 불쌍한 죄인들을 크게 격려하며 예수 앞에 나오라 하신 일을 인하여 기뻐합시다.

예수 그리스도께서 의인을 부르러 오시지 않고 죄인을 불러 회개하게 하시려고 오셨음에 우리가 주님을 찬양합니다. 예수께서는 땅에서 죄를 용서하는 권세를 가지고 계셨으며, 이제도 여전히 동일한 권세를 가지고 계십니다. 예수께서는 자기 백성을 그들의 죄에서 구원하기 위해 이 세상에 오셨으며, 자기를 희생하심으로 세상 죄를 지고 가는 하나님의 어린양이십니다. 예수께서는 세리와 죄인의 친구요 포도주를 즐기는 자였으니, 이는 주님께 수치가 아니요 주님의 영광을 위한 일이었습니다. 마 9:6, 13; 1:21, 요 1:29, 마 11:19

예수께서 수고하고 무거운 짐을 진 사람들은 모두 다 그분께 와서 쉬라 하셨습니다. 이 은혜로우신 초청을 인하여 우리가 주님께 감사드립니다. 또 예수께로 오는 사람은 어떠한 일이 있어도 물리치지 않겠다고 하시며 우리에게 주신 그 확신으로 우리가 주님께 깊이 감사드립니다. 목마른 영혼은 누구든지 예수께로 와서 목마르지 아니할 때까지 마시라 하신 그 자비하신 권유를 우리가 기뻐합니다. 마 11:28, 요 6:37; 7:37; 4:14

◐ 그리스도께서 십자가에서 피를 흘리심으로 하나님의 공의에 합당하게 인간의 죄를 온전히 속죄하신 일에 대하여 깊은 경외심을 표현합시다. 십자가의 승리를 기뻐하고, 주 예수의 죽으심을 인하여 여러분이 누리게 된 모든 유익을 또한 기뻐합시다.

주님께서 우리를 향하신 사랑의 깊이를 보여 주심이 얼마나 놀라운 일인지요! 우리가 아직 죄인이었을 때에 그리스도께서 우리를 위하여 죽으셨습니다. 주님께서는 사랑이시며, 사랑은 이와 같으니, 곧 우리가 주님을 사랑한 것이 아니라 주님께서 우리를 사랑하신 것입니다. 이 사랑으로 주님께서는 아들을 보내셔서 우리의 죄를 위하여 화목제물이 되게 하셨으며, 이는 우리의 죄만을 위함이 아니요 온 세상의 죄를 위함입니다. 진실로 우리는 주님의 아들의 죽으심으로 말미암아 주님과 화해하게 되었습니다. 주님의 은혜로우신 계획으로 예수께서 모두를 위하여 죽음을 맛보시고, 또한 그 죽음을 통하여 마귀, 곧 죽음의 권세를 쥐고 있는 자를 멸하셨으니, 우리가 주님께 감사드립니다. 롬 5:8, 요일 4:8, 10; 2:2, 롬 5:10, 히 2:9, 14

거룩하게 된 사람들을 예수께서 단 한 번의 제사로 영원히 온전하게 하셨음에 우리가 아버지를 찬양합니다. 진실로 예수께서는 허물을 그치게 하시고, 죄를 끝내셨으며, 속죄를 이루시고, 영원한 의를 세우셨습니다. 그리스도께서는 친히 우리를 위하여 저주받은 분이 되심으로써 우리를 율법의 저주에서 속량해 주셨습니다. 죄 된 육신으로 말미암아 율법이 미약해져서 해낼 수 없었던 그 일을 주님께서 해결하셨으니, 곧 주님께서는 자기의 아들을 마찬가지로 죄 된 육신의 모습으로 보내셨습니다. 히 10:14, 단 9:24, 갈 3:13, 롬 8:3

그리스도께서 우리의 허물을 인하여 찔리시고 우리의 죄악을 인하여 상처를 입으셨음에 감사드립니다. 진실로 그리스도께서 징계를 받으심으로 우리의 하나님과 우리 사이에 화평이 왔고, 그리스도께서 매를 맞으심으로 우리가 치유를 받았습니다. 주님께서는 우리 모두의 죄악을 그분께 지우셨습니다. 주님께서 우리를 위하여 기꺼이 그리스도를 상하게 하시고 질고를 당하게 하셨음이 얼마나 놀라운 일인지요. 정하신 때에 그리스도께서 대제사장으로 오셔서 자기를 희생제물로 드리시고 단번에 죄를 없애셨으니, 우리가 주님을 찬양합니다. 진실로 그리스도께서는 영원하신 성령을 힘입어 자기 몸을 흠 없이 주님께 바치시고, 흘리신 그 피로 말미암아 단번에 지성소에 들어가셔서, 우리를 위하여 영원한 구원을 이루셨습니다. 사 53:5-6, 10, 히 9:11, 26, 14, 12

그리스도께서 모든 통치자들과 권력자들의 권세를 해제하시고 그들을 다 드러내 구경거리로 삼으시며, 십자가에서 그들을 이기신 승리의 행진을 하셨음에 우리가 기뻐합니다. 진실로 그리스도께서는 우리에게 불리한 법조문들이 들어 있는 모든 문서들을 지워 버리시고, 그것을 십자가에 못 박아 제거하셨습니다. 그리스도께서는 우리의 평화이시니, 유대 사람과 이방 사람 사이를 가르는 담을 허무시고, 이 둘을 자기 안에서 하나의 새사람으로 만들어 합치셨으며, 또 이 둘을 한 몸으로 만들어 주님과 화해시키시고 둘 사이에 원수 된 것을 십자가로 소멸하셨습니다. 골 2:14-15, 엡 2:14-16

그리스도의 사랑의 너비와 길이와 높이와 깊이는 진실로 무한하여서 인간의 지식으로는 헤아릴 길이 없습니다! 그분께서 우리를 사랑하신 그 사랑, 크고도 큽니다! 진실로 그리스도께서는 말할 수 없는 대가를 치르시며 우리를 사랑하셔서, 자기의 피로 우리를 우리의 죄에서 해방하셨으며, 우리의 하나님 앞에서 우리를 왕과 제사장으로 삼아 주셨습니다. 죽임을 당하신 어린양은 권세와 부와 지혜와 힘과 존귀와 영광과 찬양을 받기에 합당하시니, 실로 그리스도께서는 죽임을 당하시고 그 피로 우리를 사서 주님께 드렸습니다. 엡 3:18-19; 2:4, 계 1:5-6; 5:9-10, 12

감사

◐ 제삼일에 죽음에서 부활하신 그리스도께 영광을 돌려 드립시다.

오, 그리스도여, 주님께서 우리의 범죄로 인하여 죽임을 당하시고, 우리를 의롭게 하려고 다시 살아나셨음에 우리가 주님께 모든 찬양과 영광을 드립니다. 주님께서 죽은 자들 가운데서 살아나셔서 권능으로 하나님의 아들로 선포되셨으니, 우리가 마음을 열어 감사드립니다. 진실로 주님께서는 죽으셨으나 지금도 살아 계시고 앞으로도 영원히 사실 것이며, 사망과 지옥의 열쇠를 가지고 계십니다. 죽은 자들 가운데서 살아나신 주님께서는 다시는 죽지 아니하시며, 다시는 죽음이 주님을 지배하지 못합니다. 롬 4:25; 1:4, 계 1:18, 롬 6:9

오, 주님, 그리스도여, 주님께서 죽은 자들 가운데서 살아나셔서, 주님 안에서 잠든 신자들의 첫 열매가 되셨음을 우리가 기뻐합니다. 아담 안에서 모든 사람이 죽은 것과 같이, 주님과 연합한 모든 사람이 살아나게 될 것입니다. 주님께서 첫 열매로 부활하셨으니, 그다음으로는 주님께 속한 우리 또한 주님께서 영광 중에 오실 때에 그와 같이 될 것입니다. 고전 15:20, 22-23

하늘에 계신 아버지, 주님께서는 결코 주님의 거룩한 분을 썩지 않게 하셨음에 우리가 주님께 영광을 드립니다. 주님께서는 그분을 죽음의 고통에서 구해 내셨으니, 이는 그분께서 죽음의 권세에 사로잡혀 있을 수 없는 일이기 때문입니다. 이스라엘의 온 백성이 십자가에 못 박은 그 예수가 주님이요 그리스도이심을 주님께서 그들에게 확실히 알게 하셨음을 우리가 기뻐합니다. 그리스도께서 죽으셨다가 살아나심은 죽은 자에게도 산 자에게도 동일하게 주님이 되시려는 것임을 우리가 믿고 고백합니다. 그러므로 깨어 있든지 죽어서 자고 있든지, 그리스도와 연합한 우리는 그분과 함께 영원히 살 것

임을 우리가 알고 믿습니다. 행 2:31, 24, 36, 롬 14:9, 살전 5:10

◐ 승천하신 그리스도께 경배를 드립시다. 그리스도께서는 하늘에 오르시어 하나님의 오른편에 주권자로 앉아 계십니다.

우리 주 예수께서 그분의 아버지 곧 우리의 아버지께, 또한 그분의 하나님 곧 우리의 하나님께 올라가셨으니, 얼마나 감사한 일인지 모릅니다. 주 예수님, 주님께서 높은 보좌에 오르시어 사탄의 포로 되었던 사람들을 취하셨음에 우리가 주님께 영광을 드립니다. 주님께서는 그 높은 곳에서 선물을 받으시되 백성들에게서 받으시고 백성들을 위하여 받으셨으며, 또한 반역자들에게서 받으시고 반역자들을 위하여 받기까지 하셨습니다. 주님께서 하늘에서 지극히 크신 분의 보좌 오른편에 앉으시니, 천사들과 권세들과 능력들이 주님께 복종합니다. 요 20:17, 시 68:18, 엡 4:8, 히 8:1, 벧전 3:22

진실로 감사드리오니, 주님께서 우리 있을 곳을 마련하시기 위하여 승천하사 우리보다 먼저 가셨으므로, 우리가 주님의 아버지 집에서 주님과 함께 영원히 살 수 있게 되었습니다. 우리가 지금은 주님 가신 곳으로 따라갈 수 없으나, 주님께서 우리를 데려가시기 위하여 다시 오실 때에는 주님을 따라서 그곳으로 가리라는 소망이 우리에게 있습니다. 주님께서 다시 오실 때 우리가 주님 계신 곳에 영원히 거할 것이니, 이것을 우리가 기뻐합니다. 주님께서는 우리보다 앞서 가신 분으로서 우리를 위하여 하늘에 들어가셨으며, 이제는 죽임을 당한 어린양으로서 하나님 앞에서 하나님의 보좌 한가운데 서 계십니다. 요 14:2-3; 13:36, 히 6:20, 계 5:6

◐ 그리스도께서는 친히 여러분의 죄를 위한 희생제물이 되심으로 속죄를 이루셨고, 이로써 언제나 여러분을 위하여 중보하십니다. 이를 인하여 하나님께 영원한 감사를 드립시다.

그리스도께서 친히 많은 사람들의 죄를 대신 짊어지셨으므로 이제도 쉬지 아니하시고 죄지은 사람들을 위하여 중재의 기도를 하고 계시니, 우리가 이를 인하여 주님께 감사드립니다. 그리스도께서는 이 땅에 계실 때 자기에게 주신 사람들을 위해서만 기도하지 아니하시고, 그분의 사도들의 말을 듣고 그분을 믿는 세상 모든 사람들을 위해서도 기도하시니, 우리가 이것을 기뻐합니다. 우리 또한 주님께서 기도하신 것과 같이 그리스도 안에서 우리 모두가 하나 되게 해달라고 기도합니다. 사 53:12, 요 17:20-21

영원하신 아버지 앞에서 우리를 변호해 주시는 분, 곧 의로우신 예수 그리스도께서 우리에게 계시니 감사드립니다. 진실로 예수 그리스도께서는 자기를 통하여 하나님께 나아오는 사람들을 완전하게 구원하실 수 있으니, 이는 그분께서 영원히 살아 계셔서 우리를 위하여 중재의 간구를 해주시기 때문입니다. 우리에게는 언제나 우리 대제사장의 중재가 있으니, 이 대제사장께서는 사람들 가운데서 택함을 받아 사람들을 위하여 전능하신 하나님과 관계된 일에 임명되셨습니다. 그분께서는 죄를 없이 하는 데 필요한 모든 예물과 속죄의 희생제사를 드리셨습니다. 그분께서는 언제나 무지한 사람들과 그릇된 길을 가는 사람들을 불쌍히 여기십니다. 이러하므로 그분께서는 자기에게 순종하는 모든 사람들에게 영원한 구원의 근원이 되셨습니다. 요일 2:1, 히 7:25; 5:1-2, 9

◐ 지극히 높임을 받으시어 하나님의 오른편에서 하늘과 땅을 다스리시는 우리의 구주 그리스도께 영광을 돌려 드립시다.

우리의 주 예수 그리스도시여, 자기를 낮추시고 죽기까지, 곧 십자가에 죽기까지 순종하신 주님께 우리가 영광을 드립니다. 또 하나님께서 주님을 지극히 높이시고, 모든 이름 위에 뛰어난 이름을 주셔서, (이 시간에 우리가 하는 것과 같이) 예수의 이름 앞에 모두가 무릎을 꿇고 예수 그리스도는 주님이라고 고백하여 아버지 하나님께 영광을 돌리게 하셨으니, 우리가 이것을 기쁘게 인정하며 주님께 영광을 드립니다. 하늘과 땅의 모든 권세를 받으신 주님께 우리가 우리를 온전히 낮추어 복종하며, 하나님의 모든 일을 넘겨받으신 분으로서 마땅히 받으셔야 할 영광을 드립니다. 아버지께서 주님을 높이셔서 만물을 주님의 발아래 두시고, 또한 주님께 영광과 존귀의 면류관을 씌워 주셨음을 우리가 기뻐합니다. 빌 2:8-10, 마 28:18, 히 2:7-9

오, 그리스도 되신 주님, 우리가 주님을 만왕의 왕이요 만주의 주로 시인합니다. 옛적부터 계신 분께서 주님에게 권세와 영광과 나라를 주셨으니, 그 권세는 영원한 권세요 그 나라는 멸망하지 아니할 것입니다. 주님께서는 하나님의 영원한 나라, 메시아의 나라를 다스리시며, 주님의 이름은 놀라우신 조언자, 전능하신 하나님, 영존하시는 아버지, 평화의 왕이라 함을 또한 우리가 압니다. 주님의 평화의 다스림이 더욱 커져서 영원히 끝나지 아니할 것이니, 이것을 우리가 기뻐합니다. 계 19:16, 단 7:13-14, 사 9:6-7

하늘에 계신 아버지, 주님께서 예수를 주님의 거룩한 시온 산의 왕으로 세우셨음을 우리가 기뻐하며, 예수께서 야곱의 집을 영원히 다스리실 것이니 또한 우리가 감사드립니다. 그리스도께서 모든 통치와 권위와 권력을 폐하시고, 하나님께서 모든 원수를 그리스도의 발아래 두실 때까지, 그리스도께서 다스리실 것입니다. 그리스도께서 그 나라를 아버지께 넘겨 드리시고, 아버지께서 만유의 주님이 되시는 그 마지막 때를 우리가 소망하며 기다립니다. 시 2:6, 눅 1:33, 고전 15:24-25, 28

◐ 영광 중에 다시 오셔서 세상을 심판하시리라는 소망을 주신 주님께 감사드립시다.

　주님, 주님께서 이제 곧 하늘 사방에서 주님의 택하신 사람들을 모으시고, 이로써 의로운 사람들이 아버지의 나라에서 해처럼 빛을 내게 되리라는 이 소망이 우리에게 있음에 주님께 감사드립니다. 주님께서 약속하신 대로 의로움이 가득한 새 하늘과 새 땅을 우리가 기다립니다. 이와 같은 일들을 우리가 기다리고 있으니, 우리로 티도 없고 흠도 없이 평강 가운데서 하나님 앞에 나타날 수 있도록 힘쓰게 하소서. 마 24:31, 벧후 3:13-14

　주님께서 택하신 분을 통하여 올바로 세상을 심판하실 날을 정해 놓으셨으니, 이것을 우리가 알고서 책임감을 가지고 살아가게 하소서. 주님께서는 그 택하신 분을 죽은 자들 가운데서 살리심으로 모든 사람들에게 다가올 심판 날에 대한 확신을 주셨습니다. 주 예수께서 권능의 천사들과 함께 하늘로부터 불꽃에 싸여 나타나시는 날, 유일하시고 참되신 하나님을 사랑하지 않는 자들과 우리 주 예수 그리스도의 복음에 순종하지 않는 자들에게 형벌을 내리실 것입니다. 예수 그리스도께서 자기의 성도들에게서 영광을 받으시고, 믿는 모든 사람들 가운데 그 영광이 나타나 찬사를 받으시는 그날을

우리가 소망하며 기다립니다. 행 17:31, 살후 1:7-8, 10

　이제 곧 주님께서 천사들을 보내셔서 죄짓게 하는 모든 일들과 주님의 법을 거스르는 모든 사람들을 가려 내실 것입니다. 이것을 우리가 생각하고 바라며 열심으로 기도하오니, 주 예수여, 오소서, 진실로 속히 오소서! 마 13:41, 계 22:20

◐ 그리스도께서 친히 세상에 계신 이후에도 여러분을 지켜 주시기 위하여 성령을 보내 주신 하나님의 은혜를 인하여 특별한 감사를 드립시다.

　우리의 주 예수께서 이 세상을 떠나실 때 영원히 우리 안에 계실 또 다른 보혜사를 보내셨으니, 우리가 이를 인하여 주님께 한없는 감사를 표합니다. 우리가 알기로 그분은 진리의 영이시며, 아들의 것을 받아서 우리에게 알려 주심으로 아들을 영광 되게 하실 것입니다. 예수께서 높임을 받으셔서 하나님의 오른편에 앉으신 후, 아버지로부터 약속하신 성령을 받아 온갖 사람들에게 생수의 강물처럼 부어 주셨으니, 우리가 이것을 인하여 주님을 찬양합니다. 요 14:16-17; 16:14, 행 2:33, 요 7:38

　주님께서 여러 가지 표징과 기이한 일과 기적을 보이시고, 또 성령을 선물로 나누어 주신 일로 인하여 모든 영광을 받으소서. 이와 같이 하심으로 주님께서는 친히 세상에서 이루신 큰 구원을 증언하셨습니다. 세상 모든 사람들에게서 복되시다 일컬음을 받으소서. 세상의 악한 부모라도 그 자녀들에게 좋은 것을 줄 줄 아는데, 하늘에 계신 우리 아버지께서야 구하는 모든 사람에게 마땅히 성령을 주시지 않겠는지요. 약속하신 성령을 인하여 주님께 감사를 드립니다.

이 성령께서는 우리가 받을 영원한 상속의 담보이시니, 주님의 소유가 된 사람들이 완전한 구원을 얻을 때까지 우리의 성령으로 계십니다. 히 2:4, 눅 11:13, 엡 1:13-14

세상에 교회를 세워 주셨음을 인하여
감사를 드립시다

◐ 예수 그리스도 안에서 우리와 맺으신 은혜의 언약을 인하여 하나님께 모든 영광을 돌려 드립시다.

주님께서 예수 그리스도 안에서 우리와 영원한 언약을 맺으셨음에 우리가 감사드리오니, 이는 곧 주님께서 다윗에게 약속하신 확실한 은혜입니다. 그 언약의 모든 약속들을 보증하여 보이신 증거들에 대하여는 물론, 그 언약의 모든 특권들에 대하여도 감사를 드립니다. 진실로 산이 옮겨지고 언덕이 흔들린다 하여도 주님의 이 화평의 언약은 변함이 없을 것입니다. 예수 그리스도께서는 친히 더 좋은 약속을 바탕으로 세우신 이 더 좋은 언약의 중재자이시니, 우리가 주님께 영광을 돌립니다. 주님께서 우리의 죄를 물어 매질하시고 우리의 죄악을 물어 채찍으로 치신다 해도, 주님의 인자하심을 결코 다 거두지는 아니하시며, 주님의 진실하심 또한 변치 아니할 터이니, 진실로 주님께서는 주님의 언약을 깨뜨리지 아니하시며, 주님께서 하신 말씀을 번복하지 아니하실 것입니다. 사 55:3; 54:10, 히 8:6, 시 89:32-34

영원하신 하나님께서 친히 맹세로써 언약을 보증하셨음이 얼마나 놀라운 일인지 모릅니다. 진실로 주님께서는 주님의 약속을 상속받는 사람들에게 주님의 뜻이 변치 아니함을 환히 나타내 보이셨습니다. 이처럼 주님께서 약속을 맹세로써 보증하셨으므로 우리가 크나큰 확신을 얻었으니, 곧 약속과 맹세라는 이 변할 수 없는 두 가지 사실로 인하여 우리는 주님께서 우리를 온전히 구원할 뜻이 계심을 확신합니다. 주님께서는 거짓말을 할 수 없으시니, 우리가 이것을 아는 고로 앞에 두신 소망을 붙잡아 우리 영혼의 피난처를 얻습니다. 히 6:17-19

옛 언약 아래에서 받은 할례와 마찬가지로, 우리의 세례 또한 믿음으로 얻은 의를 주님께서 확증해 주시는 표이니, 우리가 이것을 기뻐합니다. 우리의 죄를 용서받고 성령을 선물로 받는다는 이 보증의 표를 우리가 믿음으로 받습니다. 이 약속은 우리와 우리 자녀들을 위해 주신 것임을 우리가 믿음으로 주장합니다. 우리 모두는 많은 사람들을 위하여 흘리신 주님의 새 언약의 피로 죄 사함을 얻습니다. 우리의 죄를 사함 받았다는 상징이요 표가 되는 주님의 잔을 또한 우리가 믿음으로 마십니다. 롬 4:11, 갈 2:11-12, 행 2:38-39, 마 26:28

◐ 영원한 말씀을 성경에 기록하시고, 오늘에 이르기까지 온전히 보전하신 주님께 감사드립시다.

우리에게 주님의 영원한 말씀인 성경을 연구할 특권이 있음이 얼마나 놀라운 일인지요, 진실로 우리는 성경에서 영생을 얻습니다. 모든 성경은 하나님의 영감으로 된 것으로서, 그리스도를 증언하고, 교훈과 책망과 바르게 함과 의로 교육하기에 유익함을 우리가 확실히 압니다. 요 5:39, 딤후 3:16

이전에 성경에 기록된 모든 것은 오늘날의 우리에게 교훈을 주기 위함임을 우리가 아오니, 우리로 하여금 성경이 주는 인내와 위로로 소망을 가지고 살게 하소서. 이제는 어둠 속에서 빛나는 등불과 같이 더욱 확실하게 된 이 예언의 말씀을 우리가 온 마음을 다하여 받아들입니다. 진실로 주님의 영광의 묵시는 우리에게 마치 밀봉된 책의 글처럼 오지 아니하므로, 우리가 우리의 모국어로 주님의 놀라운 일들에 대하여 듣고 읽습니다. 롬 15:4, 벧후 1:19, 사 29:11, 행 2:11

아버지, 진실로 많은 예언자들과 왕들이 주님의 놀라운 구원의 진리를 알고자 하였으나 알지 못했습니다. 하지만 지혜 있고 똑똑한 사람들에게 감추신 이 구원의 실상을 우리와 같이 어린아이들에게는 오히려 드러내 주셨으니, 하늘과 땅의 주님이신 아버지께 감사드립니다. 아버지, 이것이 아버지의 은혜로우신 뜻이오니, 우리가 이를 인하여 찬양을 드립니다. 눅 10:21, 24

◐ **친히 세우신 교회의 복됨을 위하여 하나님께서 정하신 법을 감사함으로 받아들입시다.**

주께서 기꺼이 주님의 백성을 위하여 주님의 말씀과 규례와 법도를 선포하셨음에 우리가 겸손한 마음으로 받습니다. 주께서는 다른 어느 민족에게도 이와 같이 해주신 일이 없으시니, 그들은 주께서 우리에게 계시하신 이 법도를 알지 못합니다. 주께서는 우리 가운데 주님의 장막을 치시고 우리와 함께 계십니다. 주께서는 우리 가운데 거룩한 예배의 처소를 세워 주셨습니다. 진실로 주께서는 그 거룩한 처소에서 이스라엘의 참된 자녀들인 주님의 백성을 만나겠다고 선언하셨습니다. 시 147:19-20, 계 21:3, 겔 37:26, 출 29:43

우리가 주님의 나라에서 섬기는 일을 위하여 받은 모든 능력을 우리 주 예수 그리스도께 바치오니, 이는 예수께서 높은 곳으로 올라가신 후 우리에게 사역에 필요한 여러 가지 은사를 주셨기 때문입니다. 주 예수님, 주님께서는 사람들을 예언자요 사도요 복음 전도자요 목사요 교사로 삼기 위하여 주님의 성령을 부어 주셨습니다. 주께서는 주님께 봉헌된 각 사람이 주님의 몸 된 교회를 든든히 세우는 종으로서 맡은 일을 감당할 수 있도록 온전히 준비시키셨으며, 또한 우리 모두가 하나님의 아들이신 주님을 믿는 일과 아는 일에 하나가 되기까지 계속하여 주님의 성령을 부어 주겠다고 말씀하셨습니다. 우리가 온전한 사람이 되어 그리스도의 충만하심에 이르도록 주께서 넘치게 그 필요를 채워 주시니 우리의 기쁨이 큽니다. 또한 언제나 우리와 함께하시고 세상 끝 날까지 함께하셔서 우리로 하여금 더욱더 많은 제자를 삼게 하시겠다는 주님의 약속을 우리가 기뻐합니다. 언제나 우리와 함께하셔서 모든 민족을 제자로 삼아 주께서 명령하신 것을 가르쳐 지키게 하소서. 엡 4:8, 11-13, 마 28:19-20

주께서 세상을 창조하실 때부터 사람을 복되게 하시려고 안식일을 두셨으니 감사드립니다. 주께서는 스스로 쉬셨듯이, 우리를 위해서도 쉬는 날을 거룩하게 하셨고, 또한 주님의 백성에게 명하셔서 엿새 동안 모든 일을 행하고 일곱째 날에는 그 하루를 주님 안에서 즐거워하는 시간으로 온전히 바치라 하셨습니다. 주님께서 주님의 거룩한 안식일의 여러 규정을 정하시고 영원한 안식을 마음에 두셨으므로, 이제 하나님의 백성에게는 안식하는 일이 아직 남아 있습니다. 막 2:27, 창 2:3, 출 20:8-11, 사 58:13-14, 레 25:1-13, 느 9:14, 히 4:9

◐ 온 세상에 그리스도교 신앙을 세우시고, 어둠의 세력의 온갖 반대에도 복음에 충실한 교회를 세우신 하나님께 영광을 돌려 드립시다.

주님의 명을 따라 예수 그리스도의 참된 복음이 모든 민족에 전파되어 그들이 믿고 순종할 수 있도록 하심을 인하여 주님께 감사드립니다. 주께서 세상의 견고한 진을 무너뜨리려고 이 복음의 진리를 하나님의 능력 있는 무기로 만드시고, 이로써 사탄이 하늘에서 번개같이 떨어지는 것을 우리로 하여금 보게 하셨으니 주님을 찬양합니다. 이 복음은 끊임없는 반대 속에서 전파되었으나 능력 있게 퍼져 나가며 점점 힘을 떨쳤습니다. 많은 사람들이 우상을 버리고 주님께 돌아오는 모습을 보며 우리가 기뻐합니다. 이들은 이제 살아계시고 참되신 하나님을 섬기며, 주님의 아들 되신 예수께서 영광 가운데 돌아오시는 마지막 순간을 기다리고 있습니다. 롬 16:25-26, 고후 10:4, 눅 10:18, 살전 2:2, 행 19:20, 살전 1:9-10

이제 우리 하나님의 구원과 능력과 나라가 이루어지고 그가 세우신 그리스도의 권세가 나타났습니다. 높임을 받으신 구속자께서 말을 타고 나아가시는데, 활을 들고 면류관을 쓰신 그분께서는 이기면서 나아가시고 이기려고 나아가십니다. 그러므로 모든 민족이 한 순간에 주님의 영원한 나라에서 태어났습니다. 계 12:10; 6:2, 사 66:8

◐ 이 타락한 세상에서 오늘날까지 그리스도교 신앙을 지켜 주신 하나님께 영광을 돌려 드립시다.

주님의 지켜 주시는 은혜가 얼마나 놀라운지 모릅니다. 주께서 택하신 백성들은 어릴 때부터 원수들에게 박해를 당하였고, 여러 번 잔인하게 괴롭힘을 당하였습니다. 그러나 원수들은 결코 주님의 백성들을 이겨 내지 못했습니다. 밭을 가는 자들이 밭을 갈아엎듯, 원수들이 주님의 백성들의 등을 갈아서 고랑을 내었습니다. 그러나 의로우신 주님께서 악인의 사슬을 끊으시고 백성들을 풀어 주셨습니다. 예수 그리스도께서 반석 위에 그분의 교회를 세우셨으며, 죽음의 권세가 이를 이기지 못함을 우리가 명백히 압니다. 진실로 이는 예수 그리스도의 후손이 영구히 이어지고, 그분의 왕위가 하늘의 날과 같이 영원할 것이기 때문입니다. 시 129:1-4, 마 16:18, 시 89:29

● 여러분보다 먼저 하늘나라에 간 사람들이 보여 준 뛰어난 모범을 인하여 개인적으로 하나님께 감사의 마음을 고백합시다.

이 땅에서 고난과 역경을 많이 참고 견딤으로 주님 앞에서 인정받고 이제 천국에서 승리의 기쁨을 누리고 있는 교회의 모든 지체들을 인하여 주님께 감사를 드립니다. 그들은 그리스도로 말미암아 왕과 집권자들 앞에 끌려 나갔을 때, 신실하게 진리를 증언했습니다. 주께서 그들에게 그들의 모든 적대자들이 맞서거나 반박할 수 없는 구변과 지혜를 주셨습니다. 많은 사람들이 종일 주님을 위하여 죽음 앞에 서고, 도살당할 양과 같이 여김을 받았습니다. 그러나 이 모든 일에서 그들은 우리를 사랑하여 주신 그분을 힘입어 넉넉히 이겼습니다. 고후 6:4, 눅 21:12-13, 15, 롬 8:36-37

그리스도 안에 있는 우리의 선조들이 어린양의 피와 자기들이 증언하는 말씀을 힘입어, 그들의 형제들을 헐뜯는 자를 이겼음에 우리가 주님을 찬양합니다. 주님의 은혜로 그들은 죽기까지 목숨을 아끼지 아니하였으니, 우리가 경건한 마음으로 그들을 우러릅니다. 구름 떼와 같이 수많은 증인들이 우리를 둘러싸고 또한 우리를 격려하고 있음을 인하여 주님께 감사를 드립니다. 옛적에 믿음으로 살았던 선조들을 인하여 감사드립니다. 그들은 믿음으로 살았기 때문에 훌륭한 사람이라는 증언을 얻었으며, 믿고 인내한 결과로 이제는 약속을 상속 받았습니다. 주님, 우리의 선조들이 그리스도를 본받은 것과 같이 우리가 그들을 본받을 수 있게 하소서. 계 12:10-11, 히 12:1; 11:1-2; 6:12, 고전 11:1

◐ 동일한 믿음과 소망과 사랑으로 말미암아 우리가 누리고 있는 성도의 교제를 인하여 하나님께 감사드립시다.

우리가 빛 가운데 살아가면 서로 사귐을 갖게 되니, 이를 인하여 우리가 주님을 찬양합니다. 각처에서 우리 주 예수 그리스도의 이름으로 구원을 요청하는 모든 이들과 더불어 나누는 은혜와 평화를 우리가 기뻐하오니, 언제나 우리와 함께하소서. 주께서는 그들의 주님이시며 또한 우리의 주님이십니다. 우리는 여럿일지라도 한 몸이니, 이것은 우리가 모두 그 한 덩이 생명의 빵을 나누어 먹기 때문입니다. 은사와 직분과 사역은 여러 가지이나 주님께서는 우리 모두에게 힘을 주시는 같은 하나님이시요 같은 주님이시며 같은 성령이십니다. 요일 1:7, 고전 1:2-3; 10:17; 12:4-6

온 세상에 흩어져 있는 주님의 모든 자녀들은 몸 된 교회의 머리이신 그리스도 안에서 하나이니 주님께 감사드립니다. 예수 안에서 환난과 그 나라와 인내에 더불어 동참하는 우리의 모든 형제들과 동료들을 인하여 주님께 감사드립니다. 요 11:52, 골 1:18, 계 1:9

여러분의 삶에 그리스도의 구원 사역을 적용하신 주님께 감사드립시다

🔴 죄에 빠진 여러분을 버리지 아니하시고, 여러분을 제어하는 양심을 마련해 주신 하나님을 찬양합시다.

주께서 우리를 타락한 마음 가운데 내버려 두지 아니하셨고, 또한 우리의 양심에 낙인이 찍히지 아니하였음을 인하여 우리가 주님을 찬양합니다. 주께서 우리를 가리켜 "우상과 한 패가 되었으니 그대로 버려 두어라!" 하시며 심판을 선언하실 수 있었으나, 그리하지 아니하셨으니 감사드립니다. 주님의 율법이 우리 마음에 적혀 있음을 인하여, 또한 우리의 양심이 어떤 때는 고발하고 어떤 때는 변호하며 우리에 대하여 증언함을 인하여 주님께 감사드립니다. 롬 1:28, 딤전 4:2, 호 4:17, 롬 2:15

🔴 성령으로 말미암아 여러분 안에 구원의 변화를 이루신 하나님을 찬양합시다.

전능하신 구속자여, 주께서 은혜로 우리를 암흑의 권세에서 건져 내시어 주님의 사랑하시는 아들의 나라로 옮기셨습니까? 우리가 본래 주님에게서 멀리 떨어져 있었음에도 주께서 우리를 부르셔서 예수 그리스도와 친교를 나누게 하시고, 또한 그분의 피로 우리를 주님과 가까워지게 하셨습니까? 그러할진대 주께서 모든 영광을 받으소서. 오, 주 예수님, 마귀가 무장한 힘센 자같이 우리 마음에 성벽을 쌓고 그 안의 소유를 지키려 할 때, 주께서 그보다 더 힘센 자로 오셔서 대적하셨으며, 그가 의지하던 무장을 해제하시고 그에게서 취한 재물을 원하시는 대로 나누셨습니다. 오, 주님, 영광을 우리에게 돌리지 마소서. 우리에게 돌리지 마시고 오직 주님의 이름에만 모든 영광을 돌리소서. 골 1:13, 고전 1:9, 엡 2:13, 눅 11:21-22, 시 115:1

말로만 전하지 아니하고 능력과 성령과 큰 확신으로 전하는 복음을 받은 모든 사람들을 인하여 우리가 늘 주님께 감사를 드립니다. 오, 주 하나님, 주께서는 영원한 사랑으로 우리를 사랑해 주셨으며, 사랑과 자비의 끈으로 우리를 주께 이끄셨고, 사랑의 띠로 우리 목에서 죄의 멍에를 벗겨 주셨습니다. 살전 1:2, 5, 렘 31:3, 호 11:4

◐ 여러분의 죄를 용서받고 양심의 평안을 얻은 일을 인하여 한없는 감사를 드립시다.

우리가 그리스도의 피로 얻은 구원을 인하여 주님께 감사드립니다. 우리가 주님의 풍성하신 은혜를 따라 온전히 죄 용서를 받았음에 주님을 찬양하오니, 이는 주께서 우리의 모든 죄악을 용서하시고 우리의 병을 고쳐 주셨음을 인함입니다. 주께서 우리의 영혼을 사랑하셔서 멸망의 구덩이에서 건져 주셨으니, 진실로 주께서는 우리의 모든 죄를 주님의 등 뒤로 던지셨습니다. 엡 1:7-8, 시 103:3, 사 38:17

주께서 우리를 회개로 이끄시기 위하여 거친 들로 데리고 나가셔서 이전에 우리가 누리던 세상의 안락을 모두 벗겨 내셨습니다. 하지만 주께서는 그 불모의 땅에서 우리에게 위로의 말씀을 건네시며 안심하게 하셨습니다. 그리고 우리가 잃어버렸던 향기로운 포도원을 되돌려 주시고, 우리의 아골 골짜기를 소망의 문으로 바꾸어

주셨습니다. 호 2:14-15

◐ 여러분을 거룩하게 하시고 보존해 주시며, 죄에 빠지지 않도록 보호해 주시고 의무를 행하도록 힘을 주시는 크고 강한 은혜를 인하여 하나님께 영광을 돌려 드립시다.

오늘까지 우리 안에 강하게 역사하신 주님의 은혜를 우리가 소리 높여 증언합니다. 주께서 우리에게 필요한 양식을 쉼 없이 공급해 주심으로 우리가 서 있습니다. 우리가 부르짖을 때에 주께서 응답하시고 우리 영혼에 힘을 주시어 우리를 강하게 하셨습니다. 주께서는 상한 갈대를 꺾지 아니하시고 꺼져 가는 심지를 끄지 아니하셨으며, 우리의 시작이 미약하다 하여 멸시하지 아니하셨습니다. 우리가 넘어질 뻔하고 미끄러질 뻔했으나 주께서는 오른손으로 우리를 강하게 붙들어 주시고, 주님의 방패로 우리를 지켜 주시며, 주님의 온유하심으로 우리를 크게 하셨습니다. 행 26:22, 시 138:3, 마 12:20, 슥 4:10, 시 73:2-3; 18:35

주께서 주님의 법도로 우리를 살려 주셨으니, 우리로 하여금 영원히 그 법도를 잊지 않게 하소서. 우리가 주님의 법을 우리 기쁨으로 삼지 아니하였더라면 우리는 거듭하여 고난 중에 멸망했을 것입니다. 그러나 이 세상 나그네 길을 가는 동안 우리는 주님의 계명으로 인하여 찬송을 그치지 아니하였습니다. 주께서 우리를 돕지 아니하셨다면 우리 영혼은 벌써 침묵 속에 잠겼을 터이나, 우리가 미끄러진다고 생각할 때는 언제나 주께서 언약하신 사랑이 우리를 붙들었습니다. 우리 마음에 근심이 많으나 주님의 위로가 늘 우리의 영혼을 즐겁게 합니다. 시 119:92-93; 94:17-19

◐ 하나님과 친밀히 사귀고, 또한 여러분을 은혜로이 대해 주시는 하나님을 경험함으로 새 힘을 얻읍시다.

주님과 더불어 사귀는 기쁨으로 우리의 마음이 넘치도록 흡족합니다. 주께서 우리에게 복락의 강물을 마시게 하십니다. 주님에게서 생명의 샘이 흘러나오고, 주님의 빛으로 우리가 환히 열린 미래를 봅니다. 주께서 우리를 주님의 거룩한 산으로 인도하시고, 주님의 기도하는 집에서 기쁨을 누리게 하셨습니다. 우리의 구주이시며 우리의 하나님이신 주님께 가까이 있음이 우리의 가장 큰 복입니다.
시 36:8-9, 사 56:7, 시 73:28

주님의 집 뜰 안에서 지내는 하루가 다른 곳에서 지내는 천 날보다 낫기에, 악인의 장막에서 살기보다는 주님의 집 문지기로 있는 편이 더 좋습니다. 언약의 주 우리의 하나님께서는 태양이요 방패이시니, 언제나 우리에게 은혜와 영예를 내려 주시고, 주님께 온전히 헌신하는 마음으로 행하는 사람에게 좋은 것을 아끼지 아니하실 것입니다. 오, 만군의 주님, 주님을 신뢰하는 사람에게 복이 있습니다!
시 84:10-12

◐ 여러분의 기도에 은혜롭게 응답해 주시는 주님께 감사드립시다.

오, 주님, 주께서 우리의 기도를 들으시고 응답해 주시기에 우리가 주님을 사랑합니다. 우리가 평생토록 주님께 기도하겠습니다. 우리가 깊은 물 속에서 주님을 불렀습니다. 주께서 우리의 서원을 들어주시고, 주님의 이름을 경외하는 사람이 받을 유업을 우리에게 허락하셨습니다. 시 116:1-2; 130:1; 61:5

주께서는 우리가 부르기도 전에 응답하셨으며, 우리가 말을 마치기도 전에 "내가 여기 있다" 하셨습니다. 주께서는 언제나 자신의 백성 곁에 가까이 계셔서 그들이 기도하며 간구하는 모든 것을 일일이 헤아려 주시는 하나님이시니, 이와 같은 하나님을 모시고 있는 백성이 또 어디에 있겠는지요? 주께서는 겸손한 자의 소원을 들어 주시는 하나님이시니, 우리의 부르짖음에 귀 기울이셔서 우리의 마음을 격려하소서. 사 65:24; 58:9, 신 4:7, 시 10:17

우리의 기도를 물리치지 아니하신 하나님, 찬양받으소서. 이제 우리는 기도하고서 두 번 다시 슬픈 얼굴로 돌아서지 않습니다. 시 66:20, 삼상 1:18

인생의 여러 시기를 거쳐 오는 동안
여러분에게 보여 주신
주님의 선하심을 생각합시다

◐ 여러분을 영원히 멸망할 금수와 같이 만들지 아니하시고, 오직 주님을 알고, 사랑하고, 섬기고, 즐거워할 수 있게 하신 하나님께 감사드립시다.

우리가 이토록 놀랍고 오묘하게 빚어졌음에 주님을 찬양합니다. 주께서는 우리를 천사보다 조금 못하게 지어 주셨으며, 우리에게 존귀하고 영화로운 왕관을 씌워 주셨으니, 이는 사람 안에 영이 있고, 바로 그 전능자의 숨결이 사람에게 깨달음을 주기 때문입니다. 우리의 몸은 성령의 성전이며, 우리의 영혼은 하나님의 성령이 거하시는 곳입니다. 그러므로 이 몸과 영혼으로 주님을 영화롭게 하도록 하소서. 우리의 몸과 영혼은 주님의 것입니다. 주께서는 주님을 위하여 우리를 지으셨사오니, 우리가 주님을 찬양할 것입니다. 시 139:14; 8:5, 욥 32:8, 고전 6:19-20; 3:16, 사 43:21

◐ 날마다, 해마다 여러분을 지켜 주시는 하나님께 감사드립시다.

우리가 모태에 있을 때 죽지 않았음을 인하여 주님을 찬양합니다. 또한 우리는 태어나는 그 순간에 숨이 끊어지지 아니하였으니, 이는 주께서 우리 어머니들의 무릎으로 우리를 받게 하시고, 그 젖으로 우리를 먹여 살게 하셨기 때문입니다. 우리는 모태에 있을 때부터 반역자로 여김을 받았으나, 주님의 능력으로 안전하게 태어났

으며, 모태에서 나오는 그 순간부터 보살핌을 받았습니다. 욥 3:11-12, 사 48:8; 46:3

주께서는 우리 영혼의 생명을 붙들어 주셔서, 우리가 실족하여 넘어지지 않게 살펴 주십니다. 주께서는 가난하고 궁핍한 자를 그보다 강한 자에게서 건지시니, 주님과 같은 분이 누구이겠습니까? 진실로 주께서는 우리의 모든 뼈마디를 지켜 주시어 어느 것 하나 부러지지 않게 하십니다. 우리가 곤하게 자고 또다시 깨어남은 주께서 우리를 편히 쉬도록 보살피시기 때문입니다. 주께서 천사들에게 명하셔서 우리가 가는 길마다 우리를 지키게 하셨으니, 우리의 발이 돌부리에 부딪히지 않도록 천사들이 우리를 붙들어 줄 것입니다. 천사들은 모두 구원의 상속자가 될 사람들을 섬기도록 보내심을 받은 영들입니다. 시 66:9; 35:10; 34:20; 3:5; 91:11-12, 히 1:14

◗ 질병과 여러 가지 삶의 위협으로부터 여러분을 건져 내신 하나님의 간섭하심을 감사함으로 기억합시다.

우리와 죽음 사이가 한 걸음밖에 되지 않던 시간들을 돌이켜 보면 얼마나 놀라운지요. 우리가 사형 선고를 받은 것과 같던 때가 여러 번 있었으나, 주께서 그 사랑으로 우리를 멸망의 구덩이에서 건지셨습니다. 우리가 무덤의 문에 서서 여생을 빼앗기리라 생각했으나, 주께서 우리를 건져 내시고, 우리의 모든 죄를 주님의 등 뒤로 던지셨습니다. 삼상 20:3, 고후 1:9, 사 38:10, 17

죽음의 슬픔이 우리를 둘러싸고 무덤의 고통이 우리에게 닥칠 때, 우리가 주님의 이름을 불렀습니다. 그 무서운 순간에도 우리는 기꺼이 외치기를 "주님은 은혜로우시고 의로우시며, 우리의 하나님은 긍휼이 많으신 분이다" 하였습니다. 우리가 어렵고 가련하게 되었으나 주께서 우리를 도와주셨습니다. 주께서 우리 영혼을 죽음에서 건져 주시고, 우리의 눈에서 눈물을 거두어 주셨으며, 우리의 발이 비틀거리지 않게 해주셨습니다. 그러므로 우리가 살아 있는 동안 주님 보시는 앞에서 남은 생을 살아갈 것입니다. 시 116:3-6, 8-9

◐ 이 세상 나그네 길을 평안히 기쁘게 갈 수 있도록 도와주시고 위로해 주시는 하나님께 감사드립시다.

날마다 나의 짐을 대신 짊어지시는 주님, 찬양받으소서. 주께서는 나를 푸른 풀밭에 누이시며 쉴 만한 물가로 인도하십니다. 주께서 내 원수의 목전에서 내게 상을 차려 주시고, 기름을 내 머리에 부어 주시니, 내 잔이 넘칩니다. 주님의 등불이 내 머리 위를 비추었고, 내가 그 빛을 힘입어 암흑에서도 걸어 다녔습니다. 내 집에는 언제나 주님과 함께하는 친밀한 사귐이 있습니다. 주께서 나를 돈주머니와 자루와 신발 없이 내보내시더라도 내게 부족한 것이 있었습니까? 없었습니다, 주님. 시 68:19; 23:2, 5, 욥 29:3-4, 눅 22:35

주께서는 우리에게 모든 것을 풍성히 주셔서 누리게 하시고, 우리 손에 넘치도록 주셨습니다. 우리가 거듭하여 배불리 먹고 주께서 주신 큰 복을 누렸습니다. 이 광야를 지나는 동안 우리를 인도해 주신 주님을 우리가 감사함으로 기억합니다. 그러므로 우리가 멈추어 서서 돌을 하나 가져와 세우고, "우리가 여기에 이르기까지 주님께서 우리를 도와주셨다!" 하고 외치며 그 돌의 이름을 에벤에셀이라 짓습니다. 딤전 6:17, 느 9:25, 신 8:2, 삼상 7:12

◐ 우리의 소명을 이루게 하시고 우리의 관계를 격려하시며 우리의 주거를 평안하게 하시는 하나님께 감사드립시다.

우리 삶에 새로운 과업이 닥칠 때마다 주께서 우리에게 감당할 힘을 공급해 주시니, 얼마나 놀라운 일인지요. 주께서는 우리의 길을 안전하게 지켜 주시고, 우리가 하는 일들을 모두 복되게 하셔서 주님 나라에 유용하게 쓰이도록 하셨습니다. 우리의 시작은 미약하였으나 주께서 심히 창대하게 하셨습니다. 우리가 이 요단 강을 건널 때에 가진 것은 지팡이 하나뿐이었으나, 이제는 이처럼 두 무리나 이루었습니다. 진실로 주께서는 외로운 영혼들이 가족을 이루도록 은혜로이 생각해 주셨습니다. 시 18:32, 욥 1:10; 8:7, 창 32:10, 시 68:6

우리의 가정은 평안하여 두려움이 없고, 하나님께서도 우리에게 매를 들지 아니하십니다. 주님의 구원을 기뻐하는 소리가 우리 가정에 날마다 울려 퍼집니다. 우리가 아내와 더불어 즐겁게 살고, 우리의 아내가 우리에게 사랑스러운 암사슴 같고 아름다운 암노루 같았을진대, 이를 인하여 주님께 감사드립니다. 진실로 주께서 창조하신 목적에 합당치 아니하면 이 창조 세계의 모든 것이 헛될 뿐입니다. 욥 21:9, 시 118:15, 전 9:9, 잠 5:19

◐ 여러분에게 다 같이 공적인 풍요와 평화를 누리도록 하시는 주권적인 주님께 영광을 돌려 드립시다.

우리가 평화로이 양식을 먹을 때마다 우리에게 옥토를 주신 주님을 찬양합니다. 이 땅은 주께서 연초부터 연말까지 늘 돌보아 주시는 땅입니다. 주께서는 우리가 사는 땅에 평화를 주시고, 우리의 들에서 나온 가장 좋은 곡식으로 우리를 배불리 먹이셨습니다. 우리가 물 길으러 갈 때마다 듣던 활 쏘는 소리가 그쳤으니, 주님의 의로우신 업적을 소리 높여 전하겠습니다. 우리 위에 두신 통치자들은 우리에게 유익을 주려고 일하는 주님의 일꾼들이니 주님께 감사드립니다. 그들은 우리 백성이 잘되고 길이길이 안전하게 살도록 돌보는 일을 위하여 세우심을 받았습니다. 신 8:10; 11:12, 시 147:14, 삿 5:11, 롬 13:4, 에 10:3

◐ 어려울 때 도와주시는 주님께 감사드립시다. 또한 고난으로부터 오히려 유익을 얻게 하시는 주님을 찬양합시다.

주께서는 온갖 환난 가운데서 우리를 위로해 주시고, 우리의 고난을 돌아보시며 고통 가운데 있는 우리 영혼을 불쌍히 여기십니다. 우리가 포위당한 성과 같았을 때도 주께서는 언약하신 놀라운 사랑을 보여 주셨습니다. 고난이 우리에게 넘칠 때, 우리가 받을 위로는 더욱 넘치게 하소서. 고후 1:4, 시 31:7, 21, 고후 1:5

우리의 모든 고난은 어떤 것이든지 그 당시에는 즐거움이 아니라 괴로움으로 여겨집니다. 그러나 주께서 이 고난을 통하여 결국에는 의의 평화로운 열매를 맺게 하시고 우리의 유익을 위한 고난이었음을 보이셔서, 우리 모두가 주님의 거룩하심에 참여하는 자 되게 하소서. 우리가 고난당한 것이 오히려 유익이었음을 우리가 알거니와, 이는 우리가 고난을 통하여 주님의 율례를 더 잘 배웠기 때문입니다. 진실로 우리가 고난을 당하기 전에는 잘못된 길을 걸었으나, 이제는 주님의 말씀을 지킵니다. 히 12:10-11, 시 119:67, 71

우리가 지금 여러 가지 시련 속에서 거듭하여 슬픔을 당하게 되었습니다. 만유를 다스리시는 주님, 우리 믿음의 모든 시련이 예수 그리스도께서 나타나실 때에 주님께 바치는 찬양과 영광과 존귀가 되게 하소서. 우리는 그리스도를 본 일이 없으나 그분을 사랑하고, 지금도 그분을 보지 못하나 믿기를 그치지 아니합니다. 그러므로 우리로 하여금 말로 다 표현할 수 없는 즐거움과 영광을 누리며 기뻐하게 하소서. 또한 끝까지 우리 믿음이 완성되기를 사모하게 하소서. 이로써 우리의 영혼이 완전하게 구원받을 것입니다. 벧전 1:6-9

◐ 여러분에게 하신 모든 약속을 성취하시는 하나님께 영광을 돌려 드립시다.

오, 주님, 주께서는 약속하신 모든 말씀과 조금도 다름없이 주님의 종을 선하게 대해 주셨으며, 주님의 언약, 곧 자손 수천 대의 유익을 위하여 명령하신 말씀을 신실히 지키셨습니다. 주께서 주님의 종 다윗과 주님의 백성 이스라엘에게 하신 그 모든 선한 약속의 말씀이 단 한마디도 빠짐없이 이루어졌습니다. 시 119:65; 105:8, 왕상 8:56, 66

주께서 내게 베푸신 모든 은혜를 내가 무엇으로 갚겠습니까? 주께서는 내 영혼을 죽음에서 건져 주시고, 내 눈에서 눈물을 거두어 주시고, 내 발이 비틀거리지 않게 해주셨습니다. 내가 구원의 잔을 마시며, 주님의 이름을 부르겠습니다. 진실로 주님은 선하시며, 그의 인자하심이 영원하고, 그의 성실하심이 대대에 이릅니다. 시 116:12, 8, 13; 100:5

우리가 늘 주님을 찬양함이여, 우리의 입술로 늘 주님을 찬양하겠습니다. 우리가 살아 있는 동안 주님께 노래하겠습니다. 우리가 이제 곧 위에 있는 주님의 집에 거하는 복된 자들과 함께하리라는 소망으로 기뻐하리니, 진실로 그들은 이제도 주님을 찬양하며 밤낮으로 쉬지 않고 외치고 있습니다. "거룩하십니다, 거룩하십니다, 전능하신 분, 주 하나님!" 시 34:1; 104:33, 계 4:8

◐ 장차 시간의 종말이 오고, 영원한 생명으로 들어가는 그날을 간절히 사모합시다.

주님을 사랑하는 사람들에게 약속하신 영원한 생명의 면류관을 인하여 주님께 감사드립니다. 우리를 위하여 하늘에 간직되어 있는 유산, 곧 썩지 않고 더러워지지 않으며 낡아 없어지지 않을 유산을 항상 고대하게 하소서. 약 1:12, 벧전 1:4

거짓이 없으신 하나님께서 참된 모든 신자들에게 약속하신 영생에 대한 소망을 품고 살아가도록 언제나 우리를 격려하소서. 주님의 은혜로 우리가 이미 영원한 생명을 가지고 있습니다. 이 세상에는 영원한 도성이 없으니 우리로 하여금 더 나은 본향을 사모하게 하시고, 하나님께서 설계하시고 세우실 튼튼한 기초를 가진 하늘의 도성을 소망하게 하소서. 딛 1:2, 요일 5:13, 히 11:16; 13:14; 11:10

5. 다른 이들을 위한 기도

하나님께 기도드릴 때
다른 이들을 위하여 간구합시다

● 우리 주 예수 그리스도께서는 우리에게 다른 이들과 함께 기도할 뿐 아니라 다른 이들을 위해서도 기도하라고 가르치셨습니다. 사도 바울도 우리에게 언제나 성령 안에서 모든 기도와 간구로 성도들을 위하여 기도하라고 가르쳤습니다. 바울의 서신에 기록된 그의 기도 가운데 많은 부분이 그의 동료 신자들과 친구들을 위해 드리는 기도입니다.

   우리가 이처럼 다른 이들을 위하여 기도할 때 자신과는 직접적으로 관련이 없으므로 뜨거움이 덜하거나 다소 냉담하게 기도하려는 생각이 있을 수 있습니다. 하지만 이러한 생각은 결코 옳지 않습니다. 다른 이들을 위하여 기도할 때도 우리는 하나님과 사람을 향하여 타오르는 거룩한 사랑의 불길을 일으켜 더 뜨겁고 생명 있는 기도가 되게 해야 합니다. 엡 6:18

아직 은혜의 역사를 경험하지 못한 사람들과 지역에 큰 은혜가 임하기를 기도합시다

주님, 반역하는 죄인들에게 주님의 길을 가르치셔서 죄인들이 주님께 돌아오게 하소서. 거역하는 자들을 의인의 지혜의 길로 돌아서게 하셔서 백성들이 주님을 맞이할 준비를 하게 하소서. 지금도 허물과 죄로 죽어 있는 사람들을 살아나게 하소서. 그들에게 말씀하시기를 "살아라!" 하소서. 그들에게 명령하여 말씀하시기를 "살아라!" 하소서. 그리하시면 그 순간이 사랑의 시간이 될 것입니다. 시 51:13, 눅 1:17, 엡 2:1, 겔 16:6, 8

그들의 눈을 열어 주셔서 어둠에서 빛으로 돌아서게 하소서. 그들을 사탄의 세력으로부터 구해 내셔서 죄 사함을 얻고, 거룩하게 된 사람들 가운데 들게 하소서. 사로잡힌 자들을 언약의 피로 물 없는 구덩이에서 건져 내소서. 소망이 있는 포로들처럼 그들을 요새로 돌아오게 하소서. 사탄의 견고한 요새를 무너뜨려 주님의 말씀이 널리 퍼져 나가게 하시고, 모든 궤변을 무찌르고, 하나님을 아는 지식을 가로막는 모든 교만을 쳐부수고, 모든 생각을 사로잡아서 그리스도께 복종시키게 하소서. 행 26:18, 슥 9:11-12, 고후 10:4-5

온 세상에 복음이 퍼져 나가게 해달라고 추수하시는 주님께 기도합시다

● 하나님으로부터 잃은 바 된 전 세계 인류를 위하여 기도합시다.

오, 우리 구주 하나님, 우리가 배운 대로 모든 사람을 위하여 기도합니다. 이와 같이 기도함이 주님 보시기에 선하고 받아 주실 만한 것임을 믿습니다. 주께서는 모든 사람이 다 구원을 얻고 예수 안에 있는 진리를 알게 되기를 원하시니, 이는 예수께서 모든 사람을 위하여 자기를 대속물로 내주셨기 때문입니다. 딤전 2:3-6

은혜로우신 주님, 악한 자의 세력 아래 놓여 있는 세상을 불쌍히 여기소서. 믿지 않는 사람들의 마음을 어둡게 하는 이 세상의 통치자를 쫓아내소서. 온 세상에 주님의 구원의 길을 알리셔서 모든 민족이 주님을 찬송하게 하소서. 세상에서 하나님 없이, 아무 소망 없이 사는 사람들이 변화받아 주님을 섬기게 하소서. 모든 민족이 주님의 구원의 능력을 경험하게 하소서. 주께서 세상 모든 나라를 다스리실 때 온 백성을 공의로 심판하실 터이니, 모든 나라가 기뻐 외치며 노래하게 하소서. 모든 나라 앞에서 주님의 구원과 의로우심을 드러내 보이시고, 땅끝에 있는 모든 것이 주님의 구원의 위대하심을 보게 하소서. 요일 5:19, 요 12:31, 고후 4:4, 시 67:2-3, 엡 2:12, 시 67:3-4; 98:2-3

주님의 아들에게 뭇 나라를 유산으로 주시고, 땅끝에서 끝까지 그분의 소유가 되게 하소서. 그분께서 야곱의 지파들을 일으키고 이스라엘의 살아남은 자들을 돌아오게 하는 것은 매우 쉬운 일이라고 주께서 말씀하셨습니다. 그러므로 주께서는 그분에게 이방의 빛이 되어 주님의 구원을 땅끝까지 이르게 하는 더 큰 일을 맡기셨습니다. 이 세상 모든 나라가 우리 주님과 그리스도의 나라가 되게 하소서. 시 2:8, 사 49:6, 계 11:15

◐ 모든 민족에게 그리스도의 구원의 복음이 퍼져 나가고, 많은 사람들의 끝없는 회개로 인하여 그리스도의 교회가 확산될 수 있도록 열심히 기도합시다.

그리스도의 복음이 모든 민족, 모든 사람들에게 전파되게 하소서. 복음을 듣지 아니하고 어찌 그리스도를 믿을 수 있으며, 선포하는 사람 없이 어떻게 복음을 들을 수 있겠습니까? 또한 보내심을 받지 아니하고 어찌 복음을 선포하겠습니까? 복음을 전파하는 이 일에 주님의 크나큰 도우심이 함께하시기를 간절히 바라며 기도합니다. 추수하시는 주님이 아니시면 누가 일꾼들을 보낼 수 있겠습니까? 어둠 속에서 걷는 사람들이 큰 빛을 보게 하시고, 그늘진 죽음의 땅에 앉은 사람들에게 빛이 비치게 하소서. 마 24:14, 롬 10:14-15, 마 9:38, 사 9:2, 마 4:16

추수하시는 주님께서 구원받는 사람을 주님의 교회에 날마다 더하여 주소서. 우리의 장막 터를 넓히고 우리 처소의 휘장을 널리 펴는 믿음을 허락하소서. 또한 담대히 우리의 장막 줄을 길게 늘이고 말뚝을 견고히 하게 하소서. 주님의 구원받은 자손을 동쪽에서 오게 하시고 서쪽에서 모으소서. 북쪽에 이르시기를 "그들을 놓아 보내라" 하시고, 남쪽에 또한 이르시기를 "그들을 붙들어 두지 말아라" 하소서. 주님의 아들들을 먼 곳에서부터 오게 하시고, 주님의 딸들을 땅끝에서부터 오게 하소서.

그들의 양 떼를 주님의 제단에 받아 주시고, 그들로 인하여 주님의 아름다운 성전을 영화롭게 하소서. 그들로 하여금 하늘의 구름 떼처럼 몰려오게 하시고, 보금자리로 돌아오는 비둘기처럼 날아오게 하소서. 행 2:47, 사 54:2; 43:5-6; 60:7-8

뭇 사람들이 주님 앞에 분향하고 깨끗한 제물을 바치게 하시며, 해 뜨는 곳에서부터 해 지는 곳까지 주님의 이름이 이방 민족들 가운데서 높임을 받게 하소서. 사람들이 성령으로 거룩하게 되어 주님께서 받으실 제물이 되게 하시고, 물이 바다를 채우듯 주님을 아는 지식이 땅에 가득하게 하소서. 말 1:11, 롬 15:16, 사 11:9

◐ 하나님께서 옛적에 언약을 맺으신 백성, 곧 유대인들이 예수를 그들의 약속된 메시아로 볼 수 있도록 하나님께 특별히 간구합시다.

언약의 주님, 이스라엘을 위한 우리 마음의 간절한 소원과 기도는 그들이 구원받는 일입니다. 그들이 찌른 그분을 이제는 그들이 믿음으로 바라보게 하소서. 그들이 주께로 돌아서게 하시고, 이로써 그들의 마음을 가려 어둡게 했던 너울이 벗겨지게 하소서. 잘려 나간 가지들이 여전히 불신앙의 상태에 있는 일이 없게 하시고, 그 가지들이 다시 본래 붙어 있던 제 감람나무에 접붙임을 받게 하소서. 이스라엘 사람들 일부가 완고한 대로 있겠으나, 이방 사람들이 모두 주님께 돌아올 때 이스라엘 또한 모두 완고함을 버리게 하시고, 이처럼 놀랍게 모든 이스라엘이 구원받게 하소서. 롬 10:1, 슥 12:10, 고후 3:16, 롬 11:23-26

◐ 유럽의 개혁교회를 비롯하여 아시아와 아프리카의 교회들, 곧 크게 퇴보한 옛 교회들을 위하여 기도합시다.

옛적에 금 촛대였던 아시아와 아프리카와 유럽의 교회로 하여금 그들이 떨어지기 이전에 있던 높은 곳을 기억하게 하소서. 또한 그들이 회개하고, 복음이 처음 그들에게 왔을 때 하던 일을 하게 하소서. 주 예수께서 또다시 기뻐하시며 그 촛대들 사이를 거니소서. 처음에 그리하셨던 것과 같이 그들에게 구원하는 재판관들과 슬기로운 지도자들을 회복해 주시고, 그들에게서 찌꺼기를 씻어 내시며 불순물을 없애소서. 남방의 마른 땅에 시냇물이 다시 흐르듯, 포로로 잡혀 간 그들을 돌려보내소서. 계 1:11-12; 2:1, 5, 사 1:25-26, 시 126:4

◐ 이 넓은 세상 곳곳에 복음이 퍼져 나갈 수 있도록 기도합시다. 북미와 남미, 호주, 남극을 포함한 모든 대륙에 하나님의 자비가 이를 수 있도록 기도합시다.

이 바다에서 저 바다에 이르기까지, 이 강에서 저 땅 맨 끝에 이르기까지 사람들이 와서 믿게 하소서, 예수께서 하나님의 어린양이시며 세상 죄를 지고 가는 유일한 분이심을 그들로 하여금 믿게 하소서. 광야의 원주민이 그분 앞에서 무릎 꿇게 하시고, 그분의 원수들이 땅바닥의 먼지를 핥게 하소서. 주님의 특별한 종들에게 사명을 내리셔서 주님의 이름이 알려지지 않은 곳에서 복음을 전하게 하소서. 세상 모든 곳의 사람들을 성령으로 거룩하게 하시고, 주님께서 기쁨으로 받으실 제물이 되게 하소서. 시 72:8-9, 요 1:29, 롬 15:20, 16

◐ 무신론자들과 마음이 굳은 죄인들과 신앙을 조롱하는 불경건한

자들과, 믿음을 고백했지만 타락한 삶으로 그리스도를 욕되게 하는 모든 사람들이 죄를 깨닫고 회개하도록 기도합시다.

"하나님이 없다" 하는 불신자들에게 그들의 어리석음을 깨우쳐 보이소서. 진실로 그들은 불신앙으로 인하여 부패하고 그 행실이 가증합니다. 반역하는 죄인들에게 주님의 길을 가르치셔서 주님께 돌아오도록 하소서. 그들을 은혜로이 회개시키셔서 예수 안에 있는 진리를 알게 하시고, 거룩한 삶에 이르는 진리의 길로 인도하소서. 그들이 깨어 마귀의 올무에서 벗어나는 자비를 베푸소서. 시 14:1; 51:13, 딤후 2:25, 엡 4:21, 딛 1:1, 딤후 2:26

성경과 율법과 주께서 진리에 대하여 친히 증언하신 말씀의 영광을 지키시고, 말씀에 반대하는 자들을 깨우치소서. 그들에게는 빛이 없어 스스로 깨칠 수 없습니다. 주님의 이름과 말씀을 모든 것보다 높이소서. 율법과 복음을 높이시어 사람들 앞에 영광스럽고 귀한 것이 되게 하소서. 길을 잃은 양과 같이 헤매는 사람들을 우리 영혼의 목자요 감독이신 예수 그리스도께 돌아오게 하소서. 사 8:20, 시 138:2, 사 42:21, 벧전 2:25

말씀으로 깨달음을 얻지 못하는 사람들은 그리스도인의 행실을 보고 돌아와 구원을 얻게 하소서. 그들이 주님의 말씀을 듣고서 자신들의 죄를 깨닫고 뉘우치게 하소서. 주님의 예언의 말씀을 선포하심으로 그들의 마음의 숨은 일을 드러내시고, 이로써 그들이 엎드려 주님을 경배하며 참으로 하나님께서 믿는 자들 가운데 계신다고 고백하게 하소서. 벧전 3:1, 고전 14:24-25

그리스도의 교회와 나라를 위하여 기도합시다

◐ 온 세상의 그리스도의 교회가 모든 면에서 복되고 강건할 수 있도록 주님께 기도합시다.

오, 주님, 주님의 백성을 구원하시고, 주님의 소유인 이 백성에게 복을 내려 주소서. 복음을 위하여 약속으로 가득한 큰 문이 열렸으니, 주님의 말씀이 모든 곳으로 신속히 퍼져 나가 영광스럽게 되도록 하소서. 시 28:9, 고전 16:9, 살후 3:1

주님의 백성에게 힘을 주소서. 그들을 일으키시고 강하게 하소서. 그들에게 평화의 복을 주소서. 방패로 보호하듯 그들을 주님의 은총으로 두르셔서 지키소서. 주님의 기쁘신 뜻을 따라 시온에 선을 행하시고, 예루살렘 성벽을 견고히 세워 주소서. 그 성벽 안에 평화가 깃들고, 그 궁궐 안에 형통함이 있게 하소서. 우리의 형제들과 동료 신자들을 위하여 이제 우리가 복을 선언하니, 예루살렘 가운데 하나님의 평화가 깃들기를 기도합니다. 시 29:11; 5:12; 51:18; 122:7-8

우리는 세상을 위하여 기도하지 않고, 아버지께서 아들에게 주신 모든 사람들을 위하여 기도합니다. 아버지께서 아들과 하나이듯 그들도 하나 되게 하소서. 그리스도의 몸과 성령과 우리가 부르심을 입어 얻은 소망과 주님과 믿음과 세례와 우리 모두의 하나님과 아버지가 하나이므로 모든 그리스도인들이 한마음과 한길로 연합하게 하소서. 요 17:20-21, 엡 4:4-6, 렘 32:39

우리로 하여금 평생토록 복음의 예루살렘이 번영하는 모습을 보게 하시고, 복음의 이스라엘에 주님의 평화가 임하게 하소서. 주님의 나라를 위협하는 민족이나 사람들이 보낸 특사에게 능히 우리가 답하기를 "주님께서 시온을 세우셨으니 고통당하던 주님의 백성이 그리로 피한다" 하게 하소서. 진실로 주께서는 주님의 백성을 아시오니, 우리 주 예수 그리스도를 변함없이 사랑하는 모든 사람들에게 주님의 은혜가 임하게 하시고, 주님의 이름을 부르는 사람은 다 불의에서 떠나게 하소서. 시 128:5-6, 사 14:32, 엡 6:24, 딤후 2:19

◐ 교회에 새롭고 강하게 성령을 부어 달라고 주님께 간구합시다. 참된 경건의 능력이 솟아 나오게 해달라고 주님께 간청합시다. 사도시대의 신앙이 되살아나 오늘날의 교회에서 잘못된 모든 일들이 고쳐질 수 있도록 주님께 간절히 기도합시다.

주 그리스도시여, 하늘 높은 보좌로부터 주님의 교회에 성령을 부어 주소서. 주님의 크신 부흥의 역사가 이 시대에도 다시 일어나게 하소서. 세상 나라가 무너질 때 주님의 큰 구원의 계획을 알리시어 주님의 백성들을 보존하소서. 이 시대가 개혁의 시대가 되게 하시고, 마음이 정직한 모든 사람들의 도움과 격려로 우리의 부흥이 힘을 얻게 하소서. 사 32:15상, 합 3:2, 히 9:10, 시 94:15

우리를 긍휼히 여기시는 아버지께서 보시기에 깨끗하고 흠이 없는 경건이 모든 곳으로 퍼져 나가게 하소서. 먹고 마시는 나라가 아니요 성령 안에서 의와 평화와 기쁨을 누리는 주님의 참된 나라가 사람들에게 임하게 하소서. 그리하시면 광야가 기름진 땅이 되고, 다시 온 땅에 정의가 실현될 것입니다. 약 1:27, 롬 14:17, 사 32:15하, 16

주님의 교회에 부족한 일이 있으면 바로잡게 하시고, 우리의 하늘 아버지께서 심지 아니하신 것은 모두 뽑아 버리게 하소서. 금을 연단하는 불과 같이, 표백하는 잿물과 같이 주님의 성전에 오셔서, 레위의 자손과 이스라엘의 모든 자손을 깨끗하게 하소서. 금과 은을 정련하듯이 그들을 깨끗하게 하셔서, 그들로 하여금 옛날처럼 주께서 기뻐하시는 올바른 제물을 드리게 하소서. 딛 1:5, 마 15:13, 말 3:1-4

◐ 주님의 의로운 나라에 대적하는 모든 원수들의 권세를 꺾으시고, 사탄에게서 온 그들의 모든 간계를 물리쳐 달라고 주님께 기도합시다.

주님과 주님의 기름 부음 받은 메시아를 대적하는 모든 권세자들의 음모를 헛되게 하소서. 하늘의 보좌에 앉으신 하나님께서 그들을 비웃으소서. 그들이 서로 의논하며 "이 족쇄를 벗어 던지자. 이 사슬을 끊어 버리자" 할 때는 주님의 기름 부음 받은 이로 하여금 철퇴로 그들을 다스리게 하시고, 주님의 진노로 그들을 놀라게 하소서. 시 2:1-5, 9

주님과 주님의 복음을 대적하는 자들에게는 마땅한 보응을 내리소서. 그들에게 아이 배지 못하는 태를 주시고, 젖이 나지 않는 가슴을 주소서. 그들을 바람에 굴러 가는 검불과 지푸라기 같게 하소서. 그들의 얼굴에 수치를 씌워 주시고, 이로써 그들이 돌아서서 주님의 이름에 계시된 주님의 참모습을 찾게 하소서. 주님만이 홀로 가장 높으신 하나님이심을 모든 이들이 알게 하소서. 진실로 주께서는 친히 계시하신 그 이름과 같이 온 세상을 전지전능하게 다스리시는 지존자입니다. 호 9:14, 시 83:13, 16-18

만유를 다스리시는 주님, 주님의 원수들을 두려움에 떨게 하시고, 이로써 그들이 한낱 사람에 지나지 않음을 알게 하소서. 주님의 교회를 대적하는 자들이 교만히 행할 때에는 주께서 그들은 물론 그 어떤 신보다도 위대하시다는 것을 똑똑히 알게 하소서. 주님의 거룩한 시온을 미워하는 자들은 그 어느 누구나 수치를 당하고 물러가게 하시며, 지붕 위의 풀같이 되어 자라기도 전에 말라 버리게 하소서. 주님의 교회를 상하게 하려고 만든 무기를 쓸모없게 하시고, 주님의 교회에 맞서 송사하려는 혀를 정죄하소서. 시 9:20, 출 18:11, 시 129:5-6, 사 54:17

복음의 예루살렘을 모든 민족이 힘을 다하여 밀어도 움직이지 않는 바위가 되게 하소서. 세상 모든 나라가 이 예루살렘을 치려고 모이겠으나, 그 바위를 들어 올리려 하는 자는 누구든지 크게 상하게 하소서. 주님의 원수들은 모두 망하게 하시고, 주님을 사랑하는 사람들은 힘차게 떠오르는 해처럼 되게 하소서. 슥 12:3, 삿 5:31

저 불법한 자를 주님의 입김으로 죽이시고, 주께서 오시는 광경의 광채로 멸하소서. 거짓을 믿는 크나큰 미혹의 힘 아래 억눌렸던 사람들을 깨어나게 하시고, 멸망해 가는 사람들이 진리를 사랑할 수 있게 하소서. 하나님을 대적하는 모든 문화의 거처가 되는 바빌론을 완전히 무너뜨리시고, 바다에 던진 맷돌같이 가라앉게 하소서. 자신들의 권세로 이 사회의 억압적이고 잔인한 일들을 부추겨 온, 세상의 왕들을 멸하시든지 변화되게 하셔서, 새 예루살렘의 은혜에 참여하게 하소서. 살후 2:3, 8-11; 계 18:2, 21; 17:17; 21:24

◐ 고난받는 교회를 구해 달라고 주님께 간구합시다. 의를 위하여

핍박당하는 모든 사람들을 도와주시고 위로해 주시며 구원해 달라고 주님께 간청합시다.

예수를 증언하다가 감옥에 갇힌 사람들을 생각하되 우리도 그들과 함께 갇혀 있는 심정으로 생각하게 하소서. 심히 학대받는 사람들을 우리와 하나로 여기고, 우리 또한 학대받을 수 있는 몸으로 살고 있음을 기억하게 하소서. 주께서 높은 곳에서 손을 내밀어 그들을 구해 내시고, 억센 원수들에게서 주님의 성도들을 건져 내시며, 주님의 복이 넘치는 넓은 곳으로 성도들을 데리고 나오소서. 의인이 분깃으로 받은 땅에서 악인이 권세를 부리지 못하게 하시고, 악인의 학대로 인하여 의인이 죄악에 손대는 일이 없게 하소서. 히 13:3, 시 18:16-17, 19; 125:3

깨어나소서, 주님의 강한 팔이여. 깨어나 능력을 베푸시고, 오래전 옛날처럼 간섭하소서. 바다 깊은 곳에 길을 내어 속량 받은 사람들을 건너가게 하소서. 속히 일어나셔서 가난한 자들의 짓밟힘과 가련한 자들의 탄식에 응답하시고, 그들을 비웃는 자들로부터 안전하게 지키소서. 사 51:9-10; 시 12:5

고난받는 성도들의 인내와 믿음을 더하시고, 그들로 하여금 소망 가운데 살며 잠잠히 주님의 구원을 기다리게 하소서. 학대받은 자가 수치를 당하고 물러서지 않게 하시며, 가난하고 가련한 사람이 돌아와 주님의 이름을 찬송하게 하소서. 이스라엘의 구원이 하늘의 시온으로부터 나오게 하시고, 주께서 포로 된 백성을 되돌려 보내심을 인하여 야곱이 기뻐하고 이스라엘이 즐거워하게 하소서. 주께서 정하신 구원의 해, 곧 주께서 시온을 구하시고 보상해 주시는 해가 이르게 하소서. 계 13:10, 애 3:25-26, 시 74:21; 14:7, 사 63:4; 34:8

주님, 일어나셔서 시온을 긍휼히 여기소서. 이날을 시온에 은혜를 베푸는 날이 되게 하시고 정한 기한으로 삼으소서. 우리는 시온의 돌들만 보아도 즐겁고, 시온의 티끌에도 감격합니다. 주께서 시온을 다시 세우시고 시온의 영광 가운데 나타나소서. 주께서는 헐벗은 사람의 기도를 들으시고, 그들의 기도를 멸시하지 아니하실 것입니다. 주님의 임박한 심판을 멈추소서. 주님의 백성들이 너무 어려 견디지 못합니다. 무너진 성소에 주님의 얼굴빛을 비추시어 주님의 영광을 드러내소서. 시 102:13-14, 16-17, 암 7:5, 단 9:17

갇힌 사람들의 슬픈 탄식을 주께서 들으시고 응답하시며, 주님의 이름을 위하여 죽게 된 사람들을 주님의 능하신 팔로 살리소서. 스승을 잃은 사람들에게 주께서 다시 스승을 주셔서 주님의 방식으로 가르침 받게 하소서. 그들이 비록 환난의 떡과 고난의 물을 먹고 마실 수밖에 없었으나 이제 속히 오셔서 그들을 구해 내소서. 시 79:11, 사 30:20

◐ 교회 안에서 일어나는 슬픈 분열이 치유될 수 있도록 간절히 기도합시다.

우리 사이에 분열이 있어서 우리가 마음에 크게 찔림을 받았으니, 진실로 우리는 한집에서 셋이 둘에 맞서고 둘이 셋에 맞섰습니다. 그러나 이 상처가 정녕 바다처럼 넓어서 치유될 수 없는 것입니까? 길르앗에는 유향이 떨어졌습니까? 그곳에는 의사가 하나도 없습니까? 어찌하여 주님의 백성의 상처가 낫지 아니합니까? 주님, 우리의 분열로 인하여 온 나라가 흔들립니다. 이 분열을 치유해 주소서. 삿 5:16, 눅 12:52, 애 2:13, 렘 8:22, 시 60:2

우리 가운데 분열이 없도록 해주시기를 우리가 주 예수 그리스도의 이름으로 간구합니다. 부디 우리가 같은 마음과 같은 뜻으로 온전히 뭉치게 하소서. 주님, 우리가 서로 남을 비판하고 업신여기는 일이 없게 하시며, 서로 화평을 도모하는 일과 서로 덕을 세우는 일에 힘쓰게 하소서. 무슨 일을 하든지 경쟁심이나 허영으로 하지 않고, 언제나 우리보다 남을 낫게 여기게 하소서. 주께서 언제나 가까이 계시어 곧 오실 것을 우리가 아오니, 우리의 관용을 모든 사람이 알 수 있게 하소서. 고전 1:10, 롬 14:3, 19, 빌 2:3; 4:5

우리가 그리스도 예수 안에서 하나 된 것과 같이 서로 화합하여 살 수 있도록 인내와 위로의 하나님께서 능력을 주시고, 또한 우리가 한마음과 한입으로 하나님 곧 우리 주 예수 그리스도의 아버지께 영광을 돌리게 하소서. 우리가 믿음을 지키기 위하여 힘써 싸울 때, 주께서 우리가 함께 받은 구원으로 하나 되었음을 확증해 주소서. 우리가 서로 화평하게 지내도록 하소서. 그리하면 사랑과 평화의 하나님께서 우리와 함께하실 것입니다. 롬 15:5-6, 유 3, 고후 13:11

◐ 하나님의 말씀과 성례를 담당하는 모든 사역자들을 위하여 기도합시다.

주님의 일꾼들이 주님의 집, 곧 살아 계신 하나님의 교회에서 어떻게 행해야 할지를 가르치소서. 그들이 그들 자신을 전파하는 것이 아니라 언제나 주님이신 그리스도 예수만을 전파하게 하소서. 그들이 주님의 일꾼으로 인정받는 사람이 되기를 힘쓰게 하시며, 진리의 말씀을 올바로 가르쳐 결코 부끄러울 것 없는 일꾼이 되게 하소서. 딤전 3:15, 고후 4:5, 딤후 2:15

주님의 일꾼들을 성경에 능통하게 하소서. 하나님의 사람들을 일으키셔서 모든 선한 일을 행할 수 있는 능력을 갖추게 하시며, 모든 일에서 그들이 선한 행실의 모범이 되게 하소서. 그들로 하여금 가르치는 일에 순수하고 위엄 있는 태도를 보이게 하시고, 언제나 책망할 것이 없는 바른말을 하게 하셔서 반대자들이 주님의 일꾼들을 비난할 일이 결코 없게 하소서. 행 18:24, 딤후 3:17, 딛 2:7-8

주님의 일꾼들에게 회중 앞에서 성경을 읽고 권면하고 가르치는 일에 헌신함이 얼마나 중요한지 깨닫게 하시고, 자신들에게 득이 되는 여러 가지 다른 일들에 마음을 빼앗기지 않게 하소서. 그들에게 기도하는 일과 말씀을 섬기는 일에 헌신해야 함을 거듭거듭 가르쳐 보이시고, 그들의 효과적인 사역에 꼭 필요한 몇 가지 일들에 전심전력하게 하소서. 그들 자신과 그들의 가르침을 잘 살피게 하시고, 이로써 그들 자신과 그들에게 듣는 사람들을 구원하게 하소서. 딤전 4:13, 행 6:4, 딤전 4:15-16

주께서 원하시는 말씀을 주님의 일꾼들에게 주시고, 그들이 입을 열어 담대히 복음의 비밀을 알릴 수 있게 하시며, 마땅히 해야 할 말을 담대히 말할 수 있게 하소서. 주님의 말씀을 전하는 모든 이들을 뛰어난 새 언약의 일꾼들로 삼으소서. 돌에 써서 새긴 문자는 타락한 죄인들에게 완전함을 요구함으로써 사람을 죽입니다. 주님의 일꾼들이 그러한 문자에 열중하지 않게 하시고, 오직 사람을 살리는 성령 안에서 직분을 감당하게 하소서. 주님의 일꾼들이 주님의 자비하심을 힘입어 충성스러운 사람들이 되게 하소서. 엡 6:19-20, 고후 3:6-7, 고전 7:25

야곱의 전능자요 목자이시며 이스라엘의 반석이신 주님의 손을 힘입어 주님의 일꾼들의 손에 쥔 활이 견고하게 되고, 그들의 팔에 힘이 넘치게 하소서. 주님의 말씀의 종들이 여호와의 영으로 말미암아 능력과 정의와 용기로 충만해져서 주님의 백성에게 그들의 허물을 알리고 야곱의 집에 그들의 죄를 알리게 하소서. 그들이 헛되이 수고하고 무익하게 힘을 다하는 일이 없게 하시며, 오직 주님의 손이 그들과 함께하셔서 수많은 사람들이 그들의 사역을 통하여 믿고 주님께 돌아오게 하소서. 창 49:24, 미 3:8, 사 58:1; 49:4, 행 11:21

주님의 일꾼들의 믿음을 건전하게 하시고, 그들이 언제나 건전한 교훈에 맞는 말을 하도록 가르치소서. 그들이 그들에게 반대하는 사람들을 온화하게 바로잡을 수 있도록 하소서. 주님의 종들은 다투지 말아야 합니다. 그들이 모든 사람을 온유하게 대할 수 있도록 도우시고, 언제나 참을 줄 아는 뛰어난 교사가 되게 하소서. 딛 1:13; 2:1, 딤후 2:24-25

주님의 일꾼들이 말하고 행하는 모든 것으로 믿는 자들의 모범이 되게 하시고, 그들의 말과 행실이 사랑의 관용과 성령의 충만함과 정결의 덕을 나타내 보이게 하소서. 주님의 그릇을 운반하는 이 새 언약의 일꾼들이 제사장 직분으로 주님을 섬길 때, 하나님께서 받으실 만한 거룩한 제물이 되게 하시고, 그들의 이마에 "주님께 거룩"이라는 이 선언을 새기게 하소서. 딤전 4:12, 사 52:11, 롬 15:16, 출 28:36

세상 민족들을 위하여 기도합시다

주께서는 만국을 다스리시는 분이니, 모든 나라의 왕이신 주님을 누가 두려워하지 않을 수 있겠습니까? 주께서는 보좌에 앉으시어 올바른 판결을 내리시고, 정의로 세계를 다스리시며 공정하게 만백성을 판결하십니다. 시 22:28, 렘 10:7, 시 9:4, 8

세상 모든 곳에서 전쟁이 그치는 날을 앞당기소서. 한 민족이 다른 민족을 향하여 칼을 드는 일이 없게 하시고, 그들로 하여금 칼을 쳐서 보습을 만들고 창을 쳐서 낫을 만들게 하소서. 모든 민족이 다시는 군사 훈련을 하지 않는 영광스러운 날이 오게 하소서. 시 46:9, 사 2:4

세상 왕들이 오랫동안 이어지는 이 시대에 하늘의 하나님께서 영원히 망하지 아니할 한 나라를 세우셨으니, 이는 곧 주님이신 그리스도의 나라입니다. 그리스도의 의로우신 다스림에 대적하는 민족들의 심중에 있는 그릇된 계획을 꺾으시고, 주님의 계획이 영원히 서고 주께서 마음에 품으신 뜻이 대대에 이르게 하소서. 왕들을 하나님의 백성 이스라엘의 양부로 삼으시고 왕비들을 그들의 유모로 삼으소서. 단 2:44, 잠 19:21, 시 33:10-11, 사 49:23

여러분의 나라와 민족을 위하여
특별히 기도합시다

❶ 여러분의 나라에 자비를 베푸시는 하나님께 감사드립시다.

주께서 우리에게 들판을 집으로 삼거나 소금 땅을 처소로 삼게 아니하시고 기름진 언덕에 살게 하셨음에 감사드립니다. 우리의 땅이 풍성한 열매를 맺습니다. 주께서 우리 민족에게 은혜를 베푸셨습니다. 주께서 옛적에 우리 조상들에게 하신 일을 우리가 두 귀로 들었고, 우리의 조상들이 또한 우리에게 이야기했습니다. 우리의 선조들이 말한 그 일을 우리가 주님의 특별하신 은혜로 직접 체험하였습니다. 주님을 예배하기 위하여 모일 때마다 이 나라에 베풀어 주신 주님의 자비를 빠짐없이 기억할 수 있도록 도와주소서. 사 5:1, 욥 39:6, 시 85:12; 85:1; 44:1; 48:8-9

우리에게 이토록 아름다운 땅을 주신 주님의 은혜가 얼마나 큰지요. 이 땅은 마땅히 임마누엘의 땅이라 불려야 합니다. 우리가 이 땅을 심히 욕되게 했음에도 이 땅은 여전히 환상의 골짜기로 남아 있으니, 이는 주께서 우리 가운데 주님의 장막을 세우시고, 주님의 성소가 우리 가운데 있음을 인함입니다. 주께서 주시는 복이 그치지 아니하므로 모든 가정이 각각의 포도나무와 무화과나무 아래에서 안전하게 살고, 우리 모두가 평안히 출입합니다. 렘 3:19, 사 8:8; 22:1, 겔 37:26-27, 왕상 4:25, 대하 15:5

주님의 사랑 어린 보살핌으로 우리 위에 정의와 공의를 행하는 선한 정부를 세우소서. 악을 행하는 사람들이 두려워하고 선을 행하는 사람들이 두려워하지 않는 통치자, 선을 행하는 사람들을 칭찬하고 보호하는 통치자들을 우리에게 주소서. 왕상 10:9, 롬 13:3

◐ 하나님께서 진노하실 민족의 죄를 인하여 회개합시다.

우리는 죄지은 민족이요 허물이 많은 백성입니다. 우리와 우리의 자식들은 심히 타락했습니다. 우리 안에서 벌어지는 역겨운 일들을 인하여 우리는 주님 앞에서 울어야 합니다. 불법이 지극히 성하므로 많은 사람의 사랑이 식었습니다. 모든 일이 이와 같음에도 주께서는 은혜로우셔서 우리를 버리지 아니하셨습니다. 사 1:4, 겔 9:4, 마 24:12, 렘 51:5

◐ 여러분의 민족에게 자비를 베풀어 달라고 하나님께 간절히 기도합시다.

▶ 모든 복은 하나님의 은혜에 달려 있으니, 여러분의 민족에게 하나님의 은혜가 임하도록 겸손히 기도합시다.

오, 주님의 백성이 환난을 당할 때 구원해 주시는 주님, 이 땅에서 나그네처럼 행하지 마옵소서. 하룻밤 유숙하는 행인처럼 행하지 마옵소서. 그리하지 마시고 오셔서 우리 가운데 영원히 거하소서. 우리 민족의 죄악이 우리를 고발합니다. 우리가 주님께 죄를 지었습니다. 그러나 주님의 이름의 영광을 위하여 우리를 버리지 마소서. 렘 14:7-9

오, 언약의 주 만군의 하나님, 이 백성이 그 지은 죄를 인하여 진정으로 회개하게 하시고, 우리에게 은혜를 베푸셔서 주님의 빛나는 얼굴을 나타내소서. 주님의 언약 백성에게 한결같은 사랑을 보이셔서 그들의 땅에 복을 내리시고, 주님을 경외하는 사람들에게 언제나 주님의 구원이 가까이 있게 하셔서 주님의 영광이 우리 땅에 머무르게 하소서. 사랑과 진실이 만나고, 정의와 평화가 입 맞추게 하소서. 진실이 땅에서 돋아나고, 정의가 하늘에서 내려오게 하소서. 정의가 주님 앞에 가며 이 나라를 살피시는 주님의 길을 닦게 하시고, 무엇을 주시든 이 백성에게 좋은 것을 내려 주소서. 시 80:3; 85:7, 9-13

▶ 여러분의 나라에서 언제나 복음이 그치지 아니하고, 여러분 나라의 모든 사람들에게 은혜의 수단들이 열려 있도록 기도합시다. 주께서 여러분의 나라에 문을 열어 주셔서 그리스도의 구원의 복음이 퍼져 나가게 해달라고 주님께 간구합시다.

그리스도의 교회와 나라가 세워지고 지속됨으로 그분의 보좌가 영원함을 우리로 환히 알게 하소서. 모든 나라를 다스리는 주님의 통치로 인하여 우리 민족이 복을 받게 하소서. 이 나라에 있는 그리스도의 교회의 촛대가 그 자리에서 옮겨 감이 없게 하소서. 그것이 마땅하다 하여도 그리하지 마소서. 진실로 주님의 백성들이 처음 사랑을 버렸습니다. 옛적에 주께서는 실로에 처음으로 주님의 이름을 두었다가 다시 거두어 가셨습니다. 우리에게는 그리하지 마소서. 이 나라 사람들이 하나님의 말씀을 듣지 못하여 굶주리는 일이 없게 하시고, 주의 말씀을 찾으려고 이 바다에서 저 바다로 헤매고 북쪽에서 동쪽으로 떠돌아다니지 않게 하소서. 시 45:6, 렘 17:12, 계 2:4-5, 렘 7:12, 14, 암 8:11-12

주께서 우리에게 평안한 시대를 누리게 하시고, 늘 우리를 구원해 주시며, 주님을 두려워함이 지혜와 지식을 얻는 길이 되게 하소서. 우리 가운데 정의가 꽃을 피우게 하시며, 이 땅의 사람들이 해와 달이 닳도록 영원히 주님을 두려워하게 하소서. 다음 세대에도 내내 평안이 넘치게 하셔서, 아직 태어나지 않은 이 땅의 자녀들이 온 나라에서 주님을 찬양하게 하소서. 사 33:6, 시 72:5-7; 102:18

▶ 여러분 나라의 평화와 안정, 그리고 자유의 지속을 위하여 기도합시다. 하나님께서 풍성한 복을 내리셔서 여러분의 나라에 많은 결실이 있게 해달라고 기도합시다.

화평을 우리의 관원으로 삼으시고 공의를 우리의 감독자로 삼으소서. 우리의 거리에서 폭행의 소문이 들리지 않게 하시고, 우리의 국경 안에서 침략과 파괴의 소문이 결코 들려오지 않게 하소서. "여기 와서 누구에게나 선언되는 구원의 기쁜 소식을 찾으시오." "여기로 들어와서 여러분의 하나님께 거리낌 없이 찬송을 드리시오." 우리의 국경이 이와 같은 초대의 말로 사람들을 불러들인다는 평판을 얻게 하소서. 우리의 땅이 다시는 "버림받았다" 일컬음을 받지 않게 하시고, 다시는 "황무지"라 불리지 않게 하소서. 이 땅에 있는 주님의 백성들에게 복을 주시려는 주님의 기쁜 마음을 보여 주소서. 주께서 그들과 혼인한 듯이 그들에게 사랑을 베풀어 주소서. 주께서 친히 그들을 지키는 성벽이 되시고, 그들로 하여금 노래 부르게 하소서. 천국에 있는 하나님의 도성과 같이 우리들의 도시에서도 의로움이 넘치게 하시고, 진실한 사람들이 우리의 도시와 마을로 들어올 때 온전히 환영받게 하소서. 사 60:17-18; 62:4; 26:1-2

나라를 높이는 정의가 우리 가운데 넘치게 하시고, 백성을 욕되게 하는 민족의 죄에서 우리를 구하소서. 우리에게 평화가 강같이 흐르고 공의가 바다의 파도같이 넘치게 하소서. 잠 14:34, 사 48:18

우리의 하늘을 놋과 같이 되게 하지 마시며 우리의 땅을 쇠와 같이 되게 하지 마소서. 수확할 때가 된 우리의 곡식과 포도주를 빼앗지 마소서. 우리에게 철을 따라 알맞은 비를 내려 주시고, 이른 비와 늦은 비를 내려 주소서. 우리의 땅이 소출을 내고 우리의 나무가 열매를 맺게 하소서. 우리를 위하여 추수할 날들을 예비하시고, 철마다 좋은 날씨를 허락하소서. 우리가 평안한 가운데 음식을 먹고 만족하게 하시며, 이 땅에서 안전하게 살도록 하소서. 신 28:23, 호 2:9, 욜 2:23, 렘 5:24, 레 26:4-5

우리의 양식에 풍족히 복을 내려 주시고, 우리의 가난한 이들에게 먹을 것을 넉넉히 주소서. 곡식을 거둔 사람들이 그 거둔 것을 먹고 주님께 합당히 찬송을 드리게 하소서. 우리 손으로 거두어들인 것을 흩어 버리지 마시며, 우리가 많이 거두기를 바랄 때 적게 거두는 일이 없게 하소서. 우리에게 쌓을 곳이 없도록 복을 부어 주셔서, 모든 민족이 우리를 복되다 하게 하시고 우리의 땅에 기쁨이 넘치게 하소서. 시 132:15, 사 62:9, 학 1:9, 말 3:10, 12

주께서 이 땅에서 백성들을 둘러싸 보호하시는 불의 성벽이 되시고, 또한 우리 가운데서 영광이 되소서. 복음이 우리의 영광이 되게 하시고, 그 위에 덮개를 두시어 보호하소서. 주님의 백성을 위하여 구름을 만드시어 한낮의 더위로부터 그들을 보호하시고, 밤에는 타오르는 불길로 빛을 만드시고 보호하소서. 우리의 국경 안에 평화가 깃들고, 우리의 성벽 안이 안전하게 하소서. 주님의 백성들이 밖으로 멀리 여행을 가든지 집에 있든지 기뻐하게 하시며, 그들로 하여금 모든 민족을 불러들여 주님의 거룩한 산에서 함께 예배하게 하소서. 슥 2:5, 사 4:5-6, 시 122:7, 신 33:18-19

▶ 민족의 생활을 개혁하고 악습을 폐지하려는 모든 노력 위에 하나님의 축복이 함께해 주시기를 바라며 간구합시다.

주님의 교회를 개혁하소서. 구원하시는 분을 시온에서 오게 하시고, 야곱에게서 경건하지 못한 것을 제거하소서. 심판과 불의 영을 보내시어 주님의 택하신 남은 자들에게서 예루살렘의 더러움을 깨끗이 씻어 주소서. 롬 11:26, 사 4:4

사람의 마음속 생각을 낱낱이 살피시는 의로우신 하나님, 악한 자의 악행을 뿌리 뽑으시고, 의인을 굳게 세우소서. 주님을 위하여 일어나서 행악자들에게 대항하는 많은 사람들을 격려하소서. 그들이 불의를 행하는 모든 자들에 맞서 일어서도록 도우시고, 죄를 대적하여 싸우는 모든 이들이 낙심하여 지치는 일이 없게 하소서. 시 7:9; 94:16, 히 12:3-4

모든 핍박자들의 입을 다물게 하소서. 주께서 가난한 사람들에게 언약하신 신실하심을 보이셔서 그들을 고난에서 벗어나게 하시고, 그들의 가족을 양 떼처럼 번성하게 하소서. 주님의 의로운 심판을 집행하셔서 재앙을 그치게 하시며, 이 땅에서 모든 우상들의 이름을 지워 버리시고, 뭇 백성의 입술을 깨끗하게 하셔서 그들로 하여금 주님의 이름을 부르며 어깨를 나란히 하고 주님을 섬기게 하소서. 주님의 백성을 모든 민족 위에 높이셔서 언약의 주 우리 하나님 앞에 거룩한 백성으로 삼으시고, 또한 그들이 모든 사람들로부터 칭찬을 받고 명예와 영광을 얻게 하소서. 시 107:41-42; 106:30, 슥 13:2,

습 3:9, 신 26:19

▶ 여러분의 나라와 이웃 나라와 먼 나라에서 악과 거짓이 나타날 때 맞서 싸우는 여러분의 동포들을 지켜 달라고 기도합시다.

세상 모든 나라에서 복음의 진리를 위하여 목숨을 아끼지 아니하고 최전선에 서 있는 그리스도의 신실한 증인들을 인하여 주님께 감사드립니다. 그들의 싸움에 필요한 모든 기술과 지혜를 주소서. 그들의 손을 가르쳐 싸우게 하시고 그들의 팔이 활을 당기게 하시며, 주님의 구원을 그들의 방패로 삼아 주소서. 주님의 오른손으로 그들을 강하게 붙들어 주시고, 전쟁하는 날에 그들의 머리에 투구를 씌워 주셔서 날아드는 죽음의 위협으로부터 그들을 지키소서. 삿 5:18, 시 18:34-35; 140:7

사람의 도움이 헛되니, 주께서 우리의 모든 싸움에 도움이 되소서. 우리로 주님을 힘입어 용감히 싸우게 하소서. 진실로 주께서 친히 우리의 원수들을 짓밟으실 것입니다. 주님의 선하신 섭리로 우리를 구해 줄 이들을 정하소서. 불경건한 나라들이 우리의 칼에 티끌처럼 되고, 우리의 활에 검불처럼 날리게 하소서. 시 60:11-12, 사 41:2

오, 주님, 우리를 복 받은 백성으로 삼으소서. 주님께 구원받은 백성들 가운데 누가 우리와 같겠습니까. 주께서 친히 우리의 방패가 되시고 우리의 영광스러운 칼이 되소서. 주께서 우리를 위하여 싸우시는 것을 우리의 원수들이 보고 두려워 떨며 달아나게 하소서. 주님, 일어나셔서 주님의 원수들을 흩으시고, 주님을 미워하는 자들을 주님 앞에서 쫓아내소서. 오, 주님, 그리하여 이 적대적인 세상에서 나그네와 같이 유숙하는 주님의 수많은 백성들에게 돌아오소서. 신

33:29, 출 14:25, 민 10:35-36

▶ 여러분 나라의 모든 공무원들을 위하여 기도합시다.

이 나라의 정책 담당자들에게 조언하시고, 관리들에게 지혜를 가르치소서. 우리의 주권자 되시는 그리스도께 속한 지혜와 총명과 지식의 영을 그들에게 풍성히 내려 주소서. 그들이 하나님을 두려워할 줄 아는 사람들임을 드러내는 일에 둔하지 않게 하소서. 신뢰할 수 있는 조언자들의 입술을 닫지 마시며, 나이 든 사람들의 분별을 거두어 가지 마소서. 이 시대에 평화에 이르게 하는 일들을 주님의 백성들이 못 보는 일이 없게 하소서. 시 105:22, 사 11:2-3, 욥 12:20, 눅 19:42

주께서 정치 권력자들의 모임 가운데 서시고, 재판관들을 재판하심을 명백히 보이소서. 나라의 지도자들은 모두 아브라함의 하나님의 주권 아래 살고 있음을 그들에게 깨우쳐 주소서. 세상 모든 나라의 국기에 주님의 다스림을 인정하는 뜻이 담기도록 하시고, 주께서 크게 높임을 받으소서. 시 82:1; 47:9

▶ 이 땅의 통치자들과 재판관들을 위하여 특별히 기도합시다.

이 나라에서 법을 집행하는 사람들을 가르치셔서 올바른 판결을 내리고 하나님을 두려워하며 다스리게 하소서. 그들이 사람을 기쁘게 하기 위하여 재판하지 않고 그들의 재판을 주관하시는 하나님을 기쁘시게 하기 위하여 재판해야 함을 언제나 기억하게 하시고, 주님을 두려워하는 일이 한순간이라도 그들에게서 떠나감이 없게 하소서. 삼하 23:3-4, 대하 19:6-7

맡은 일을 충실히 수행할 수 있는 사람들을 우리의 재판관으로 정하시고, 그들이 하나님을 두려워하며 뇌물을 받지 아니하는 진실한 사람들이 되게 하소서. 공의가 물처럼 흐르고, 정의가 마르지 않는 강처럼 흐르게 하소서. 출 18:25, 대하 19:7, 암 5:24

우리를 다스리는 사람들이 진실한 마음을 잃지 않도록 힘을 주소서. 그들이 과부와 고아를 변호해 주고, 가련한 사람과 궁핍한 사람에게 공의를 베풀며, 가난한 사람과 빈궁한 사람을 악인의 손에서 구해 낼 수 있도록 하소서. 선한 일을 하는 사람들이 우리의 통치자들을 두려워하는 일이 결코 없게 하시고, 오직 악을 행하는 자들만 통치자들을 두려워하게 하소서. 시 82:3-4, 롬 13:3, 벧전 2:14

나이와 처한 환경이 각기 다른
여러 사람들을 위하여 기도합시다

◐ 이제 막 세상으로 나가는 젊은이들에게 특별히 필요한 것들을 기억합시다.

주님, 청년들이 아직 젊은 날에 그들의 창조주를 기억할 수 있도록 도우소서. 그들이 어리고 젊은 시절의 헛된 것들을 가까이 하지 않게 지키시고, 마음과 눈이 원하는 길을 따라 걷지 않게 하소서. 하나님께서 그들의 지혜롭지 못한 행동과 말에 대하여 해명을 요구하실 터이니, 그들로 하여금 이것을 깊이 생각하게 하시고, 언제나 신중히 판단하는 사람들이 되게 하소서. 그들 안에 언제나 주님의 말씀이 있어서 악한 자를 이기게 하소서. 전 12:1; 11:9-10, 마 12:36, 딛 2:6, 요일 2:14

새벽이슬처럼 나온 우리의 수많은 젊은이들을 그리스도께서 사로잡으시고, 아직 어린 그들의 마음 안에 그리스도의 형상이 이루어지게 하소서. 이제 막 세상으로 나가는 그들을 보호하소서. 그들이 세상에서 정욕 때문에 부패하는 사람이 되지 않고, 주님의 진리를 잘 가르침 받아 건전한 교훈을 굳게 지키도록 하소서. 그들은 자신을 가르친 사람들의 평판을 잘 알고 있습니다. 부디 그들이 가르침 받은 대로 믿고 살게 하소서. 시 110:3, 갈 4:19, 벧후 1:4, 딛 1:9, 딤후 3:14

◐ 노년에 속한 사람들이 받는 특별한 시험을 생각하며 그들을 위

해 기도합시다.

　우리들 가운데는 주 예수 그리스도의 늙은 제자들이 있습니다. 늙은 나이에도 그리스도를 위하여 선한 열매를 맺는 그들에게 기쁨과 만족을 주소서. 주님의 올곧으심을 그들과 우리에게 나타내 보이시고, 주님의 신실한 종들을 결코 버리지 마소서. 진실로 주께서는 한순간도 불의하게 행하지 아니하시니, 그들의 삶이 요동칠 때마다 주께서 그들의 든든한 반석이 되어 주소서. 행 21:16, 시 92:14-15; 37:28; 92:15

　이제 고생스러운 날들이 왔습니다. 사는 것이 즐겁지 않다고 하는 나이가 되었습니다. 주께서 위로하시어 그들의 영혼을 달래소서. 그들로 하여금 늙어서도 여전히 열매를 맺고 늘 진액이 넘치며 푸르른 사람이 되게 하소서. 그들이 고난을 당한 날수만큼 즐거움을 얻게 하시고, 재난을 당한 햇수만큼 기쁨을 누리게 하소서. 진실로 주께서는 우리가 늙은 나이에 이르러도 변치 아니하신다 약속하셨습니다. 주께서는 언제나 동일하십니다. 주께서는 우리가 백발이 될 때까지 우리를 품고 다니실 것입니다. 주께서 우리를 지으셨으니, 주께서 우리를 품으시고 안으시며 끝까지 구원해 주실 것입니다. 전 12:1, 시 94:19; 92:14; 90:15, 말 3:6, 사 46:4

　주께서는 우리가 어렸을 때부터 우리를 길러 주시고, 거듭하여 우리에게 놀라운 일들을 보여 주셨습니다. 이제 우리는 늙어서 머리가 희어졌으나, 주님, 우리를 떠나지 마소서. 늙어서 아무 힘도 없는 우리를 버리지 마소서. 우리의 백발이 의로운 삶의 길을 걸어서 얻은 영화로운 면류관이 되게 하소서. 우리가 믿어 온 분을 확실히 알게 하시고, 마지막 날까지 주께서 우리의 영혼을 능히 지켜 주시리라 확신하게 하소서. 시 71:6, 17-18, 잠 16:31, 딤후 1:12

◐ 이 세상의 부유하고 유복한 사람들을 위하여 기도하는 일을 소홀히 하지 맙시다. 다른 사람들과 마찬가지로 그들에게도 기도가 필요합니다. 부자가 하나님 나라에 들어가기가 얼마나 어려운지 생각해 보면, 오히려 그들을 위하여 더 많이 기도해야 할 것입니다.

부자가 하나님 나라에 들어가기가 지극히 어렵다는 주님의 말씀으로 우리가 놀랍니다. 그러나 주께서는 또한 말씀하시기를, 사람으로서는 할 수 없는 일을 하나님께서는 하실 수 있다 하셨습니다. 주님, 이 세상에서 부자로 사는 사람들이 교만해지지 않게 하시고 덧없는 재물에 의지하지 않게 하시며, 우리에게 모든 것을 풍성히 주셔서 즐기게 하시는 살아 계신 하나님께 소망을 두게 하소서. 선을 행하고 선행에 부유한 사람이 될 수 있도록 그들을 가르쳐 주시고, 주께서 주신 물질의 축복을 언제나 다른 사람들에게 아낌없이 베풀게 하소서. 그들이 그렇게 물질을 나눔으로써 앞날을 위하여 든든한 기초를 스스로 쌓고, 참된 생명을 얻게 하소서. 마 19:24, 26, 딤전 6:17-19

◐ 이 세상에서 가난한 사람들, 여러 가지 물질적 어려움으로 고통받는 사람들을 위하여 기도하는 일을 결코 잊지 맙시다. 우리 가운데는 늘 그렇게 어려운 사람들이 있고, 우리는 마땅히 그리스도의 이름으로 그들을 돌봐야 합니다.

사랑하는 아버지, 필요한 사람에게 찬물 한 그릇이라도 떠 주는 우리가 되게 하소서. 가난한 사람들이 우리 문 앞에 왔음에도 우리가 그들을 보살피지 않았을진대, 우리에게 주님의 의로운 심판을 내리소서. 마 10:42, 욥 31:16-22

의로운 사람들에게 가난과 고통이 많습니다. 은혜로우신 주님,

그 모든 고난에서 그들을 건져 주소서. 이 세상의 가난한 이들을 믿음에 부요한 이들로 만드시고, 영원한 나라의 상속자가 되게 하소서. 가난한 이들이 충만한 복음을 듣는 은혜가 넘치게 하소서. 시 34:19, 약 2:5, 마 11:5

◐ 여러분을 미워하는 사람들을 위하여 기도합시다.
주님, 우리의 원수를 사랑하고, 우리를 저주하는 사람들을 축복하며, 우리를 핍박하는 사람들을 위하여 기도하게 하소서. 아버지, 우리를 죽이려 하는 사람들조차 용서하소서. 그들은 그들이 무슨 일을 하는지 알지 못합니다. 우리에게 악하게 행한 그들의 죄를 그들에게 돌리지 마소서. 용납하고 용서하는 사랑의 마음을 우리 안에 일으키소서. 우리가 기도로 주님 앞에 나아갈 때는 먼저 다른 이들을 용서하게 하소서. 그래야 하늘에 계신 아버지께서 우리를 용서해 주실 것입니다. 우리의 행실이 주님을 기쁘시게 하므로 주께서 이를 보시고 우리와 원수 된 사람들과도 화목하게 하여 주시는 은혜가 있게 하소서. 눅 6:27-28; 23:34, 행 7:60, 골 3:13, 막 11:25, 잠 16:7

메시아 나라의 평화가 온전히 이루어지게 하소서. 이리가 어린 양과 함께 눕게 하시며, 주님의 거룩한 산 모든 곳에서 어느 누구든지 서로 해치고 파괴하는 일이 없게 하소서. 에브라임 사람들이 유다를 질투하지 않도록 고쳐 주시고, 유다 사람들도 더 이상 에브라임 사람들을 괴롭히지 않게 하소서. 사 11:6, 9, 13

◐ 여러분의 친구들을 위하여, 또한 여러분을 사랑하는 사람들을 위하여 기도하는 일을 잊지 맙시다.

우리가 진리 안에서 사랑하는 모든 사람들이 잘되기를 원합니다. 그들의 육신을 건강하게 하시고, 그들의 영혼은 특별히 더 강건하게 하소서. 요삼 2

주 예수 그리스도의 은혜가 그들의 영혼과 함께하기를 기도합니다. 몬 25

6. 특별 기도

공적인 삶과 개인적인 삶 모두와 관련한 특별한 일에 대하여 기도합시다

● 여러분은 여러분의 모든 일을 하나님 앞에 가져가 기도하고 아뢸 수 있습니다. 이것은 하나님께서 여러분에게 주신 특권이자 의무입니다. 하지만 삶의 특별한 상황에 대한 이 특별한 기도는 의무와 특권이기에 앞서 무엇보다 하나님께서 여러분의 걱정에 대해 내려 주시는 처방입니다. 하나님께서는 여러분에게 아무것도 염려하지 말고 모든 일을 오직 기도와 간구로 하고, 여러분이 바라는 것을 감사하는 마음으로 하나님께 아뢰라고 하셨습니다. 여러분이 담대히 하나님 앞으로 나아가는 만큼 여러분이 들고 온 문제에 대해서도 역시 담대하고 구체적으로 말씀드려야 합니다. 간구는 여러분의 문제와 고통과 슬픔에 합당하게 간절해야 합니다. 하나님께서 여러분에게 여러분의 상황에 대한 설명을 요구하신다는 뜻이 아닙니다. 그분께서는 이미 여러분의 문제를 여러분보다 더 잘 알고 계십니다. 하나님께서 여러분에게 원하시는 것은 여러분이 행하는 모든 길에서 그분을 인정하고, 그분께서 여러분의 모든 발걸음을 인도해 주시기를 잠잠히 기다리고, 여러분의 모든 소원을 그분의 더 완전한 계획과 목적 아래 굴복시키는 것입니다. 여러분이 스스로 짜 놓은 인생 계획을 감히 하나님께 실행하라고 지시해서는 안 됩니다. 여러분이 원하는 바를 하나님 앞에 가져갈 때는, 주님의 무한하신 지혜 아래 기쁨으로 순복하고 겸손히 여러분의 필요와 소원과 짐을 말씀드

리면 됩니다. 무슨 일이 됐든, 하나님께 영광이 되고 여러분에게 유익이 되며 그리스도의 구원의 복음이 세상으로 퍼져 나가기에 가장 합당하다 여기시는 그 일을 행하시길 주님께 간구합시다. 빌 4:6, 히 10:19, 대하 6:29, 잠 3:6, 시 37:23

    이제 하나님께 기도를 드려야 하는 특별한 경우를 생각해 봅시다. 이 간구에는 하루의 일과를 위해 드리는 기도, 그리스도의 교회 안에서의 삶을 위한 기도, 지역 사회의 구성원으로서의 삶을 위한 기도, 몸이 아픈 사람들을 위한 기도, 영적인 문제를 붙들고 싸우는 사람들을 위한 기도, 특별한 어려움에 직면한 사람들을 위한 기도 등이 포함됩니다.

하루의 일과를 위하여 기도합시다

◐ 여러분의 구주 되시는 하나님께 기도를 드림으로 아침을 시작합시다.

은혜로우신 주님, 잠에서 깨어나는 순간 우리가 소리 높여 주님께 아룁니다. 새벽에 우리가 주님께 기도드립니다. 우리 영혼이 주님을 기다림이 파수꾼이 아침을 기다림보다 더 간절하기에 우리가 눈을 들어 하늘을 바라봅니다. 주께서 밤새도록 우리를 지켜 주셨기에 우리가 아침마다 주님의 한결같은 사랑을 소리 높여 노래합니다. 시 5:3; 130:6; 59:16

낮도 주님의 것이요 밤도 주님의 것입니다. 주께서 빛과 해를 마련하셨으며, 아침빛에게 명령하여 나타나라 하셨고, 새벽에게 그 빛을 펼치게 하셔서 땅끝을 휘어잡게 하셨습니다. 그 빛으로 인하여 땅은 토판에 찍은 도장처럼 뚜렷이 보입니다. 시 74:16, 욥 38:12-14

새벽빛이 우리를 비추듯이 구원의 빛이 하늘로부터 우리를 비추게 하시고, 주님의 자비로 말미암은 죄 사함으로 우리를 새롭게 하시며, 의로운 해가 떠올라서 치료하는 광선을 펼치게 하소서. 우리의 길이 동틀 때의 햇살처럼 대낮이 될 때까지 점점 더 빛나게 하소서. 우리가 진멸되지 아니함은 오직 주님의 사랑 때문이요, 주님의 긍휼은 끝이 없으니, 그 사랑과 긍휼이 아침마다 새롭고, 주님의 신실하심이 큽니다. 우리가 밤새도록 눈물을 흘려도 새벽이 오면 기쁨

특별 기도

이 넘칩니다. 눅 1:77-78, 말 4:2, 잠 4:18, 애 3:22-23, 시 30:5

  주께서 우리를 붙드심으로 우리가 밤에 누워 잘 수 있으니 감사드립니다. 하나님의 아들은 세상에서 머리 둘 곳이 없으셨으나 우리는 머리 둘 곳이 있어서, 광야와 산과 동굴과 땅굴을 헤매고 다니지 아니하였습니다. 우리는 새벽까지 뒤척이며 마음 졸이지 아니하고 편히 잠들었으며, 주께서는 우리 앞에 괴로운 밤을 작정해 두지 아니하셨습니다. 이제 우리는 잠자리에 들어, 언제 이 고달픈 밤이 지나가겠느냐고 중얼거리지 않습니다. 우리의 침상이 우리를 위로하고 우리의 잠자리가 우리의 수심을 풀어 줍니다. 주께서 우리를 사랑하시는 증거로 우리에게 잠을 주시니, 우리가 침상으로 가서 밤새도록 자고 다시 깨어납니다. 주께서 우리 눈앞에 새벽빛을 다시 밝혀 주셨으므로 우리가 죽음의 잠에 빠지지 아니하였습니다. 시 3:5, 눅 9:58, 히 11:38, 욥 7:3-4, 13, 시 127:2; 13:3

  오, 주님, 어둠을 틈타서 퍼지는 전염병으로부터 우리를 지키시고, 이 세상 어둠의 지배자들의 악한 의도로부터 또한 우리를 지키소서. 우는 사자같이 두루 다니며 삼킬 자를 찾는 마귀에게서 우리를 안전하게 지켜 주소서. 주께서 졸지도 아니하시고 주무시지도 아니하시니 우리가 주님을 찬양합니다. 주께서는 택하신 백성을 지켜줄 수 있는 오직 한분이시니, 주께서 우리를 지키시면 우리가 진실로 안전할 것입니다. 시 91:6, 엡 6:12, 벧전 5:8, 시 121:4, 7

  우리도 주님의 종 다윗과 같이, "깨어나 보면 우리가 여전히 주님과 함께 있습니다" 하고 말하게 하소서. 우리가 주님의 말씀을 묵상하려고 뜬눈으로 밤을 지새우려 하나, 헛된 생각이 여전히 우리 안에 머물러 있습니다. 우리의 죄를 용서하소서. 우리가 주님을 의지하오니, 아침마다 주님의 변함없는 사랑의 말씀을 듣게 하시고, 우리의 영혼을 주님의 손에 의탁하오니 오늘 우리가 가야 할 길을 알려 주소서. 주님은 우리의 하나님이시니, 우리에게 주님의 뜻을 따라 사는 길을 가르쳐 주시고, 주님의 선하신 영으로 우리를 이끄셔서 평탄한 길로 인도하소서. 시 139:18; 119:148, 렘 4:14, 시 143:8, 10

오늘 하루 내내 주께서 우리를 모든 악에서 지켜 주소서. 주님, 우리의 생명을 지켜 주시고, 우리가 나갈 때나 들어올 때나 지켜 주소서. 주님의 천사들에게 명하셔서 우리를 지키게 하시고, 그들의 손으로 우리를 붙들게 하셔서 우리의 발이 돌부리에 부딪히지 않게 하소서. 날마다 정해진 의무에 따라 그날의 일을 그날에 행할 수 있는 은혜를 우리에게 베푸소서. 시 121:7-8; 91:11-12, 스 3:4

◑ 여러분을 지켜 주시는 하나님께 기도를 드림으로 하루를 마칩시다.

날마다 우리의 짐을 대신 짊어지시는 주님, 찬양받으소서. 오늘도 주께서는 우리가 나갈 때나 들어올 때나 지켜 주셨습니다. 주께서 우리를 평안히 쉬게 하여 주시므로 우리가 편히 누워 잠듭니다. 우리와 우리의 집과 우리가 가진 모든 것을 울타리로 감싸 지켜 주소서. 주님의 천사들로 하여금 우리를 둘러 진을 치고 우리를 구하게 하소서. 그리하면 우리가 누워서 쉬어도 우리를 깨워 놀라게 할 것이 없겠나이다. 우리가 죽음의 잠에 빠질 때에도 우리의 영혼을 평안히 주님의 손에 맡기게 하소서. 시 68:19; 121:8; 4:8, 욥 1:10, 시 34:7, 욥 11:19, 시 31:5, 행 7:59, 눅 23:46

오, 주님, 하루의 시작과 끝을 목격한 모든 사람들이 주께서 행하신 일을 보고 놀랍니다. 주님께서는 해 뜨는 곳과 해 지는 곳 어디에서나 즐거이 외치게 하십니다. 우리는 해가 뜨면 일하러 나갔다가 저녁이 되면 돌아와 쉽니다. 이처럼 우리 영혼도 돌아와 주님 안에서 쉬게 하소서. 진실로 주께서는 우리를 너그러이 대해 주셨습니다. 우리로 하여금 단잠을 자게 하소서. 이처럼 주께서 단잠을 주시므로 우리가 일과 노동에서 잠시 물러나 쉼을 얻겠나이다. 시 65:8; 104:22-23; 116:7, 렘 31:26, 막 6:31

밤에 우리가 깊은 잠에 들어 꿈속에서 주님의 경고를 받을 때, 우리의 귀를 열어 듣게 하소서. 밤에 주시는 주님의 경고로 인하여 우리가 그릇된 행위와 교만에서 돌이켜, 파멸의 구덩이에서 건짐을 받게 하소서. 주께서 날마다 우리에게 좋은 생각을 주시고, 밤마다 우리의 마음에 교훈을 주시며, 밤새도록 우리의 마음을 살피시고 감찰하소서. 잠자리에 누워 마음 깊이 반성하고, 쉼을 얻게 하소서. 욥 33:15-18, 시 16:7; 17:3; 4:4

아버지, 아버지께서 오늘 우리에게 필요한 양식을 주셨듯이, 오늘 우리가 지은 죄를 용서하소서. 오늘 우리가 잠자리에 들어 주님을 기억하며 찬양을 드리게 하시고, 밤을 새우면서도 주님만을 생각하고 묵상하게 하소서. 주님께서 주님의 성도들을 보시고 기뻐하시듯이, 우리 또한 주님의 영광스러우심을 크게 기뻐하며, 잠자리에 들어서도 큰 소리로 노래하게 하소서. 마 6:11-12, 시 63:5-6; 149:4-5

◐ 식탁에 앉아서 먼저 하나님의 복을 구합시다.

주님께서 육신을 가진 모든 것들에게 먹을 것을 주시니, 이는 주님의 사랑이 영원하기 때문입니다. 만물이 모두 주님만을 바라보며 기다리고, 주님께서는 손을 펴시어, 살아 있는 피조물의 온갖 소원을 만족스럽게 이루어 주십니다. 주님께서 주님을 경외하는 사람들에게 양식을 주시고, 그 언약하신 사랑을 영원히 기억하십니다. 주님께서는 우리의 생명이시며, 우리가 살아갈 날들을 정하는 분이십니다. 주님께서는 우리가 태어난 날로부터 오늘에 이르기까지 우리를 먹여 주신 하나님이십니다. 우리는 비록 주님께 인색하게 드렸으나 주님께서는 우리에게 모든 것을 풍성히 주시어 누리게 하셨습니다. 주님께서는 우리에게 나무에서 나는 모든 열매를 비롯하여 모든 채소와 고기를 양식으로 주셨고, 살아 있는 모든 것을 우리의 먹을 것으로 허락하시어 즐기게 하셨습니다. 시 136:25; 145:15-16; 111:5; 신 30:20, 창 48:15, 딤전 6:17, 창 1:29; 9:3

주님께서 깨끗하게 하신 것을 우리가 속되다 하는 일이 없게 하소서. 이것이 그리스도께서 선언하신 복음에 합당한 일입니다. 우리의 주님 예수께서 모든 음식이 깨끗하다 하셨으니, 우리 또한 밖에서 사람의 몸속으로 들어가는 것이 사람을 더럽히지 못함을 알게 하시고, 사람의 마음에서 나오는 악한 것으로부터 우리를 자유하게 하소서. 주님께서 지으신 그 모든 좋은 것들을 우리가 부정하는 일이 없게 하소서. 우리의 모든 음식은, 믿고 진리를 아는 사람이 감사하는 마음으로 먹게 하시려고 주님께서 만드신 것입니다. 행 10:15, 막 7:18-23, 마 15:11, 딤전 4:3-4

우리는 주님께서 선하신 섭리로 마련하신 식탁에서 떨어지는 부스러기를 얻어먹기에도 부족한 사람들임을 주님께 고백합니다. 우리가 의지하는 모든 양식과 물을 주께서 거두어 가심이 합당합니다. 주께서 우리의 양식과 물을 제한하시고 많이 부족한 가운데서 먹게 하심이 진실로 옳습니다. 배부르게 먹고 만족할 때, 우리는 우리의 창조주 하나님을 잊었습니다. 우리의 이 배은망덕한 죄를 용서하소서. 우리가 먹으려고 차려 놓은 식탁이 도리어 우리가 걸려 넘어지는 덫이 되게 하지 마옵시고, 날마다 우리의 평화와 기쁨이 되게 하소서. 마 15:27, 사 3:1, 겔 4:16, 신 32:15, 시 69:22

모든 것이 하나님의 말씀과 기도로 거룩해져야 함을 우리로 하여금 기억하게 하소서. 또한 사람이 떡으로만 살지 아니하고 하나님의 입에서 나오는 말씀으로 살아가야 함을 우리에게 늘 상기시켜 주소서. 우리가 우리 주님을 본받아 하늘을 우러러 기도하며 우리의 음식에 대하여 주님의 축복을 구하게 하소서. 주님께서 우리의 양식에 크나큰 축복을 내리시어 주님 은혜의 풍성함을 보이시며, 이 땅의 가난한 사람들이 먹을 양식을 넉넉히 내려 주소서. 딤전 4:5, 마 4:4; 14:19, 시 132:15

우리가 믿는 자들의 애찬을 망치는 암초가 되는 일이 없게 하소서. 분별없이 먹고 마심은 우리에게 내리는 심판을 먹고 마심과 같습니다. 우리의 배를 우리의 하나님으로 삼지 않게 하소서. 방탕과 술 취함으로 짓눌리지 않도록 우리의 마음을 지켜 주시고, 우리가 먹든지 마시든지, 무슨 일을 하든지, 하나님의 영광을 위하여 할 수 있도록 도와주소서. 유 12, 고전 11:29, 빌 3:19, 눅 21:34, 고전 10:31

◐ 식사를 마친 후에는 하나님께 감사드립시다.

우리에게 양식이 풍부해서 배불리 먹을 수 있으니, 얼마나 복된 일인지요! 주께서 주신 옥토를 인하여 우리가 주님을 찬양합니다. 주님께서는 모든 사람의 주님이시니, 굶주린 사람에게 먹을 것을 주십니다. 또한 우리의 원수들이 보는 앞에서 우리에게 잔칫상을 차려 주시고, 우리의 머리에 기름을 부어 주시니, 우리의 잔이 넘칩니다. 이처럼 베풀어 주시는 마음을 우리 안에 심어 주셔서, 우리 또한 먹을 것 없는 사람들에게 우리 몫을 나누어 주는 마음을 내게 하소서.
신 8:10, 시 146:7, 시 23:5, 느 8:10

하늘에서 내려 주시는 생명의 양식을 인하여 주님께 특별히 감사를 드립니다. 오, 아버지께서는 세상에 생명을 주시려고 그 양식을 내려 주셨습니다. 우리에게 날마다 그 양식을 주소서. 또한 썩어질 양식을 위하여 일하지 아니하고 이생뿐 아니라 영생에 이르도록 남아 있을 양식을 위하여 일하는 지혜를 주소서. 주님은 우리 산업과 우리 잔의 소득이시며, 우리의 분깃을 지켜 주셨습니다. 그러므로 우리가 고백하오니, 우리에게 줄로 재어 주신 그 구역이 아름다운 곳에 있고, 진실로 우리의 기업이 아름답습니다. 우리가 주님의 나라에서 음식을 먹는 복된 사람, 감추어 두신 만나를 먹는 복된 사람들이 되기를 소원합니다. 요 6:33-34, 27, 시 16:5-6, 눅 14:15, 계 2:17

❶ **길을 나서기에 앞서 하나님의 보호하심을 구하며 기도합시다.**

주님, 우리가 가는 이 여정에서 우리를 지켜 주소서. 우리가 가는 길에 화가 미치지 않게 하시고, 하나님의 뜻으로 우리의 여정을 순탄하게 하소서. 우리가 어디를 가든지 방패로 둘러싸듯 우리를 주님의 은혜로 둘러싸 지키소서. 언제나 우리로 하여금 주님께서 가르쳐 주신 지혜의 길을 기억하게 하셔서, 이 세상 끝나는 날까지 우리의 여행을 무사히 마치게 하시고, 길을 가는 동안 우리가 넘어지거나 돌부리에 걸려 해를 입지 않도록 붙들어 주소서. 창 28:20, 시 91:10, 롬

1:10, 시 5:12, 잠 3:19, 21, 23, 시 91:12

우리가 어떤 사람, 어느 곳으로 가든지 주님을 가장 잘 섬길 수 있는 곳으로 가도록 하나님 우리 아버지와 그 아들 되시는 우리 주 예수께서 길을 인도하소서. 모든 일을 공평히 처리할 수 있도록 우리를 가르치시고, 주님께서 우리 앞에 보내신 일이 무엇이든 잘 이루어질 수 있도록 도우소서. 모든 백성을 살피시는 하나님께서 우리 또한 살피셔서, 우리가 서로 떨어져 있는 동안 피차 해롭게 할 계획을 세우지 않도록 하시고, 우리가 나그네 되어 머무는 곳으로 여행할 때도 주님께서 언약하신 한결같은 그 사랑을 보여 주소서. 살전 3:11, 시 112:5, 창 24:12; 31:49, 52

◐ 여행을 무사히 마친 후에는 주님께 감사 기도를 올립시다.

언약의 주, 아브라함의 하나님을 찬송합니다. 주님께서는 이제껏 한시도 잊지 않고 주님의 사랑과 성실하심을 보여 주셔서, 그 섭리하심으로 늘 우리를 합당한 사람들과 장소로 인도해 주십니다. 나의 모든 뼈, 나의 전 존재가 증언합니다. 주님 같으신 분이 어디 있는지요? 주님께서 나의 모든 뼈를 지켜 주시니, 어느 것 하나도 부러지지 않았습니다. 오, 하나님께서 나를 강하게 하시고 내 삶의 길을 완전하게 하십니다. 창 24:27, 시 35:10; 34:20; 18:32

그리스도의 교회 안에서의 삶을 위하여 기도합시다

❶ 주님의 날 전날 저녁에 기도로 준비합시다.

날마다 해가 뜨듯이 내일도 해가 뜨겠으나, 특별히 내일은 주님의 거룩한 안식일임을 기억하게 하시고, 이 안식일은 큰 날이요 복되고 거룩하며 존귀한 날임을 깨닫게 하소서. 주님께서 세상을 창조하실 때부터 이날을 거룩하게 하셨듯이, 우리 또한 이날을 거룩하게 지킬 수 있도록 크나큰 은혜를 베푸시고, 내일 우리 가운데서 놀라운 일을 이루소서. 이제 안식일이 다가오고 있습니다. 우리로 마음을 다하여 주님의 날을 맞을 합당한 준비를 하게 하소서. 출 16:23, 요 19:31, 사 58:13, 창 2:3, 수 3:5, 눅 23:54

여섯째 날에 주님께서는 손수 만드신 모든 것을 보고 심히 좋다고 하셨습니다. 우리의 첫 조상이 완전하였음에도 우리는 다 실수가 많습니다. 우리가 회개로써 주님을 예배하며 그리스도의 피를 믿사오니, 우리의 발뿐 아니라 우리의 손과 머리와 마음까지 씻겨 주소서. 우리를 정결케 하시고, 이로써 우리가 죄인들에게 주님의 길을 가르칠 수 있게 하소서. 우리가 주님의 제단을 두루 돌면서 감사의 노래를 부르고, 주님께서 우리에게 행하신 놀라운 일들을 모두 다 전하며 최선을 다하여 이날을 지키게 하소서. 창 1:31, 약 3:2, 요 13:9, 시 51:3, 7, 13; 26:6-7

우리의 모든 일에서 떠나 오늘 하루를 온전히 쉬게 하소서. 주님의 거룩한 산에 예배하러 올라갈 때, 우리의 모든 세상 근심과 염려를 산 아래 내려놓고 올라가게 하시고, 주님의 산에서 새 힘을 얻고 돌아와 다시 일하게 하소서. 히 4:10, 창 22:5

◐ 주님의 날 아침에 여러분을 하나님 앞에 거룩히 드리십시오.

주님의 날에 우리가 성령 안에 있기를 원합니다. 안식일의 주인이신 인자에게 영광을 드리는 이날을 우리가 즐거운 날이라 부르기를 원합니다. 이날을 우리가 귀하게 여겨서 우리 멋대로 하지 않고, 우리의 쾌락을 찾지 않으며, 종일토록 함부로 말하지 않게 하소서. 계 1:10, 막 2:28, 사 58:13

주님께 제물을 드리는 날로 정해 주신 이날에 우리가 오시기로 예언된 분과 주님의 집에서 함께합니다. 우리에게 이와 같은 복을 내려 주신 주님께 영광을 드립니다. 두 번째 아담이신 인자의 날들 가운데 또 하루를 볼 수 있도록 하심으로 우리에게 빛을 비추어 주신 주님께 감사드립니다. 주님의 집 뜰 안에서 사는 하루가 다른 곳에서 지내는 천 날보다 나음을 우리가 체험으로 알아 고백합니다. 시 118:26-27, 눅 17:22, 시 84:10

하늘과 땅의 주님이신 아버지, 이 거룩한 날에 우리가 주님의 규례에 참여하였습니다. 지혜롭고 똑똑한 사람들에게 감추신 것들을 우리와 같은 어린아이들에게는 드러내 주셨으니 감사드립니다. 주님께서 우리에게 이와 같이 해주심은 주님과 주님의 구속에 대한 진리를 우리가 보고 들음이 주님 보시기에 좋았기 때문입니다. 많은 예언자들과 왕들이 이 진리를 보려 하고 들으려 했으나 보지 못했고 듣지 못했습니다. 그러나 이제 주님께서는 복음으로 생명과 썩지

않음을 우리에게 환히 드러내 보여 주셨습니다. 눅 10:21-24, 딤후 1:10

◐ 주님의 날을 맞아 공적인 예배를 시작하면서, 그리스도인들의 모임을 이끌어 가는 모든 지도자들을 주관하시는 위대한 목자, 곧 한 분이신 하나님께서 여러분을 인도하고 계심을 기억합시다. 신 6:4, 히 13:20, 전 12:11

우리의 도움은 천지를 지으신 주님의 이름에 있습니다. 우리가 스스로 계신 위대한 분, 엿새 동안 하늘과 땅과 바다와 그 안에 있는 모든 것을 만드신 언약의 주님께 영광을 드리기 위하여 함께 나아갑니다. 주님께서는 이 모든 창조의 일을 마치시고 일곱째 날에는 쉬셨으며, 이에 따라 안식일을 복되게 하시고 이날을 거룩하게 하셨습니다. 우리를 주님의 새로운 피조물 되게 하시고, 또한 선한 일을 하게 하시려고 하나님께서 그리스도 예수 안에서 만드신 작품이 되게 하소서. 창조주 하나님께서 세상을 만드신 첫째 날에 어둠 속에 빛이 비쳐라 하고 말씀하셨습니다. 이제 이 한 주의 첫째 날에 우리의 마음속을 비추셔서, 예수 그리스도의 얼굴에 나타난 하나님의 영광을 아는 지식의 빛을 우리에게 주소서. 시 124:8, 출 3:14; 20:11, 고후 5:17, 엡 2:10, 고후 4:6

우리가 주님의 영광을 위하여 이 안식일을 거룩하게 하므로 주님 예수 그리스도께 영광을 드리려고 함께 나아왔습니다. 이날은 주님 예수 그리스도께서 한 주의 첫날에 죽은 자들 가운데서 살아나심으로 하늘과 땅의 주님이심을 보인 주님의 날입니다.

주님 그리스도께서는 집 짓는 사람들이 내버린 돌이었으나 이제 메시아 나라의 모퉁잇돌이 되셨습니다. 이것은 주님께서 하신 일이요 우리의 눈에는 놀라운 일입니다. 이날은 주님께서 만드신 완성의 날이니, 우리로 기뻐하고 즐거워하게 하소서. 진실로 주님께서는 처음이요 마지막이시며, 죽었다가 영원히 살아나셨습니다. 계 1:10, 마 28:1, 6, 시 118:22-24, 계 2:8

그리스도의 부활의 능력을 오늘 우리로 하여금 체험하게 하소서. 우리가 그리스도의 죽으심과 같은 모양으로 그분과 함께 묻혔습니다. 그리스도께서 아버지의 영광을 온전히 드러내셔서 죽은 사람들 가운데서 살아나신 것과 같이 우리 또한 새 생명 가운데서 걷게 하소서. 우리를 그리스도와 함께 하늘에 앉게 하소서. 우리로 하여금 부활의 생명을 누리게 하시고, 위에 있는 것들을 찾게 하소서. 거기에는 그리스도께서 아버지의 우편에 앉아 계십니다. 빌 3:10, 롬 6:4-5, 엡 2:6, 골 3:1

모든 사람에게 부어 주신 은혜의 성령께 오늘 우리가 영광을 드리게 하시고, 또한 아버지께서 그 놀라운 약속을 주셨음에 찬양하게 하소서. 주일에 그리스도께서 죽은 사람들 가운데서 부활하신 것과 같이 주일에 성령께서 오심으로 주님의 능력이 온전히 드러났음을 인하여 기뻐하게 하소서. 이날 우리를 특별히 더 성령으로 충만하게 하소서. 그리스도와 그분의 성령께서 주신 빛의 열매가 모든 선과 의와 진실과 함께 우리 안에 나타나게 하소서. 행 2:17; 1:4, 8, 레 23:15-16, 행 2:1, 4, 엡 5:9, 18

오, 하나님께서는 주님의 거룩한 자들의 무리에서 심히 두려워해야 할 분이며, 주님께 나아가는 사람들은 모두 경건함과 두려움으로 섬기며 나아가야 합니다. 진실로 우리 하나님은 소멸하는 불이십니다. 주님께서 우리에게 이르시기를, 주님께 가까이 있는 모든 사람들 가운데서 거룩한 영광을 나타내리라 하셨습니다. 우리로 하여금 주님을 두려워하며 경외해야 할 분으로 삼게 하시고, 세상 모든 사람들 앞에서 영광을 받으소서. 주님께서는 우리에게 안식일의 표징을 주시고, 이로써 우리에게 주님께서 우리를 거룩하게 하는 주님이심을 알게 하셨습니다. 주님의 진리로 우리를 거룩하게 하셔서 우리 또한 마음속에 주님을 모시고 거룩하게 대하도록 하소서. 시 89:7, 히 12:28-29, 레 10:3, 사 8:13, 겔 20:12, 요 17:17, 벧전 3:15

우리는 함께 모이므로 보편 교회와 하나 됨의 증거가 됩니다. 우리는 여럿이지만 한 몸입니다. 우리는 아버지 되시는 동일한 하나님을 섬깁니다. 그분에게서 만물이 났고 우리는 그분을 위하여 있습니다. 우리는 한분이신 주님 예수 그리스도를 섬깁니다. 그분으로 말미암아 만물이 있고 우리도 그분으로 말미암아 있습니다. 우리는 한 분이신 같은 성령의 능력을 힘입어 섬깁니다. 그분께서는 원하시는 대로 각 사람에게 은사를 나누어 주십니다. 우리는 같은 표준을 따라 살고, 같은 복된 소망, 곧 위대하신 하나님과 우리 구주 예수 그리스도의 영광이 나타나기를 고대합니다. 고전 10:17; 8:6; 12:11, 갈 6:16, 딛 2:13

◐ 성인 세례에 참여하여, 죄인 하나가 회개한 일로 하늘과 더불어 기뻐합시다.

주님께서 언제나 주님의 백성들과 함께 이방인들 또한 언약의 인 치심을 받을 수 있는 합당한 수혜자로 삼아 주셨음을 인하여 우리가 찬양을 드립니다. 모든 신자들의 조상인 아브라함의 시대에 언약을 세우시고, 그 첫날부터 주님께서는 모든 이방 사람들을 기꺼이 언약의 공동체 안으로 맞아들이셨습니다. 어느 민족, 어느 나라 사람이든 누구나 이스라엘의 하나님을 고백하고 언약의 표를 받으면 주님의 모든 언약의 온전한 참여자가 될 수 있다는 주님의 그 말씀이 얼마나 놀라운지요. 할례라는 옛 언약의 표가 좀 더 쉬운 세례의 표로써 완전하게 성취되는 시대에 우리를 살게 해주신 주님께 감사드립니다. 또한 주님께서 부활하시고 다스리시는 그리스도의 권세로 명령하신바, 세상의 모든 제자들은 아버지와 아들과 성령의 이름으로 세례를 받으라 하셨음에 우리가 기뻐합니다. 주님께서 오순절에 언약의 백성을 다시 모으시어 삼천 명의 세례를 명하셨음을 인하여 감사드립니다. 하늘로부터 성령의 세례를 받는 그 특별한 순간에, 주님께서 수많은 나라에서 온 사람들에게 감동, 감화를 끼치셔서, 회개하고 주 그리스도 예수를 믿으라는 사도들의 말씀을 받아들이게 하셨음에 우리가 찬양을 드립니다. 또한 주님께서 명백히 이르시기를, 어느 민족 사람이든지 성령의 언약의 동등한 참여자로서 세례를 받아야 한다 하셨음을 인하여 우리가 기뻐합니다. 창 17:10-12, 출 12:48, 골 2:11-12, 빌 3:3, 마 28:19, 행 2:41; 10:34-35, 47

    온 세상에 복음이 널리 선포된 이 영광스러운 시대에도 많은 사람들이 회개하고 그리스도를 그들의 주님이요 구주로 믿는다고 진실하게 고백하며 세례를 받습니다. 우리가 이 일을 인하여 주님께 찬양을 드립니다. 주님께서 정하셨듯이, 세례의 물이 그리스도와 그분의 백성의 연합을, 또한 이 세상의 죄와 부패를 물로 씻어 그들이 깨끗해짐을 상징하고 확증하는 표와 인이 되게 하소서. 세례 받는 이 백성들을 이제부터 주님의 것으로 삼으소서. 그들을 암흑의 나라에서 건져 내셔서 아들과 사랑의 나라로 옮겨 주소서. 겔 36:25, 행

22:16, 고전 6:11, 엡 5:26, 히 10:22, 골 1:13

◐ 유아 세례에 참여하여, 하나님의 언약의 약속들을 아룁시다.

아브라함과 이삭과 야곱의 하나님, 주님께서 옛적에 믿는 자들 및 그 자녀들과 더불어 대대로 이어질 영원한 언약을 세우셨으니 감사드립니다. 주님께서 옛 언약을 세우실 때 믿는 자들과 그 자녀들을 위한 확증으로 할례를 명하셨듯이, 그 확증의 새 언약적 성취로 세례를 제정하셨음을 인하여 우리가 기뻐합니다. 옛적에 여호수아가 자신과 그 집안을 두고 언약을 세웠듯이, 새 언약의 신자들인 우리들에게도 여호수아처럼 할 수 있는 힘을 주소서. 언약의 주님, 이제 주님의 옛 언약을 이행하시어 믿는 자들과 그 자녀들의 하나님이 되소서. 주님의 약속은 여전히 우리와 우리 자녀들에게 주신 약속이오니, 아브라함에게 내리신 축복이 땅 위의 모든 사람들에게 똑같이 내리게 하소서. 창 17:7, 시 105:8-10, 창 17:10, 골 2:11-12, 빌 3:3, 수 24:15, 행 16:15, 33, 행 3:25; 2:39

주 예수님께서는 아기들을 안으시고 축복해 주셨으며, 어린이들이 주님께 오는 것을 허락하시고 막지 말라 하셨으며, 하나님의 나라는 이처럼 어린아이와 같은 사람들의 것이라고 하셨습니다. 복되신 예수님, 이 아이들을 주님의 은혜와 권능의 팔로 안으시고, 손을 얹어 풍성한 축복을 내려 주소서. 눅 18:15-16, 막 10:14-16

오, 하나님, 모든 영혼이 주님의 것이요, 부모의 영혼이나 자녀의 영혼이 똑같이 주님의 것입니다. 아버지의 마음을 자녀에게로 돌이키시고 자녀의 마음을 아버지에게로 돌이키소서. 이 어린이들이 하나님께서 기뻐하시는 거룩한 산 제물이 되게 하소서. 이들이 죄 중에 태어났으나 죄와 더러움을 씻어 줄 샘이 열렸습니다. 그 샘에서 이 아이들을 씻겨 주소서. 이 어린이들이 세례로 아버지와 아들과 성령께 거룩히 바쳐지게 하시고, 또한 자라나서 주님께서 온갖 좋은 일에 요긴하게 쓰시는 성별된 귀한 그릇이 되게 하소서. 겔 18:4, 말 4:6, 롬 12:1, 시 51:5, 슥 13:1, 마 28:19, 딤후 2:21

우리의 후손들에게 주님의 성령을 부어 주시고 우리의 아이들에게 주님의 복을 내려 주시어, 그들이 마치 풀밭의 풀처럼, 시냇가의 버들처럼 무성히 자라게 하소서. 주님의 영원한 언약을 따라, 우리의 후손들이 열방에 알려지고 만민 가운데 알려지게 하시며, 그들이 주님께 복 받은 자손임을 모든 민족으로 하여금 인정하게 하소서. 또한 우리의 아이들이 "나는 주님의 것"이라고 선언하게 하시고, 그들의 손에 담대히 주님의 이름을 새겨서 언약의 주님의 이름을 자신들의 것으로 주장하게 하소서. 사 44:3-4; 61:8-9; 44:5

◐ 성찬 예식 전, 마음을 경건히 하고 특별히 내려 주실 하나님의 은혜를 맞이할 준비를 합시다.

은혜로우신 주님, 주님께서는 선택하신 백성들이 옛적에 지키던 유월절의 성취에 친히 우리를 부르시어 참여하게 하셨습니다. 우리 각 사람이 주님과 더불어 친교를 나누는 내밀한 다락방에 모든 것을 준비하게 하소서. 주님께서 보여 주신 모범을 생각하며 서로 발을 씻겨 줄 수 있도록 우리를 가르치소서. 우리가 주님 오실 일에 대비하여, 허리에 띠를 띠고, 발에 신발을 신고, 손에 지팡이를 들고 먹게 하시되, 주님께서 이제 곧 심판으로 넘어가실 터이니, 서둘러 먹게 하소서. 지혜가 차린 음식을 먹고 지혜가 잘 빚은 포도주를 마시라는 이 초청을 우리로 하여금 열심히 받아들이게 하시고, 참 포도나무이신 그리스도와 친교하며 그 안에 남아 있어야만 얻을 수 있는 그 의에 더욱더 주리고 목마르게 하소서. 우리는 주님께서 초대하신 손님이 되기에 합당치 않지만, 주님께서는 우리를 어린양의 혼인 잔치에 불러 주셨습니다. 그리스도께서 우리에게 주신 의의 혼인 예복으로 우리를 꾸며 주시어 우리가 이 혼인 잔치에서 쫓겨나지 않게 하소서. 선하고 자비로우신 주님, 마음을 다하여 언약의 주님, 곧 그들의 조상 때부터 섬겨 온 주님을 찾는 사람들이 있습니다. 그들이 비록 유월절 예식에 참여하기 위하여 필요한 규례대로 자기들을 온전히 깨끗하게 하지 못하였더라도 용서하소서. 우리의 기도를 들으시고 주님의 모든 백성을 준비시켜 주소서. 마 26:17-19, 요 13:3-5, 출 12:11, 잠 9:5, 마 5:6, 요 15:5, 계 19:9, 마 22:11-13, 대하 30:18-19

● 성찬 예식 중, 이 특별한 은혜의 순간을 온전히 자신의 것으로 받아 누립시다.

이 축복의 잔으로 인하여 우리가 다함께 그리스도의 피의 유익에 참여하게 하소서. 우리가 떼는 이 떡으로 인하여 우리가 다함께 그리스도의 몸의 유익에 참여하게 하소서. 이 감사의 예식으로 인하여 우리가 주님께서 오실 때까지 주님의 죽으심을 선포하게 하소서. 고전 10:16; 11:26

우리가 이 절기를 지킴으로써 영원한 언약으로 주님과 연합하게 하시고, 주님과 한 영이 되게 하소서. 이 성찬 예식으로 우리가 강건해져서 처음 믿을 때 가졌던 확신을 끝까지 붙들어 그리스도의 참여자가 되게 하소서. 그리스도의 살이 우리의 참된 양식이 되게 하시고, 그리스도의 피가 우리의 참된 음료가 되게 하소서. 믿음으로 우리가 그리스도의 살과 피를 먹고 마심으로 그리스도께서 우리 안에 사시고 우리가 또한 그리스도 안에 살게 하시며, 이 성찬을 통하여 그리스도 안에 있는 풍성한 생명을 얻게 하소서. 유대인에게는 믿음의 장애물이요 이방인에게는 어리석은 일이 되는 그리스도의 십자가가 부르심을 받은 우리에게는 하나님의 지혜요 능력이 되게 하소서. 렘 50:5, 고전 6:17, 히 3:14, 요 6:55-57, 고전 1:23-24

이 주님의 만찬 예식이 우리에게 죄를 용서받고 성령을 선물로 받으며 영원한 생명을 약속하는 확실한 보증이 되게 하소서. 우리에게 주신 모든 은혜를 생각하며 이 구원의 잔을 높이 들고, 언약의 주님의 이름을 부르게 하소서. 행 2:38, 요일 2:25, 시 116:12-13

◑ 성찬 예식 후, 하나님 앞에 새로이 서원합시다.

주님, 우리가 이 성찬을 통하여 그리스도와 언약으로 연합하였으니, 언제까지나 우리가 이 하나 된 연합에 충실할 수 있도록 하소서. 우리가 언약의 서원으로 주님께 그대로 행해야 할 의무를 지듯이, 또한 우리 마음의 이 엄숙한 약속이 변치 않도록 보존해 주시고 주님을 향한 우리의 충성을 굳게 하시고, 날마다 우리의 서원을 이루어 나가며 기쁨으로 주님을 찬양하게 하소서. 또한 우리가 받은 것을 굳게 잡아, 아무도 우리의 면류관을 빼앗지 못하게 하소서. 대상 29:18, 시 56:12; 61:8, 계 3:11

우리로 언제나 예수의 죽임 당하심을 우리 몸에 짊어지고 다니게 하셔서 예수의 생명 또한 우리의 죽을 몸에 나타나게 하소서. 우리에게는 사는 것이 그리스도이십니다. 우리가 예수 그리스도를 주님으로 받아들였으니 그분 안에서 살아갈 수 있도록 은혜를 베푸시고, 우리의 생활이 모든 면에서 그리스도의 복음에 영광이 되게 하소서. 고후 4:10, 빌 1:21, 골 2:6, 빌 1:27

◐ 복음의 일꾼들을 임명하는 안수식에 참석하여, 그들의 사역으로 하나님의 말씀이 온전히 선포될 수 있도록 특별히 기도를 드립시다.

다른 이들을 잘 가르칠 수 있는 믿음직한 일꾼들에게 하나님의 말씀을 전하는 사역을 맡기소서. 그들을 타오르며 빛을 내는 등불로 삼으시고, 그들에게 이 직분을 맡기신 이는 다만 예수 그리스도이심을 밝히 드러내소서. 우리가 아무에게나 경솔히 안수하는 일이 없도록 늘 우리를 일깨우소서. 딤후 2:2, 요 5:35, 딤전 1:12, 딤전 5:22

안수 받은 이들이 그들의 직분을 진실하고 소중하게 여겨서 어느 것 하나 모자람 없이 완수하게 하시고, 그들이 오직 주님으로부터 그 일에 부르심 받았음을 잊지 않게 하소서. 그들로 하여금 언제나 절제된 생활을 하고 예정된 모든 고난을 참고 견디며, 전도자의 일을 하고, 맡은 직무를 모두 완수하게 하소서. 그리스도의 이름으로 회개와 죄 사함을 전파하는 사람들에게 위로부터 오는 능력을 입게 하소서. 늘 믿음의 진리로 양육을 받으며 좋은 교훈을 견고히 붙들고 있는 그들을 예수 그리스도의 좋은 일꾼으로 만드소서. 골 4:17, 딤후 4:5, 눅 24:47, 49, 딤전 4:6

지역 사회의 모든 삶에
하나님의 축복이 임하도록 기도합시다

◐ 결혼식이 있을 때는 주 예수께 친히 함께 계셔 달라고 간구합시다.

결혼하는 신자들은 언제나 주님 안에서 결혼하게 하소서. 주 예수께서 친히 임하시어 모든 그리스도인들의 결혼을 은혜롭게 하시고, 평범한 물을 주님의 구속의 사역으로 인하여 흘러나오는 풍성한 포도주로 바꾸소서. 주님의 구속 사역을 인하여 만물이 태초의 모습을 회복합니다. 남편이 아내의 구원에 도움이 되고 또한 아내가 남편의 구원에 도움이 되게 하소서. 혼인하는 두 사람이 거룩한 사랑 안에서 살아가도록 축복하시고, 두 사람이 함께 하나님 안에 있게 하시며, 하나님께서도 그들 안에 계시옵소서. 고전 7:39, 요 2:2-3, 5-10, 고전 7:16, 요일 4:16

남편 된 사람은 아내를 잘 이해하며 함께 살도록 하시고, 아내 된 사람은 열매를 많이 맺는 집안의 포도나무요 남편을 돕고 남편과 어울리는 배필이 되게 하소서. 두 사람이 생명의 은혜를 함께 상속받을 사람으로 살게 하셔서, 그들의 기도가 막히지 않게 하소서. 또한 장가도 가지 않고 시집도 가지 않는 저 세상과 부활을 두 사람이 생각하고 준비하도록 하소서. 벧전 3:7, 시 128:3, 창 2:18, 눅 20:35

◐ 장례식이 있을 때는 우리의 삶을 깊이 생각해 보게 해달라고 주

님께 간구합시다.

　주님, 잔칫집에 가는 것보다 초상집에 가는 것이 나음을 알게 하시고, 살아 있는 사람은 누구나 죽는다는 것을 명심하게 하소서. 우리는 모두 우리 조상들에게로 돌아가야 하오니, 우리의 삶의 결과가 어떠할지 헤아려 보는 지혜를 갖게 하소서. 그리스도께서 다시 오실 때까지 이 세상에 살아남아 있는 사람들을 제외하고, 우리 모두는 앞서 간 친척들과 친구들과 이웃들과 마찬가지로 잠들어 있을 것입니다. 우리가 늘 이것을 잊지 않고 살아가게 하소서. 지금은 우리가 우리를 위하여 마련된 곳으로 갈 수 없으나 예수 안에서 이미 잠든 사람들을 따라갈 준비를 하게 하소서. 전 7:2, 신 32:29, 민 27:13, 살전 4:15, 요 14:2; 13:36

　우리는 주님께서 우리를 죽음에 이르게 하실 것임을 압니다. 그러나 우리가 믿음으로 주 그리스도를 명백히 우리의 구원자로 본 후에 죽음을 보게 하시고, 주님의 말씀을 따라 이 세상에서 평안히 떠나가게 하소서. 또한 우리로 하여금 땅에 있는 우리의 장막집이 무너질 것에 대비하게 하시고, 우리에게는 사람의 손으로 지은 것이 아니라 하늘에 있는 영원한 집에 있음을 확신하게 하소서. 욥 30:23, 눅 2:26, 29, 고후 5:1

　우리의 구원자께서 살아 계시고, 마침내 그분께서 땅 위에, 아마도 우리 무덤 흙 위에 우뚝 서실 것임을 우리가 확신하며 살게 하소서. 진실로 우리는 육체가 썩은 다음에라도 하나님을 뵈올 것입니다. 우리의 두 눈으로 주님을 직접 뵈올 것이니, 그때 주님이 결코 낯설지 않을 것입니다. 욥 19:25-27

◐ 비가 내리지 않을 때는 특별한 고백과 청원을 들고 주님 앞에 나아갑시다.

주님께서 우리에게는 비를 내려 주지 않으셨으며, 또 어떤 성읍에는 비를 내려 주시고, 어떤 성읍에는 비를 내려 주지 않으셨습니다. 그러므로 주님께 돌아가야 마땅했지만 우리는 돌아가지 않았습니다. 우리가 주님께 죄를 지었으므로 하늘이 닫혔고 비가 내리지 않았습니다. 그러나 이제 우리가 주님의 이름을 인정하고 우리의 죄에서 돌아섭니다. 주님께서 하늘에서 들으셔서, 우리의 죄를 용서해 주시고 우리의 땅에 비를 다시 내려 주소서. 암 4:7-8, 왕상 8:35-36

우리에게 은혜를 베푸셔서 이른 비와 늦은 비를 내려 주소서. 우리는 오직 주님만 의지합니다. 이방 사람들의 우상은 비를 내려 줄 수 없고, 하늘도 스스로 소나기를 내려 줄 수 없습니다. 우리는 오직 주님께만 소망을 두고 있사오니, 이는 주님께서만 비를 만드실 수 있기 때문입니다. 슥 10:1, 렘 14:22

◐ 비가 너무 많이 내릴 때는 주님께 은혜를 베풀어 달라고 간구합시다.

주님께서 약속하시기를, 다시는 홍수로 땅을 덮지 않겠다 하셨으나, 지금 또다시 구름에 물기를 가득 실으시고, 구름 속에서 번갯불이 번쩍이게 하십니다. 주님께서 내려 주시는 이 비가 우리를 벌하시려는 것이 아니라 이 땅에 물을 주시고 사랑으로 보살펴 주시려는 것이기를 원합니다. 부디 이 비가 우리 먹을 것을 쓸어버리는 폭우가 되지 않게 하소서. 사 54:9, 욥 37:11-13, 잠 28:3

◐ 전염병이 나라를 칠 때는 주님의 자비를 간구합시다.

우리의 음식과 물에 복을 내려 주시고, 이 땅에서 질병을 없애 주소서. 우리를 죽이려 하는 역병에서 우리를 건져 주소서. 저 무서운 천사에게 명하여 그 칼을 다시 칼집에 넣게 하시고, 우리가 겪는 이 재앙을 보시고 마음을 돌이키셔서 심판의 손을 거두소서. 출 23:25, 시 91:3, 삼하 24:16

◐ 크나큰 재앙이 있을 때는 간절히 주님의 얼굴을 찾읍시다.

오, 주님, 때때로 주님께서는 불로 심판하십니다. 주님께서 화염을 불러 내리신 재앙으로 우리가 웁니다. 자비를 보이셔서, 우리가 불에 타 멸망하는 일이 없으리라 말씀하소서. 모세에게 그리하셨던 것과 같이 우리의 기도를 들으시고 불을 끄소서. 암 7:4, 레 10:6, 암 7:5-6, 민 11:2

주님께서는 바람을 손에 움켜쥐시고, 또한 주님의 창고에서 뜻대로 끌어내기도 하시며, 세찬 바람조차 주님이 명하신 대로 따릅니다. 우리와 우리의 집을 지켜 주소서. 욥의 자녀들처럼 무너진 집에 깔려 죽지 않도록 우리를 보호하소서. 잠 30:4, 시 135:7; 148:8, 욥 1:19

육체가 연약한 사람들을 위하여 기도합시다

◐ 아픈 사람들을 위하여 기도합시다.

　주님께서 이 세상에 계실 때 명백히 보여 주신 대로 우리 모두는 아픈 사람들을 주님께 데려감으로써 그들에 대하여 관심을 보여야 합니다. 우리 교회의 장로들과 함께하셔서 그들이 아픈 사람들을 위하여 기도할 수 있게 하소서. 주님께서 약속하시기를, 믿음으로 간절히 드리는 기도는 병든 사람을 낫게 할 것이며 주님께서 그들을 일으켜 주실 것이라 하셨으니, 우리 또한 아픈 이들을 믿음으로 주님께 데려가게 하소서. 막 2:2-5, 행 5:15-16, 약 5:14-15

　우리의 주 예수님, 주님께서 세상에 계실 때 사람들이 온갖 질병과 육신의 연약함으로 고통받던 이들을 주님께 데려왔고, 주님께서는 그들을 모두 고쳐 주셨습니다. 주님, 주님께서는 이제도 여전히 육신의 병을 치유하시는 권능을 가지고 계십니다. 백부장이 그 아랫사람들에게 가라 하면 그들이 가고, 오라 하면 그들이 오며, 이것을 하라 하면 그들이 합니다. 주님께서는 이 권세 있는 백부장과 같으시니, 말씀만 하시면 아픈 자들이 나을 것입니다. 주님께서 여전히 우리의 연약함을 동정하는 분이심을 보여 주소서. 우리가 아픈 이들을 기도로 주님께 데려가, 치유의 희망을 안고 주님 앞에 내려놓습니다. 마 4:23-24; 8:8-9, 히 4:15, 눅 5:18

　불행이 흙에서 일어나는 것도 아니요 땅에서 솟아나는 것도 아님을 고통받는 사람들이 알게 하소서. 인간이 고난을 타고난 것은 불티가 위로 날아가는 것과 같습니다. 사람이 살고 죽는 일은 오직 주님께 달려 있음을 고통 중에 있는 이들이 알고서 의사보다 주님을 먼저 찾게 하소서. 재난이 닥칠 때에 주님의 백성을 구해 주시고, 그들을 지켜 살게 하소서. 병상에 누워 있는 그들을 돌보시고, 그들을 온전히 회복시키소서. 그들이 비록 죄를 지었다 해도 주님께서 은혜를 베푸시어 병을 고쳐 주소서. 그들을 돌아보시고 은혜를 베푸소서. 그들을 아픔에서 건져 주시고, 그들의 괴로움과 근심을 은혜로이 살피시며, 그들의 모든 죄를 용서하소서. 욥 5:6-8, 대하 16:12, 신 32:39, 렘 21:8, 시 41:1-4; 25:16-18

은혜로우신 주님, 주님께서 사랑하시는 백성을 분노하시며 책망하지 마시고, 진노하시며 꾸짖지 마소서. 그들이 연약하오니 은혜를 베푸소서. 그들의 뼈가 마디마디 떨립니다. 그들을 고쳐 주소서. 돌아오셔서 그들의 영혼을 건져 주시고, 주님의 사랑으로 그들을 구원하시며, 그들이 감당할 수 없는 시험을 당하지 않게 하소서. 시 6:1-4, 고전 10:13

병중에 있는 이들이 주님의 징계를 가벼이 여기지 않게 하시고, 주님께 꾸지람을 들을 때 낙심하지 않게 하소서. 그들이 주님의 매를 견디고, 그와 같은 징계를 정하신 주님께 헌신하기를 그치지 않게 하소서. 그들이 주님 은혜의 놀라운 증거로 주님의 매를 기쁘게 받아들이고, 그들이 지은 죄의 형벌을 기꺼이 받게 하소서. 순종하는 다윗 왕처럼, 그들이 징계하시는 이는 주님임을 깨닫게 하시고, 주님께서 그들의 비참함을 보시고 좋은 것으로 갚아 주시리라는 소망 가운데 살게 하소서. 히 12:5, 미 6:9, 레 26:41, 삼하 16:11-12

주님, 주님께서 어찌하여 그들과 다투시는지 그들에게 알려 주시고, 그들이 고통 가운데서 그들의 조상의 하나님이신 주님 앞에서 겸손해지게 하소서. 그들이 회개하고, 사악한 모든 길에서 돌아서게 하소서. 주님께서 그들을 징계하심으로 그들이 세상과 함께 정죄받지 않게 하시고, 육신의 병과 영혼의 슬픔이 오히려 마음에 유익이 되게 하소서. 욥 10:2, 대하 33:12, 렘 18:11, 고전 11:32, 전 7:3

주님께서 죄악을 인하여 사람을 징계하실 때는 그가 귀하게 여기는 것들을 좀먹은 옷같이 삭게 하시니, 인생이란 참으로 허무할 뿐입니다. 주님께서 손으로 치시므로 죽을 지경에 놓인 사람들에게서 주님의 채찍을 거두어 주소서. 그들이 떠나 없어지기 전에 다시 웃을 수 있도록 그들에게서 주님의 무서운 눈길을 돌리소서. 병상의 고통으로 징계를 당하는 사람들에게 주님의 올바르심과 은혜를 보이소서. 그들은 음식을 보고도 입맛을 잃을 만큼 극심한 육신의 고통을 겪었습니다. 주님께서 그들의 몸값을 받으셨으니, 그들을 불쌍히 여기시어 그들이 무덤에 내려가지 않도록 건지소서. 시 39:10-11, 13, 욥 33:19-24

주님의 얼굴을 그들에게 비추어 주시고, 주님의 한결같은 사랑으로 그들을 구원하소서. 낙심한 이들을 위로해 주시는 하나님께서 그들을 위로해 주시고, 그들의 육신이 고통을 겪고 있는 중에도 그들의 영혼이 평안히 살게 하소서. 그들의 육신이 연약함을 헤아려 주시고, 또한 그들이 한갓 티끌에 불과함을 기억하셔서, 영원하신 하나님께서 그들의 피난처 되어 주시고 그 영원하신 팔로 그들을 떠받쳐 주소서. 시 31:16, 고후 7:6, 시 103:14, 신 33:27

▶ 병이 오랫동안 계속될 때

주님, 인내를 온전히 이루게 하소서. 오랫동안 질고에 시달려 온 사람들이 주님의 구원을 소망하며 참고 기다리게 하소서. 환난으로 하여금 인내를 이루게 하시고, 인내로 하여금 연단을 이루게 하시며, 연단으로 하여금 아무도 부끄럽게 아니할 소망을 이루게 하소서. 그들이 겪고 있는 큰 고통이 지금과는 비교할 수 없을 정도로 영원하고 크나큰 영광을 이루어 줄 터이니, 지금 그들이 아무리 큰 고통을 겪고 있다 해도 그것을 잠시 받는 가벼운 것으로 여기게 하소서. 약 1:4, 애 3:26, 롬 5:3-5, 고후 4:17

▶ 회복이 뚜렷해 보일 경우

주님, 주님께서 단련하신 사람들이 순금같이 되어 나오게 하시고, 그들을 살리셔서 주님을 찬양할 수 있게 하소서. 주님의 사랑으로 그들을 멸망의 구덩이에서 건지시고, 그들의 모든 죄를 주님의 등 뒤로 던지소서. 그들을 치료하시고 살려 주소서. 주님께서 말씀하시면 그들이 나을 것입니다. 그들에게 말씀하소서. "살아 있으라!" 그렇습니다, 주님. 말씀하소서. "살아 있으라!" 진실로 이때는 주님께서 사랑을 보여 주시는 때가 될 것입니다. 욥 23:10, 시 119:175, 사 38:16-17, 마 8:8, 겔 16:6, 8

고난받으시던 주님의 아들을 본받아 기도합니다. 아버지, 하실 수만 있으면 이 고통스러운 잔을 우리에게서 지나가게 하소서. 그러나 우리 뜻대로 하지 마옵시고 아버지의 뜻대로 하소서. 주님의 뜻이 이루어지게 하시고, 우리에게 두신 주님의 목적이 성취되게 하소서. 오, 주님, 주님의 인자하심이 영원합니다. 주님의 손으로 지으신 것을 버리지 마시고, 우리가 살든지 죽든지 주님의 것이 되게 하소서. 마 26:39, 행 21:14, 시 138:8, 롬 14:8

▶ 죽음이 임박한 듯 보일 경우

몸과 마음이 시들어 가는 듯합니다. 주님께서 그들의 마음의 반석이 되어 주시고, 그들의 영원한 분깃이 되어 주소서. 막대기와 지팡이를 쥐신 선한 목자께서 캄캄한 죽음의 골짜기에 함께 계시옵소서. 결코 그들을 떠나지도 마시고 버리지도 마시며, 환난 중에 만날 큰 도움이 되소서. 주님께서 그들을 속량하여 주셨으니, 그들의 영혼을 주님의 손에 맡깁니다. 주님께서 사랑하시는 자의 영혼이 천사들에게 이끌려 아브라함의 품에 안기게 하소서. 이 영혼이 티나 주름이나 그 어떠한 흠도 없이 주님 앞에 서게 하소서. 주 예수님, 이 귀한 영혼을 받아 주시고, 완전하게 된 의인의 영들과 함께 있게 하소서. 이 영혼이 몸을 떠나는 순간 주님과 함께 있게 하시고, 바로 오늘 주님과 함께 낙원에 있게 하소서. 이 영혼이 영원히 위로받게 하시고, 죄의 세력으로부터 완전히 해방되게 하소서. 앞선 세대의 무수한 신자들이 그러했듯이, 우리 또한 우리가 사랑하는 이 사람을 뒤따라갈 준비를 하게 하소서. 다시는 죽음이 없는 곳에서, 모든 눈물을 닦아 주시는 그곳에서 우리가 영원히 주님과 함께 있게 하소서. 시 73:26; 23:1, 4, 히 13:5, 시 46:1; 31:5, 벧전 4:19, 눅 16:22, 엡 5:27, 행 7:59, 히 12:23, 고후 5:8, 눅 23:43; 16:25, 롬 6:7, 욥 21:33, 살전 4:17, 계 21:4

◐ 아픈 아이들을 위하여 기도합시다.

주님, 아담의 범죄와 같은 죄를 짓지 않은 사람들까지도 죽음의 지배를 받는 것을 우리가 봅니다. 그러나 그리스도이신 주님께서는 죽음을 폐하셨고, 어린아이들도 주님의 나라로 받아 주셨습니다. 부모가 자식들을 가엾게 여기듯이 주님께서 이 아픈 아이들을 가엾게 여겨 주소서. 이 아이들은 어린 꽃처럼 이 세상에 왔습니다. 너무도 어린 꽃이오니 꺾이지 않게 하시고, 생의 수고를 다하며 할 일을 마칠 때까지 살게 하소서. 우리를 불쌍히 여기시어 아이들을 살려 주소서. 그러나 아버지의 뜻이 이루어지게 하시고, 주 예수의 날에는 이 아이들의 영이 반드시 구원을 얻게 하소서. 롬 5:14, 딤후 1:10, 막 10:14, 시 103:23, 욥 14:2, 6, 삼하 12:22, 행 21:14, 고전 5:5

◐ 출산을 앞둔 여성들을 위하여 기도합시다.

주님께서는 최초로 죄에 빠진 여인에게 선고하시기를, 네가 고통과 슬픔을 겪으며 자식을 낳으리라 하셨습니다. 그러나 주님의 귀한 딸이 아이 낳는 일로 구원을 얻게 하시고, 언제나 믿음과 사랑과 거룩함을 지니고 정숙하게 살도록 하소서. 사랑하는 주님께 자신의 짐을 맡기게 하소서. 주님께서 이 딸을 붙들어 주실 것입니다. 이 딸이 두려움에 휩싸일 때마다 주님을 의지하게 하시고, 자신의 하나님이신 주님을 힘입어 용기를 얻게 하소서. 생명을 내는 뿌리를 마르게 하지 마시며, 열매를 내는 가지를 시들게 하지 마소서. 이 딸을 주님 앞에서 살아 있게 하시고, 주님께서 이 딸이 항상 피하여 숨을 바위가 되어 주시고 요새가 되어 주소서. 특별히 어려운 이때에 딸을 구원하소서. 피할 수 없는 고통이 올 때, 은혜를 베푸시어 이 딸을 구하시고, 속히 도우시며, 구원자가 되소서. 또한 이 딸이 아무 탈 없이 분만할 수 있게 하시고, 세상에 아기가 태어났다는 기쁨을 인하여 해산의 고통을 속히 잊게 하소서. 딤전 2:14, 창 3:16, 딤전 2:15, 시 55:22; 56:3, 삼상 30:6, 욥 18:16, 시 71:3, 살전 5:3, 시 40:13, 17, 요 16:21

◐ 사람들이 병에서 회복하거나 무사히 출산을 마친 경우, 그들과 더불어 주님께 감사드립시다.

오, 주님, 저 깊은 곳에 있던 이들을 건져 주셨음에 우리가 주님을 찬양합니다. 주님께서는 우리가 사랑하는 사람들을 무덤에서 끌어올려 주셨습니다. 주님께서 그들의 생명을 지켜 주셨으므로 그들이 무덤으로 내려가지 않게 되었습니다. 죽게 된 이들을 주님께서 도와주셨습니다. 주님께서 그들의 영혼을 죽음에서 건져 주시고, 그들의 눈에서 눈물을 거두어 주셨으며, 그들의 발이 비틀거리지 않게 해주셨습니다. 이제 그들이 살아가는 동안 주님 앞에서 의롭게 행하도록 은혜를 베푸소서. 그들의 입술에서 나오는 감사의 제사를 받으시고, 그들을 감화하시어 주님의 이름을 부르게 하시며, 그들이 주님 앞에 드린 모든 서원을 지켜 행하게 하소서. 주님께서는 그들을 구원하신 신실하신 언약의 주님입니다. 시 30:1-3; 116:8-9, 17-18

무덤이 주님께 감사드릴 수 없고, 죽음이 주님께 찬양드릴 수 없습니다. 죽은 사람은 아무도 주님의 신실하심을 의지할 수 없습니다. 오직 살아 있는 사람들만이 오늘 우리가 하는 것과 같이 주님을 찬양할 수 있습니다. 주님, 나병 환자 아홉은 주님께 고침 받고도 감사드리러 돌아오지 않았습니다. 죽음에서 구원받은 사람들 중 누구도 이 나병 환자 아홉처럼 은혜를 모르는 사람이 되지 않게 하소서. 또한 히스기야처럼 주님께서 병상에서 일으켜 주셨음에도 교만한 마음으로 인하여 받은바 은혜에 감사할 줄 모르는 사람이 되지 않게 하시며, 다만 그들로 하여금 마땅히 감사를 드림으로 주님께 영광을 돌리게 하소서. 그들이 오늘 이 순간부터 올바른 길을 걸어서 늘 주님의 구원을 체험하게 하소서. 주님께서 심히 징계하시되 죽게 버려두시지 아니한 사람들이 주님께 가장 크게 감사드리는 사람들이 되게 하소서. 주님께서는 그들의 구원이십니다. 사 38:18-19, 눅 17:17-18, 대하 32:24-25, 시 50:23; 118:18, 21

영적인 문제를 붙들고 싸우는 사람들을 위하여 특별히 기도합시다

◐ 죄를 깨닫고 그리스도를 찾는 사람들을 위하여 기도합시다.

주님, 주님께서는 시온으로 가는 길을 찾는 사람들의 마음을 아십니다. 그들은 그 힘겨운 처지를 슬퍼합니다. 그들은 얼굴을 돌려 주님을 바라봅니다. 꺼져 가는 심지를 끄지 마시고, 상한 갈대를 꺾지 마소서. 그들의 구원으로 주님의 공의가 승리하게 하소서. 그들은 죄로 인하여 마음에 찔림을 받았습니다. 은혜를 베푸셔서 그들에게 선하고 올바른 길을 가르치시고 또한 그 길로 인도하소서. 렘 50:5, 삼상 7:2, 마 12:20, 행 2:37, 삼상 12:23

영원한 생명을 얻으려면 무엇을 해야 하는지 묻는 사람들에게 그리스도께서 길이요 진리요 생명이심을 보이소서. 선한 목자 되신 주님께서 어린 양들을 팔로 모으시고 품에 안으시며, 온유하게 인도하소서. 믿는 이들이 그 믿음 없음을 이길 수 있도록 도우소서. 요 14:6, 마 19:16, 사 40:11, 막 9:24

◐ 자신들의 영적인 상태에 대하여 의심과 두려움을 떨치지 못하고 낙심하는 사람들을 위하여 기도합시다.

주님, 약한 손을 강하게 하시고 떨리는 무릎을 굳세게 하소서. 두려워하는 사람들에게 말씀하소서. "굳세어라, 두려워하지 말아라." 그들의 근심을 위로하는 말씀으로 대답해 주시고, 또한 말씀하소서.

"기운을 내라. 네 죄를 용서받았다. 안심하여라. 나다. 두려워하지 말아라. 내가 너를 구원하겠다." 그들에게 기쁨과 즐거움의 소리를 들려주시고, 주님께서 꺾으신 뼈들도 기뻐하게 하소서. 사 35:3-4, 히 12:12, 슥 1:13, 마 9:2, 막 6:50, 시 35:3; 51:8

유혹자 사탄을 책망하소서. 그가 우리 형제들을 끊임없이 고발합니다. 더러운 죄에도 불구하고 예루살렘을 선택해 주신 언약의 주님, 사탄을 책망하소서. 유혹받고 괴로워하는 영혼들을 불에서 꺼낸 타다 남은 나무로 삼으시고, 고통에 사로잡혀 위로받기조차 거절하는 사람들에게 특별한 도우심을 베푸소서. 주님을 생각하며 탄식하고 근심하는 사람들과 함께하시고, 그들로 하여금 주님의 한결같은 사랑이 마침내 이루어질 것임을 믿게 하소서. 이제 곧 그들이 주님의 구원을 인하여 기뻐하게 될 터이니, 이를 그들로 하여금 확신하게 하시고, 주님께서 그들을 죽이신다 해도 그들이 끝까지 주님을 의지할 수 있게 하소서. 슥 3:2, 시 77:2-3; 13:5, 욥 13:15

주님께서 일으키시는 파도와 물결이 나를 휩쓸고 지나갑니다. 주님께서 폭우를 쏟아부으시니, 이 아래의 깊은 바다가 저 위에 있는 깊은 바다를 소리쳐 부릅니다. 그럼에도 내게 종일토록 사랑을 베푸시고, 밤에는 찬송으로 나를 채우소서. 나는 다만 내 생명의 하나님께 기도하겠습니다. 내 영혼이 낙심하고 심히 괴로워하여도 언제나 하나님께 소망을 두게 하시고, 마침내는 주님을 찬양하게 하소서. 주님께서만 내 평안의 근원이시며, 주님께서만 내 하나님이심을 나로 하여금 거듭거듭 체험하게 하소서. 시 42:7-8, 11

내 속을 견고한 심령으로 새롭게 하소서. 주님 앞에서 나를 쫓아내지 마시고, 주님의 성령을 내게서 거두어 가지 마소서. 주님께서 베푸시는 구원의 기쁨을 내게 회복시켜 주시고, 주님의 인도하심에 순종하는 마음을 심어 주소서. 내 입으로 주님의 의로우심을 전하고 주님의 구원을 알리게 하소서. 이 멸망의 구덩이에서, 이 진흙탕에서 나를 건져 내시어 반석 위에 서게 하소서. 나의 걸음을 안전하게 하시고, 내 입에 새 노래를, 나의 하나님께 드릴 찬송을 담아 주소서. 나를 괴롭게 하신 날수만큼, 내가 재난을 당한 햇수만큼 내게 기쁨을 주소서. 시 51:10-14; 71:15; 40:2-3; 90:15

  주님께서 잠시 백성을 버리셨을지라도 큰 긍휼로 그들을 다시 주님 앞에 불러들이소서. 주님께서 잠시 백성에게서 얼굴을 가리셨을지라도 주님의 영원하신 사랑으로 그들에게 긍휼을 베푸소서. 그들의 마음에 그리스도의 피를 뿌리시어 죄책감에서 벗어나게 하시고, 주님의 성령으로 하여금 그들의 영과 함께 그들이 하나님의 자녀임을 증언하게 하소서. 사 54:7-8, 히 10:14, 22, 롬 8:16

● 자녀들로 인하여 크게 염려하고 슬퍼하는 부모들과 함께 기도합시다.

  주님, 이 세상에서 자녀 된 자들이 진리 안에서 살아가는 모습을 보는 것이 그 부모들의 간절한 소망이 되게 하소서. 아직 어릴 때에 자녀들 안에 그리스도의 형상을 이루시고, 그들의 부모들의 하나님이신 주님을 알고 사랑하게 하시며, 온전한 마음과 기쁜 마음으로 정성을 다하여 하나님을 섬기게 하소서. 자녀들을 부모들이 손에 쥔 화살과도 같이 올바른 방향으로 가게 하시고, 부모들은 그들의 화살통에 그러한 화살이 많은 것을 복으로 알게 하시며, 결코 자녀들이 부모들의 마음에 박히는 화살이 되지 않게 하소서. 요이 4, 갈 4:19, 대

잠 28:9, 시 127:4-5

자기 아버지의 끊임없는 슬픔이요 자기 어머니의 무거운 짐이 되는 어리석은 자녀들을 회개하게 하소서. 자기 아버지를 조롱하고 자기 어머니를 멸시하여 순종하지 않는 자녀를 그 어리석음에서 돌이키소서. 그의 눈이 까마귀에게 쪼일까 합니다. 방탕하여 무익했던 아들이 이제는 만나는 모든 이들에게 유익한 사람이 되게 하소서. 자녀들의 마음을 돌이키셔서 아버지를 사랑하고 존경하게 하소서. 거역하는 자녀들을 의인이 지혜의 길로 돌아서게 하셔서, 오시는 주님을 맞이할 준비가 된 백성이 되게 하소서. 교만한 자녀들에게 그들의 악행과 죄를 환히 깨닫게 하소서, 또한 그들의 귀를 열어 경고를 듣게 하시고 죄악에서 돌이키게 하소서. 잠 17:25; 30:17, 몬 11, 말 4:6, 눅 1:17, 욥 36:9-10

◐ 정신이 온전치 않거나 기억을 잃어버린 이들을 위하여 기도합시다.

긍휼이 많으신 아버지, 정신과 마음이 온전치 못한 이들을 친절히 살펴 주소서. 그들이 고통을 못 이겨, 살기보다 죽기를 택할까 합니다. 은혜를 베푸셔서 그들의 정신이 올바로 돌아오게 하시고, 스스로 제 몸을 상하게 하는 일이 없게 하소서. 우리가 이 세상에 있는 동안 주님께서 우리에게 어떠한 고통을 짊어지게 하시든, 우리의 온전한 정신과 마음의 평화를 지켜 주소서. 욥 27:2; 7:15-16, 막 5:5, 행 16:28

특별한 어려움에 직면한 사람들을 위하여 기도합시다

● 감옥에 있는 사람들을 위하여 기도합시다.

고통과 쇠사슬에 묶여 어둡고 캄캄한 곳에 앉아 있는 사람들에게 그들이 겪는 고난의 시간으로부터 무엇을 배워야 하는지 헤아려 보게 하소서. 주님의 말씀을 거역하고 주님의 가르침을 멸시한 사람들이 고난 가운데서 순복하여 주님께 부르짖게 하소서. 그들이 사로잡혀 있는 동안 겸손히 스스로를 낮추어 기도하며 주님의 얼굴을 찾게 하소서. 그들이 회개하며 이처럼 외치게 하소서. "우리가 죄를 지었고, 우리가 악행을 저질렀습니다." 그들이 마음을 다하고 정성을 다하여 주님께 돌아오게 하소서. 그들을 감옥에서 끌어내 주셔서 주님의 이름을 찬양하게 하소서. 그들을 썩어짐의 종살이에서 해방시키시고 하나님의 자녀가 누릴 영광스러운 자유를 얻게 하소서. 아드님께서 그들을 자유롭게 하시면 참으로 그들은 자유롭게 될 것입니다. 시 107:10-11, 13, 전 7:14, 왕상 8:47-48, 시 142:7, 롬 8:21, 요 8:36

주님께서 애굽의 감옥에 갇힌 요셉과 함께하셨듯이, 억울하게 갇힌 사람들과 특별히 함께하시고, 갇혀 있는 그들을 섭리하심으로 돌보아 주셔서 주님의 크나큰 사랑을 보이소서. 부당한 대우를 받는 사람들의 기도를 들어 주소서. 갇혀 있는 사람들을 모른 체 마시고, 그들의 신음 소리를 들어 주시며, 불의한 죽음을 맞이하게 된 사람들을 주님의 크신 권능으로 보호하소서. 창 39:20-21, 시 69:33; 79:11

◐ 사형 선고를 받아 죽음을 앞에 둔 범죄자들을 위하여 기도합시다.

은혜로우시고 자비하신 주님, 죄를 지어서 죽게 된 사람들을 불쌍히 여기소서. 주님께서 십자가에 달린 죄수에게 하신 것처럼, 그들 또한 마지막 순간까지 포기하지 않고 회개하여 구원에 이르게 하소서. 그들이 주님의 정의에 따라 마땅히 받아야 할 징벌을 육신으로 받고 있음을 깨닫게 하시고, 주님께서는 올바르게 행하셨으며 잘못은 그들에게 있음을 인정하게 하소서. 그들을 돌려 세우소서. 그리하시면 그들이 회개하며 진실을 깨달아 참으로 주님께 돌아올 것입니다. 그들의 악행을 깨우쳐 주셔서 가슴을 치며 죄를 뉘우치게 하시고, 젊은 날의 허물로 인하여 수치와 수모를 겪고 있음을 생각하게 하소서. 또한 다른 모든 사람들이 이것을 듣고 두려워하여, 함부로 죄짓는 일이 없게 하소서. 죄를 지은 자들이 부디 주님과 사람 앞에서 그들의 잘못을 정직하게 고백함으로 주님께 영광을 돌리게 하소서. 욥 21:21, 고후 7:10, 눅 23:40-43, 느 9:33, 렘 31:18-19, 신 17:13, 수 7:19

불에서 꺼낸 나무처럼 그들을 구원하시고, 다가올 진노에서 건져 내소서. 그 큰 심판 날에 그들이 주님의 긍휼을 입게 하소서. 주 예수님, 주님께서 이제 주님의 나라에 들어가셨으니 그들을 기억해 주소서. 그들이 둘째 사망의 해를 받지 않게 하시고, 무덤으로 내려가지 않도록 그들을 건져 주소서. 그들의 육신은 비록 멸망해도 그들의 영혼은 주 예수의 날에 구원받게 하시고, 죄를 지어 스스로 생명을 해한 이 죄인들에게 한없이 자비로우신 하나님께서 자비를 베푸소서. 유 23, 살전 1:10, 딤후 1:18, 눅 23:42, 계 2:11, 욥 33:24, 고전 5:5, 눅 18:13, 민 16:38

◐ 바다에서 항해하는 사람들이나 하늘에서 비행하는 사람들을 위하여 기도합시다.

배를 타고 바다로 나가는 사람들이나 하늘에서 비행하는 사람들이 깊은 바다와 높은 하늘에서 행하신 주님의 위업과 기적을 보게 하소서. 광대한 바다와 드넓은 창공에서 일하는 사람들로 하여금 바람과 파도마저 복종하게 하시는 하나님께서 진실로 얼마나 위대하신 분인지 인정하게 하소서. 그들로 하여금 모래로 영원히 바다의 경계선을 정해 놓으신 분께 영광을 돌리게 하소서. 또한 구름의 크기를 제한하시어 다시는 홍수로 산봉우리가 잠기는 일이 없게 하신 주님을 그들로 하여금 믿게 하소서. 바람과 파도가 아무리 강하고 높아도 주님께서 정하신 것을 넘어설 수 없습니다. 시 107:23-24, 마 8:27, 렘 5:22, 창 9:11

그들을 보호하셔서 바닷길과 하늘 길을 무사히 건너게 하시고, 바닷물의 위험과 강도의 위험과 하늘의 도적들의 위험에서 지키소서. 폭풍이 일어 어찌할 바를 모르는 그들을 곤경에서 벗어나게 하시고, 주님께서 말씀하시어 폭풍을 잠잠케 하시며, 그들은 바라던 목적지로 인도하소서. 위험에서 구원받고 무사히 도착한 이들이 주님의 선하심과 사람에게 놀라운 일들로 인하여 주님을 찬양하게 하소서. 시 8:8, 고후 11:26, 시 107:25-31

◐ 가족의 죽음을 겪게 된 사람들, 특별히 한 집안의 가장의 죽음을 겪게 된 사람들을 위하여 기도합시다.

우리 구주께서 세상에 계실 때도 그리하셨듯이, 상을 당한 집을 찾아 주소서. 고아들의 아버지가 되어 주시고 과부들을 돕는 재판관이 되셔서, 그들이 마치 주님의 거룩한 처소에서 보호받으며 사는 것처럼 살게 하소서. 고아들을 가엾게 여겨 주시고, 그들의 삶을 돌보아 주소서. 가난하고 외로운 과부들이 언제나 주님께 소망을 두고 살게 하시며, 그들이 비록 의지할 데 없이 쓸쓸하나 늘 주님을 의지하며 밤낮으로 주님께 기도드리게 하소서. 세상의 아버지와 어머니가 자식들을 버릴 때에는, 주님께서 거두어 주시고 고아처럼 버려두지 마소서. 요 11:17, 시 68:5, 호 14:3, 렘 49:11, 딤전 5:5, 시 27:10, 요 14:18

비통해하는 사람들에게 그리스도는 부활이요 생명이심을 확신케 하심으로 그들을 위로하소서. 그들의 죽은 가족은 죽은 것이 아니라 예수 안에서 자고 있는 것임을 유족들이 기억하게 하소서. 먼저 간 사랑하는 이들이 먼저 부활하여 영광스러운 구름을 타고 예수와 함께 돌아오리니, 여기 남은 가족들이 이것을 알고 안심하게 하소서. 이와 같은 진리들로 그들을 권면하셔서, 그들이 비록 슬프나 소망 없는 다른 사람들과 같이 슬퍼해서는 안 됨을 알게 하시고, 살아 계신 하나님이시며 영원한 반석이신 주님을 의지하게 하소서. 그들이 사랑하는 사람을 잃어 슬프겠으나 생명의 물이신 주님을 인하여 기뻐함을 부끄러워하지 않게 하소서. 요 11:25, 마 9:24, 살전 4:13, 16-17, 시 18:46, 요 4:14

7. 마침 기도

<u>여러분의 모든 기도로 인하여
아버지와 아들과 성령 하나님께서
영광을 받으시게 해달라고 간구하며
기도를 마칩시다</u>

● 주님께서는 우리에게 늘 기도하고, 쉬지 말고 기도하며, 항상 기도에 힘쓰라고 명하셨습니다. 우리는 언제나 기도의 특권과 의무를 즐거워해야 합니다. 우리는 늘 기도에 헌신해야 하며, 결코 기도하다가 낙심해서도, 결코 기도를 우리 삶의 중심 바깥에 놓아서도 안 됩니다.

하지만 우리는 이 기도의 산에서 내려와야 합니다. 기도라고 하는 외면적 행위에 매달려서 우리의 삶을 소진해서는 안 되기 때문입니다. 또한 우리는 기도의 골방에 너무 오래 있어도 안 되는데, 이렇게 되면 우리와 함께 기도하는 사람들에게는 물론 우리 자신에게도 기도의 특권이 부담스러운 일이 될 수 있기 때문입니다. 우리에게는 살펴야 할 또 다른 일이 있습니다. 야곱은 밤새도록 천사와 씨름했지만 동이 텄을 때는 떠나야 했습니다. 여전히 갈 길이 멀었기 때문입니다. 이새의 아들 다윗의 기도는 끝나야 했습니다. 그러므로 우리는 우리의 기도를 어떻게 마쳐야 하는지 생각해 보아야 합니다.

그렇다면 우리는 어떻게 기도를 마칠 수 있습니까? 어떻게 우리는 제사장으로서 지성소 앞으로 나왔다가 합당한 방식으로 나갈 수 있습니까? 은혜의 보좌에서 이 특권적인 시간을 마치는 그 순간, 우리는 주님과 함께 누린 이 친밀한 관계를 어떻게 유지할 수 있을지 생각해야 합니다. 우리의 마음속에서 하나님과 지속적으로 대화하는 일이 무엇보다 중요합니다.

◐ 여러분의 기도를 포괄적으로 요약하십시오.

영원한 언약의 피를 흘려 양들의 위대한 목자가 되신 우리 주 예수를 죽은 자들 가운데서 이끌어 내신 평화의 하나님께서 우리에게 온갖 좋은 것들을 마련해 주시어 자기의 뜻을 행하게 하시고, 또한 예수 그리스도로 말미암아 우리 가운데서 기뻐하시는 일을 이루소서. 예수 그리스도께 영광이 영원무궁토록 있기를 기도합니다. 히 13:20-21

모든 은혜의 하나님, 곧 예수 그리스도로 인하여 우리를 자기의 영원한 영광에 불러들이신 이께서 잠시 고난을 받은 우리를 친히 온전하게 하시고, 굳건하게 하시며, 강하게 하시고, 흔들리지 않게 하소서. 주님께서 우리의 마음을 인도하셔서 하나님에게서 오는 사랑 안에 들어가게 하시고 그리스도를 기다리는 인내 안에 들어가게 하소서. 벧전 5:10, 살후 3:5

주님, 이제 우리가 무엇을 바라겠습니까? 우리의 희망은 주님뿐입니다. 주님께서 우리의 전능하신 하나님이심을 우리가 믿습니다. 우리 가운데서 역사하시는 능력을 따라, 우리가 구하거나 생각하는 것 이상으로 우리를 위하여 넘치도록 행하시고, 주님의 풍성하심을 따라 그리스도 예수 안에 있는 영광으로 우리에게 필요한 모든 것을 채워 주소서. 시 39:7, 창 17:1, 엡 3:20, 빌 4:19

◐ 그리스도를 보셔서 여러분의 부족하고 연약한 기도를 받아 달라고 주님께 겸손히 간구합시다.

오, 하나님, 우리가 드리는 기도에 귀 기울여 주소서. 주님께서 기름 부어 세우신 분, 곧 그리스도에게서 얼굴을 돌리지 마소서. 그리스도께서는 주님 앞에서 우리의 기도를 완전하게 하십니다. 주님의 종 다윗에게 베푸신 은총을 기억하시고, 다윗보다 더 크신 이, 곧 주님의 오른편에 계시며 우리를 위하여 끊임없이 간구하시는 예수를 또한 기억하소서. 주님의 종의 간구와 주님의 백성 이스라엘의 기도를 살펴보시며, 우리가 부르짖을 때마다 은혜로이 들어 주소서. 우리는 주님의 백성이며 주님의 소유입니다. 이스라엘의 하나님께서 우리가 간구한 것을 이루어 주소서. 대하 6:40, 42, 롬 8:34, 왕상 8:51-52, 삼상 1:17

그리스도 되신 주님, 주님께서 우리에게 말씀하시기를, 우리가 주님의 이름으로 아버지께 구하는 것은 무엇이나 아버지께서 우리에게 주신다고 하셨습니다. 그러므로 아버지, 우리가 하늘이나 땅의 다른 모든 이름 위에 뛰어난 그 이름을 힘입어 간구합니다. 주님의 사랑하는 아들 주 예수를 보셔서 우리에게 주님의 얼굴빛을 비추어 주소서. 주님께서는 언제나 아들 되신 예수의 말을 들어 주십니다. 예수 안에서 우리를 기뻐하여 주소서. 오, 우리의 힘이시며 구속자이신 주님, 우리 입의 말과 우리 마음의 묵상이 주님께서 받으시기에 합당한 것이 되게 하소서. 요 16:23, 빌 2:9, 단 9:17, 골 1:13, 요 11:42, 마 17:5, 시 19:14

◐ 잘못 드린 기도에 대하여 용서를 구합시다.

주님, 우리가 올바로 기도드리지 못했습니다. 그러나 오직 좋은 일만 하고 잘못은 전혀 저지르지 않는 사람이 있겠는지요? 우리가 선을 행하려 하는 그 순간에도 악이 우리와 함께 있습니다. 우리는 선을 행하려는 의지는 있으나 그것을 실행할 능력이 없습니다. 그러므로 우리가 아무리 많은 기도를 올려도 주님께서 듣지 아니하심이 합당하다 할 것입니다. 롬 8:26, 전 7:20, 롬 7:18-19, 사 1:15

그러나 우리에게는 위대한 대제사장이 계시니, 그분께서는 우리가 하나님께 거룩한 봉헌물을 잘못 드려서 지은 죄를 친히 담당해 주십니다. 그분을 보시고 우리의 모든 잘못을 없애시며, 우리의 거룩한 예물을 더럽히는 모든 것들을 제거하소서. 우리의 부패한 본성의 어리석음을 따라 우리를 대하지 마시고, 은혜로이 우리를 받아 주시고 사랑해 주소서. 출 28:38, 히 7:24-26, 욥 42:8, 호 14:2

◐ 오늘과 이후의 삶을 통틀어 여러분이 드려야 할 다른 모든 기도에서도 온전히 하나님의 은혜를 의지합시다.

주님, 말씀하소서. 주님의 종이 듣고 있습니다. 주님께서 이 종에게 무슨 말씀을 하려 하십니까? 우리가 귀를 돌려 주님의 율법을 듣지 않으려 하는 일이 결코 없게 하소서. 주님의 율법을 듣지 않으면 우리의 기도가 주님 앞에 가증한 것이 됩니다. 그러므로 우리가 주님의 말씀을 귀 기울여 듣게 하소서. 그리하면 주님께서도 우리의 말을 잘 들어 주실 것입니다. 우리가 힘을 얻고 더 얻으며 올라가 시온에서 주님을 뵙게 하소서. 우리가 눈물 골짜기를 지나갈 때에 그곳을 축복의 샘으로 은혜로이 바꾸시고, 하나님의 은혜와 축복의 비로 우리 순례 길의 샘을 넘치도록 채우소서. 삼상 3:9, 수 5:14, 잠 28:9, 삿 9:7, 시 84:5-7

주 우리의 하나님께서 우리 조상들과 함께 계시던 것과 같이 또한 우리와 함께 계시기를 기도합니다. 우리를 떠나지 마시며 버리지 마소서. 우리의 마음을 주님께 향하게 하셔서 주님께서 지시하신 모든 길을 걷게 하시고 주님의 계명과 법도, 율례를 지키게 하소서. 우리의 마음을 주 우리의 하나님께 평생토록, 삶이 끝나는 날까지 온전히 바치게 하시고, 주님 안에서 안식하다가 끝 날에는 일어나, 우리에게 돌아올 몫을 받게 하소서. 왕상 8:57-58, 61, 단 12:13

◐ 아버지와 아들과 성령께 영광을 돌려 드리는 송영으로 여러분의 모든 기도를 마칩니다. 그리고 모든 찬송과 기도를 가슴 뜨거운 "아멘"으로 끝내십시오.

　이스라엘의 하나님이신 주님, 영원에서 영원까지 찬양을 받으소서. 아멘, 아멘. 홀로 놀라운 일을 하시는 언약의 주, 이스라엘의 하나님을 찬양합니다. 영광스러운 그 이름을 영원토록 찬송합니다. 주님의 영광을 온 땅에 가득 채우소서. 아멘, 아멘, 진실로 모든 백성이 "할렐루야! 아멘" 하게 하소서. 시 41:13; 72:18-19; 106:48

　하나님 아버지와 우리 주 예수 그리스도께 영광이 영원무궁하소서. 그리스도께서는 우리를 이 악한 세상에서 건져 주시려고 우리의 죄를 대속하기 위하여 자기 몸을 바치셨습니다. 아멘. 오직 한분이신 지혜로우신 하나님께 예수 그리스도로 말미암아 영광이 영원하소서. 아멘. 갈 1:3, 5, 롬 16:27

　영원하신 왕, 곧 없어지지 아니하고 보이지 아니하며, 오직 한분이신 지혜로우신 하나님께 존귀와 영광이 영원무궁하소서. 아멘. 그분께 영원한 존귀와 권능이 있기를 기도합니다. 또한 그분께 영광과 주권이 영원하기를 기도합니다. 아멘. 우리를 넘어지지 않게 지켜 주시고, 자기의 영광 앞에 흠이 없는 사람으로 기쁘게 나서게 하실 능력이 있으신 분께, 곧 우리의 구주이시며 오직 한분이신 지혜로우신 하나님께 영광과 위엄과 주권과 권세가 영원 전부터 이제와 영원에 이르기까지 있기를 기도합니다. 아멘. 교회 안에서 그리스도 예수로 말미암아 영광이 하나님께 대대로 영원무궁하소서. 아멘. 딤전 1:17; 6:16, 벧전 5:11, 유 24-25, 엡 3:21

보좌에 앉으신 분과 어린양께 찬양과 존귀와 영광과 권능이 영원하시니, 모든 피조물들이 "아멘, 아멘" 합니다. 우리가 보좌 앞에 엎드려 하나님께 경배하며 말씀드리오니, "아멘, 찬송과 영광과 지혜와 감사와 존귀와 권능과 힘이 하나님께 영원하소서. 아멘, 할렐루야!" 구원과 영광과 존귀와 권능이 영원히 우리 주 하나님의 것입니다. 아멘, 할렐루야! 계 5:13; 7:11-12; 19:1, 4

◐ 그리스도께서 제자들에게 가르치신 것과 같은 방식으로 여러분의 기도를 마칩니다.

하늘에 계신 우리 아버지, 아버지의 이름이 거룩히 여김을 받게 하시며, 아버지의 나라가 임하게 하시며, 아버지의 뜻이 하늘에서 이루어짐과 같이 땅에서도 이루어지게 하소서. 오늘 우리에게 일용할 양식을 주시고, 우리가 우리에게 죄지은 자를 용서한 것과 같이 우리의 죄를 용서하시고, 우리를 시험에 들지 않게 하시고, 다만 악에서 구하소서. 나라와 권세와 영광이 아버지께 영원히 있습니다. 아멘. 마 6:9-13

8. 주기도문으로 드리는 기도

성경 말씀을 사용한 주님의 기도 해설

● 땅에 계시는 동안 주 예수 그리스도께서는 어떻게 기도해야 하는지 가르쳐 달라는 제자들의 요청에 응답하셨습니다. 이 간단한 질문이 가장 가까운 제자들에게서 나왔음을 생각하면, 타락한 인간이 적절한 방식으로 하나님께 말씀을 드린다는 것이 얼마나 어려운 일인지 알 수 있습니다. 예수께서는 제자들의 요청에 응하시면서 엄격하게 암송하거나 무심히 반복해야 하는 형식의 기도를 제안하려 하지 않으셨습니다. 예수께서는 개인적으로도 사용할 수 있고 예배에서 공적으로도 사용할 수 있는 균형 잡힌 표현의 기도 형식을 제안하셨는데, 이는 "우리 아버지" "우리에게……주시고" "우리를……하지 마시고" "우리를……용서하시고"와 같은 복수형을 사용하신 데서 명백히 드러납니다. 또한 예수께서는 기도의 기본적인 형태, 기도를 이루는 모든 적절한 요소들의 핵심, 우리의 간청을 말씀드릴 때 따라야 할 모범을 제시하셨습니다. 예수께서 사용하시는 표현은 대단히 간결하고 한편으로는 대단히 포괄적입니다. 그러므로 이 완전한 기도를 우리 앞에 펼쳐 놓고 그 순서와 내용을 더 주의 깊게 관찰함은 대단히 유익한 일이라 할 수 있습니다. 이 기도의 다양한 형식과 간구에 대한 설명으로 우리는 이 기도를 더욱 지혜롭게 사용하는 법을 배울 수 있을 것입니다. 이 모범적인 기도를 더욱 풍부하게 이해함으로써 필연적으로 우리는 하나님의 축복으로, 우리 개인

의 크나큰 유익뿐 아니라 가난한 이 세상을 위하여 하늘에서 내려주시는 수많은 장래의 축복이라는 결과를 얻게 될 것입니다. 여기에 나와 있는 이 기도의 확대 설명으로 우리가 목적하는 바는 이 기도의 범위와 핵심에 명확히 다가서고, 또한 이 목적을 염두에 두고 늘 관련된 성경 말씀을 사용하려는 것입니다.

우리 아버지

오, 주 우리의 하나님, 아브라함이 우리를 몰랐고, 이스라엘이 우리를 인정하지 않을지라도 하나님께서는 진실로 우리 아버지이십니다. 주님의 이름 '아버지'는 영원부터 있었으니, 이제 우리가 자녀로서 아버지께 부르짖습니다. 우리가 모두 한 아버지를 모시고 있지 아니한지요? 한 하나님께서 우리를 창조하지 않으셨는지요? 주님께서는 우리 영의 아버지이시니, 우리는 마땅히 아버지께 복종하며 살아야 합니다. 주님께서는 빛의 아버지요 자비의 아버지이시며 모든 위로의 하나님이십니다. 주님께서는 영존하는 아버지이시니, 만물이 주님에게서 나고, 주님으로 말미암아 있고, 주님을 위하여 있습니다. 사 63:16, 말 2:10, 히 12:9, 약 1:17, 고후 1:3, 사 9:6, 롬 11:36

주님께서는 우리 주 예수 그리스도의 아버지이시며, 주 예수 그리스도께서는 주님의 독생하신 아들로서 아버지의 품속에 계십니다. 하나님의 지혜의 본질이신 그분께서는 창조자로서 주님 곁에 계시며, 날마다 주님을 기쁘게 하여 드리고 주님 앞에서 늘 즐거워하셨습니다. 이와 같을진대 그리스도 안에서 우리를 주님의 아들로 삼아 주심이 얼마나 놀라운 일인지요. 우리가 주님을 모든 신자들의 아버지로 경외하며, 창세전부터 우리를 택하여 주님의 자녀로 삼아 주셨음을 인하여 놀랍니다. 엡 1:3, 요 1:14, 18, 잠 8:30, 엡 1:4-5

아버지께서 우리에게 베풀어 주신 사랑이 얼마나 놀라운지요!

우리는 그 사랑으로 하나님의 자녀라 일컬음을 받게 되었습니다. 전능하신 주 하나님께서 우리의 아버지가 되시고, 우리가 주님의 자녀 됨이 얼마나 놀라운지요! 주님께서 그리스도를 영접하는 모든 사람들에게 하나님의 자녀가 되는 특권을 주시는 줄을 우리가 알기에 주님의 이름을 믿습니다. 또한 주님의 은혜로 우리가 사람의 뜻에서 나지 아니하고 영원한 아버지 되신 주님에게서 거듭났음을 인하여 주님을 찬양합니다. 이제 주님의 아들의 영을 우리 마음에 보내 주셔서 우리로 하여금 하나님을 "아빠, 아버지"라고 부르게 하소서. 요일 3:1, 고후 6:18, 요 1:12-13, 갈 4:6

우리에게 하나님의 자녀가 되는 특권이 있음이 얼마나 놀라운 일인지요. 우리가 순종하는 참된 자녀답게 우리를 불러 주신 거룩하신 분을 따라 살도록 도우소서. 우리가 사랑받는 자녀답게 우리 아버지이신 주님을 따라 살도록 하소서. 또한 주님의 아들답게 우리가 많은 형제들 가운데 맏아들 되신 이의 형상을 본받아 살게 하소서. 갈 4:5, 벧전 1:14-16, 엡 5:1, 롬 8:29

주님께서는 우리 아버지이신데, 우리는 부끄럽게도 우리가 과연 주님을 아버지로 공경했는지 스스로 묻지 않을 수 없습니다. 주님, 우리가 자녀로서 마땅히 경건함과 두려움으로 주님을 섬길 수 있도록 은혜를 베푸소서. 우리가 아버지 집을 떠나 먼 나라를 떠도는 방탕한 자식으로 주님 앞에 나아갑니다. 우리가 언제나 이처럼 주님에게서 떨어져 살면 굶어 죽게 될 것입니다. 그러나 아버지 집에는 양식이 풍족하오니, 이제 우리가 일어나 아버지께 돌아갑니다. 아버지, 우리가 하늘과 아버지 앞에 죄를 지었습니다. 우리는 아버지의 자식이라고 불릴 자격이 없으니, 우리를 아버지의 품꾼의 하나로 삼

아 주소서. 말 1:6, 히 12:28, 눅 15:13, 17-19

주님께서는 사람이 효도하는 아들을 아끼듯이 우리를 아껴 주시는 온유한 아버지이시니, 우리가 확신을 가지고 겸손함과 담대함으로 아버지 앞으로 나아가게 하소서. 주님께서 우리 아버지로서 우리를 사랑하여 주심과 또한 우리에게는 주님 앞에서 쉬지 않고 우리를 변호해주는 분이 계심을 우리가 알고서 위로를 얻게 하소서. 세상의 악한 부모라 할지라도 자녀들이 요구하면 좋은 것을 줄 줄 압니다. 그러므로 하늘에 계신 우리 아버지를 더욱 신뢰하는 마음으로 우리가 아버지께 성령을 달라고 요청합니다. 사랑하는 하늘 아버지, 우리에게 은혜와 간구의 영을 부어 주소서. 엡 3:12, 말 3:17, 요일 2:1, 요 16:27, 눅 11:13, 슥 12:10

하늘에 계신 우리 아버지

주님께서는 하늘에 계신 우리 아버지이시니, 우리 영혼이 주님을 우러러봅니다. 주님께서는 하늘 높은 곳에 거하시니, 우리가 눈을 들어 주님을 우러러봅니다. 상전의 손을 살피는 종의 눈처럼, 여주인의 손을 살피는 여종의 눈처럼 우리의 눈이 주 우리의 하나님을 바라봅니다. 주님께서는 하나님이시니, 저 하늘 위의 하늘이라도 주님을 모시기에 부족합니다. 그러나 우리는 이미 주님 앞에 담대히 나아갈 수 있게 되었으니, 이는 우리에게 우리보다 먼저 하늘로 올라가신 대제사장이 계심을 인함입니다. 시 115:3; 86:4; 123:1-2, 왕상 8:27-28, 히 4:14, 16

오, 하나님께서는 지극히 높으시고 거룩하시며 영원히 살아 계십니다. 주님께서는 높고 거룩한 곳에 거하시나 겸손한 모든 사람들과 회개하는 모든 사람들을 반겨 주십니다. 주님의 이름, 거룩하고 두렵습니다. 하나님께서는 하늘에 계시고 우리는 땅에 있으니, 우리가 경솔하게 입을 열지 않도록 하시고 말을 많이 하지 않도록 하소서. 우리는 감히 주님께 대답조차 할 수 없으나, 중보자를 힘입어 주님께서 거하시는 지성소에 담대히 들어가게 되었습니다. 사 57:15, 시 111:9, 전 5:2, 욥 9:14, 히 10:19

하늘로부터 굽어 살피시고, 주님 계시는 거룩하고 영화로운 곳에서 살펴보소서. 우리를 향하신 자비와 긍휼을 거두지 마소서. 주님께서는 못하실 일이 없으니, 절망과 고통 가운데 있는 우리를 도우소서. 주님의 거룩한 하늘에서 우리의 소리를 들으시고, 주님의 오른손의 구원하시는 힘으로 우리를 건져 주소서. 주님의 성소에서 우리를 도와주시며, 하늘의 시온에서 우리에게 힘을 주소서. 하늘은 주님의 집이오니, 우리의 모든 삶이 그곳을 향하게 하시며, 땅에 있는 것들을 생각지 말고 언제나 위에 있는 것들을 사모하게 하소서.

사 63:15, 막 9:22-23, 시 20:2, 6, 요 16:28, 빌 3:20, 골 3:1-2

이름이 거룩히 여김을 받으시오며

우리가 우리의 하늘 아버지이신 주님께 가장 먼저 무엇을 간구하며 요청해야 하는지요? 우리가 주님께 말씀드려야 할 소원이 무엇이어야 하는지요? 마 20:32

우리 마음의 간절한 소원과 기도가 이와 같사오니, 하늘에 계신 아버지, 아버지의 이름의 영광을 보이시고, 아버지의 이름의 거룩함을 나타내소서. 거룩하신 하나님으로 영광을 받으소서. 주 우리의 하나님이신 주님을 찬양하고, 주님의 발등상 앞에서 경배하며, 주님의 거룩한 산에서 예배하려는 우리의 소원을 이루어 주소서. 우리로 주님의 크고 두려운 이름을 찬양하게 하소서. 주님의 이름은 거룩하십니다. 높고 거룩하신 주님께서는 이스라엘의 찬송 중에 계십니다. 롬 10:1, 레 10:3, 시 99:3, 5, 9; 22:3

우리로 하여금 주님의 거룩한 이름을 찬양하게 하소서. 우리가 주님의 거룩한 이름을 의지하였음을 인하여 우리 마음에 기쁨이 있게 하소서. 언제나 주님의 거룩한 이름에 감사하며 주님을 찬양하게 하시고, 마음을 다하여 주님을 찬양함으로 영원토록 주님의 이름에 영광을 돌리게 하소서. 우리가 열매를 많이 맺어 우리의 하늘 아버지께 영광을 돌리게 하소서. 우리가 주님의 백성이 되는 특권을 얻음으로 주님의 이름을 빛내고 주님을 찬양하며 주님께 영광을 돌리게 하소서. 이제 우리는 주님의 소유가 된 백성이오니, 우리를 어둠에서 불러내어 자기의 놀라운 빛 가운데로 인도하신 분의 아름다운 덕을 선포하게 하소서. 우리로 하여금 주님의 이름을 야곱의 거룩하신 분으로 거룩히 받들게 하시고, 이로써 우리가 주님의 손으로 친히 만들어 주신 주님의 자녀임이 밝히 드러나게 하소서. 또한 우리가 이스라엘의 하나님을 경외하는 사람들임을 모두에게 알리시고, 이로써 우리가 하나님의 영광을 찬미하는 사람이 되게 하소서. 시 105:3; 33:21; 106:47; 86:12, 요 15:8, 렘 13:11, 벧전 2:9, 사 29:23, 엡 1:12

주님, 주님께서 가난하고 불쌍한 사람들의 도움이 되심을 강한 민족들이 보고 주님께 영광을 돌리게 하소서. 주님께서 포악한 민족들의 궁성을 황폐하게 하심으로 이 성읍들이 주님을 경외하게 하소서. 주님께서 세상 나라들의 계획을 헛되게 하심으로 모든 나라들로부터 높임을 받으소서. 동쪽에서 사람들이 주님께 영광을 돌리게 하시고, 바다 건너 모든 섬에서 주 이스라엘의 하나님을 찬양하게 하소서. 주님께서 지으신 모든 나라들이 주님께 경배하고 주님의 이름에 영광을 돌리게 하소서. 진실로 주님께서는 위대하시며 놀라운 일을 행하시니, 주님 홀로 하나님이십니다. 모든 사람들이 주님의 긍휼하심을 인하여 주님께 영광을 돌리게 하시고, 모든 나라에 주님의 이름이 알려지게 하시며, 모든 나라가 주님의 백성과 함께 즐거워하게 하소서. 주님의 이름이 모든 사람들 가운데서 높임을 받게 하소서. 땅끝에 사는 모든 사람들이 가난한 이들을 구원해 주시는 주님을 기억하고 주님께 돌아오게 하시고, 이 세상 모든 민족이 주님을 경배하게 하시며, 그들로 하여금 태어날 세대에게 주님의 공의를 전하게 하소서. 사 25:2-4, 말 1:5, 사 24:15, 시 86:9-10, 롬 15:9-10, 말 1:11, 시 22:26-27, 31

우리가 각각 은사를 받은 대로 다른 이들을 섬기며 주님의 여러 가지 은혜를 맡은 선한 청지기의 임무를 다하게 하시고, 하나님께서 모든 일에서 예수 그리스도로 말미암아 영광을 받으소서. 우리가 고난을 받으면, 부끄러워하지 아니하고 그리스도인으로서 고난을 받고, 도리어 우리의 고난으로 하나님께 영광을 돌리게 하소서. 우리가 살든지 죽든지 언제나 예수 그리스도께서 우리 몸에서 존귀하게 되심이 우리의 간절한 기대와 소망이오니, 이를 이루어 주소서. 주님, 세상 만민의 왕이시며 주님의 백성의 왕이신 주님의 영광을 위하여 만물에 질서를 주시고, 주님의 완전하신 계획에 따라 모든 일을 이루시어 높임을 받으소서. 세상 많은 나라의 사람들이 주님을 주님으로 알아보게 하시고, 거기서 더럽혀진 주님의 큰 이름을 거룩하게 하시며, 그들의 눈앞에서 주님의 백성을 거룩하게 하심으로 그들에게 주님께서 주님 되심을 알게 하소서. 벧전 4:10-11, 16, 빌 1:20, 렘 10:7, 계 15:3, 엡 1:11, 겔 3:23; 36:23

    주님, 주님의 크신 이름을 어떻게 지키려 하십니까? 주님의 이름을 위하여 모든 사람에게 주님의 영을 부어 주소서. 주님을 믿는 모든 사람의 마음에 그리스도의 말씀이 풍성히 살아 있게 하소서. 오, 주님, 모든 나라들 가운데서 높임을 받으소서. 온 땅 위에서 높임을 받으소서. 하늘 위에서 높임을 받으소서. 주님의 능력을 인하여 높임을 받으시고, 우리로 하여금 주님의 권능을 노래하고 찬송하게 하소서. 주님의 영광스럽고 영원하신 팔로 위대한 일을 행하시어 주님의 이름을 영광스럽고 영원하게 하소서. 모든 사람이 주님의 이름을 영원히 드높여 이르기를, 만군의 주님은 이스라엘의 하나님이시라 하게 하소서. 수 7:9, 욜 2:28, 골 3:16, 시 46:10; 57:11; 21:13, 사 63:12, 14, 대

상 17:24

아버지, 아버지의 이름을 영광스럽게 하소서. 아버지께서는 이전에 이미 영광스럽게 하셨습니다. 이제 아버지의 아들을 높이심으로 아버지의 이름을 다시 영광스럽게 하소서. 아버지의 아들을 영광스럽게 하시어 아들 또한 아버지께 영광을 돌리게 하소서. 아버지의 아들에게 모든 이름 위에 뛰어난 이름을 주시고, 아들을 만물 가운데서 으뜸이 되게 하소서. 요 12:28; 17:1, 빌 2:9, 골 1:18

나라가 임하시오며

하늘에 계신 우리 아버지, 아버지의 이름의 거룩함과 영광을 위하여 아버지의 나라가 임하게 하소서. 나라가 주님의 것이오니, 주님께서는 만물의 머리 되신 분으로 높임을 받으소서. 부와 존귀가 주님께로부터 나오며, 주님께서는 만물을 다스리십니다. 주님의 손에 권세와 능력이 있으시니, 모든 사람을 위대하게 하시고 강하게 하심이 주님의 손에 달려 있습니다. 주님의 나라는 영원한 나라이오니, 우리가 주님 나라의 영광스러운 위엄을 기쁘게 알립니다. 주님의 다스리심은 영원무궁하며, 주님께서는 영원히 능력으로 통치하십니다. 주님께서 두 눈으로 뭇 나라들을 살피심이니, 반역하는 자들의 교만을 꺾으시고, 그 크신 능력을 인하여 원수들이 주님 앞에 복종하게 하소서. 대상 29:11-12, 시 145:11, 13; 66:7, 3

나라는 주님의 것이요, 주님께서는 만국을 다스리심을 밝히 보이시고, 모든 사람들이 열방 가운데서 증언하여 이르기를, 언약의 주님께서 다스리신다 하게 하소서. 모두가 주님을 두려워하여, 주님께서 하신 일을 선포하며 이르기를, 진실로 주님께서는 땅에서 심판하시는 하나님이라 하게 하소서. 하늘의 하나님께서 사람들 가운데서 다스리심을 세상의 왕들이 알게 하시고, 지극히 높으신 분께서 사람들의 나라를 다스리심을 세상의 왕들이 인정하게 하소서. 진실로 주님께서는 주님의 뜻대로 누구에게든 권세를 주십니다. 세상의 왕들로 하여금 하늘의 왕이신 주님을 찬양하고 높이며 주님께 영광을 돌리게 하소서. 오, 주님, 주님께서 하시는 모든 일이 참되고, 주님의 길은 공의로우시니, 교만한 자들을 낮추소서. 시 22:28; 146:10; 64:9; 58:11, 단 4:25-26, 37

주님의 은혜의 나라가 타락한 이 세상에 더욱더 퍼져 나가게 하소서. 주님의 나라가 사람의 눈으로 볼 수 있는 모습으로 오리라는 우리의 생각을 바로잡아 주시고, 그리스도의 임재로 인하여 우리 가운데 있는 주님의 나라를 믿음의 눈으로 보게 하소서. 그리스도의 나라가 누룩과도 같이 생명의 능력을 퍼뜨려서, 마침내는 온 세상이 그리스도의 은혜로운 다스림으로 충만하게 하소서. 우리의 어두운 마음을 밝혀 주시어, 이 세상에 있는 그리스도의 나라를 겨자씨 한 알과도 같은 것으로 보게 하소서. 어떤 씨보다도 작은 이 씨앗이 자라나서 마침내는 어떤 풀보다 커지게 될 것입니다. 눅 17:20-21, 마 13:31-33

이 세상 나라가 우리 주님의 것이 되고 그리스도의 것이 되게 하소서. 큰 권능으로 세상을 다스리시고, 뭇 민족이 분개하겠으나 사탄의 권좌가 있던 곳에 주님의 보좌를 세우소서. 모든 생각을 사로잡아 그리스도께 복종시키시고, 주님 나라의 율법이 모든 사람들에게 높임과 존중을 받게 하소서. 말로 오지 아니하고 능력으로 오는 주님의 나라가 온 세상에 서게 하소서. 하늘의 시온에 있는 주님의 보좌로부터 권능의 지팡이를 펼치시고, 거룩한 옷을 입으시고 통치하소서. 계 11:15-18; 2:13, 고후 10:5, 사 42:21, 고전 4:20, 시 110:2-3

강한 자 사탄이 무장을 하고서 오랫동안 자기 집을 지키고 있습니다. 그의 소유는 지금 안전합니다. 이제 사탄보다 더 강하신 그리스도로 하여금 그를 치게 하시고, 그가 의지하는 모든 무장을 해제하게 하시며, 우리 주 예수로 하여금 사탄의 노략물을 뜻하신 바대로 나누어 주게 하소서. 인자께 권세와 영광과 나라를 주시어 민족과 언어가 다른 모든 백성으로 하여금 그를 섬기게 하시고, 지극히 높으신 이의 성도들을 위하여 원한을 풀어 주소서. 눅 11:21-22, 단 7:13-14, 22

주님의 은혜의 나라가 이 나라와 우리가 사는 이 지역에 더욱더 많이 퍼져 나가게 하시고, 주님의 말씀이 각처에 속히 퍼져서 영광을 받게 하소서. 우리가 비록 많이 부족하지만 주님의 나라를 그 나라의 열매를 맺는 민족에게 빼앗기는 일이 없게 하소서. 주님의 은혜의 나라가 우리 삶에 충만하여 우리 몸이 성령께서 거하시는 성전이 되게 하소서. 어떠한 불의도 우리를 지배하지 못하게 하시며, 우리 안에 있는 부패한 권능을 무너뜨리고, 무너뜨리고, 무너뜨리소서. 예언되신 분, 곧 다스릴 권세가 있으신 분을 우리에게 오게 하시고, 우리로 하여금 주님의 권능의 날에 즐거이 헌신하게 하소서. 우리를 주님의 진리로 다스리시고, 진리의 백성 된 우리가 언제나 주님의 음성을 듣게 하소서. 우리가 늘 주여, 주여 하기만 하지 아니하고 주님께서 말씀하시는 것도 행하게 하시며, 그리스도의 사랑이 우리를 강권하고 휘어잡게 하소서. 언제나 우리가 주님 두려운 줄을 알아 죄를 짓지 않게 하소서. 살후 3:1, 마 21:43, 고전 3:16, 시 119:133, 겔 21:27, 시 110:3, 요 18:37, 눅 6:46, 고후 5:14, 출 20:20

주님의 영광스러운 나라가 속히 임하게 하소서. 우리를 감동시키셔서 주님의 나라가 곧 오리라 믿게 하시고, 구주 되신 주 예수께서 큰 권능과 영광에 싸여 하늘 구름을 타고 오심을 기다리게 하소서. 예수께서 곧 나타나셔서 우리에게 기쁨을 주실 터이니, 우리로 하여금 언제나 이 소망을 품고, 주님의 나타나심을 사모하며, 하나님의 날이 오기를 고대하게 하소서. 우리가 우리의 구원이 가까워진 줄 알고서 언제나 준비된 사람들이 되어, 기쁨으로 우리의 머리를 들 수 있게 하소서. 우리 안에 임재하신 성령의 첫 열매를 우리가 온전히 깨달아, 자녀 됨, 곧 우리 몸의 속량을 간절히 기다리며 속으로 신음하게 하소서. 또한 이 세상에 더 오래 있는 것보다 여기를 떠나 그리스도와 함께 있는 편이 훨씬 좋은 일이오니, 우리 안에 이 소망을 일으켜 주소서. 계 22:7, 12, 빌 3:20, 마 24:30, 사 66:5, 딤후 4:8, 벧후 3:12, 마 24:44, 눅 21:28, 롬 8:23, 빌 1:23

영광을 받으신 예수님, 언제나 주님의 백성들과 함께하시고, 또한 모든 민족을 제자로 삼기 위하여 세상으로 나간 주님의 일꾼들과 함께하시며, 주님께서 약속하신 대로, 세상 끝날까지 함께하소서. 주님께서는 진실로 속히 오리라 하셨습니다. 아멘, 주 예수여, 오시옵소서. 이 세상에서 하나님의 비밀한 일이 이루어지는 그때에 속히 오시옵소서. 마 28:19-20, 계 22:20; 10:7

뜻이 하늘에서 이루어진 것같이 땅에서도 이루어지이다

하늘에 계신 아버지, 주님의 나라가 임하는 증거로서, 또한 주님의 이름이 거룩히 여김을 받으시도록, 주님의 뜻이 하늘에서 이루어진 것같이 땅에서도 이루어지게 하소서. 하늘에서도, 땅에서도, 바다에서도, 바다 밑 깊고 깊은 데서도 뜻하시는 모든 일을 행하소서. 주님의 뜻은 반드시 성취될 것이며, 주님께서 하시고자 하는 일은 반드시 이루실 것입니다. 진실로 그와 같이 되게 하소서, 거룩하신 아버지. 그러나 우리의 뜻대로 되게 하지 마시고, 아버지의 뜻대로 되게 하소서. 주님께서 계획하신 것을 그대로 실행하시고, 주님께서 뜻하신 모든 것을 그대로 이루소서. 주님을 모르는 사람들조차 주님의 뜻에 소용이 되게 하시고, 그들이 주님의 뜻을 행할 마음이 없고, 주님의 뜻을 성취하고 있는 줄을 생각하지 못하는 그때에도 그들로 하여금 주님의 뜻을 행하게 하소서. 마 6:9-10, 시 135:6, 사 46:10, 눅 22:42, 사 14:24, 엡 1:11, 사 10:7

아버지, 우리와 우리의 모든 소유에 대하여 두신 아버지의 뜻이 이루어지게 하소서. 우리가 기꺼이 우리 자신을 주님의 종으로 드립니다. 아버지께서는 우리의 주님이십니다. 뜻하신 때로 행하시고, 아버지의 뜻이 이루어지게 하소서. 내 뜻대로 하지 마시고 아버지의 뜻대로 하시라고 간절히 기도하신 예수님의 모범을 따라 우리 또한 아버지의 뜻에 순종하는 은혜를 베푸소서. 주신 분도 주님이시오 가져가신 분도 주님이시니, 주님의 이름을 찬양할 뿐이라는 말이 우리의 입에서 나오게 하소서. 진실로 우리가 하나님께 복을 받았는데, 재앙이라 해서 못 받는다 하겠는지요? 삼상 3:18, 삼하 15:26, 행 21:14, 마 26:39, 욥 1:21; 2:10

아버지, 아버지의 뜻을 선포하는 예언자들의 글을 성취하소서. 그 말씀들은 결코 폐함이 없으며, 하늘과 땅은 없어질지라도 주님의 말씀은 일점일획도 없어지지 아니하고 다 이루어질 것입니다. 진리의 책에 기록된 것을 행하시고, 주님의 말씀을 영원히 살아 있게 하시며, 하늘에 굳건히 서게 하소서. 마 26:56, 요 10:35, 마 24:35; 5:18, 단 10:21, 시 119:89

주님, 주님께서는 하늘에 계신 우리 아버지이십니다. 우리 한 사람 한 사람 모두가 주님의 뜻을 알고 행할 수 있도록 은혜를 베푸소서. 우리가 거룩하게 되는 것이 하나님의 뜻입니다. 이제 평화의 하나님께서 우리를 온전히 거룩하게 하소서. 우리가 모든 신령한 지혜와 총명으로 하나님의 뜻을 아는 지식이 가득하게 하시고, 온갖 선한 일에 완전하게 되어서 주님의 뜻을 행할 수 있게 하소서. 또한 우리가 이전에 육신의 뜻을 따라 행하고 이 세상의 풍조를 좇아 살던 것은 지나간 때로 족한 줄을 알게 하시고, 이후로는 주님의 뜻을 행하고 주님의 일을 이룸이 언제나 우리의 양식이 되게 하소서. 우리가 우리의 뜻을 행하지 아니하고 우리를 보내신 분의 뜻을 행하게 하소서. 이와 같이 함으로써 우리는 주님의 뜻대로 행하지 아니하여 많이 맞는 사람들처럼 되지 아니하고, 하늘나라에 들어가는 사람들의 무리에 있게 될 것입니다. 마 12:50, 살전 4:3; 5:23, 골 1:9, 히 13:21, 벧전 4:3, 엡 2:2, 요 4:34, 마 7:21, 눅 12:47

주님, 그리스도 안에 있는 모든 신자들에게 은혜를 베푸셔서 주님의 뜻을 알고 행하게 하소서. 하나님께서 기뻐하시는 선하시고 완전하신 뜻을 밝히 분별하게 하시고, 지혜로운 자가 되어 주님의 뜻이 무엇인지 깨닫게 하소서. 또한 우리가 온전하게 되어 하나님의 모든 뜻에 확신을 가지고 설 수 있게 하시고, 이 세상을 살아가는 동안 하나님의 완전하신 뜻을 따라 섬기게 하소서. 우리가 주님의 뜻을 행하여 약속해 주신 것들을 받게 하시고, 주님의 종들에게 약속해 주신 말씀이 영원히 이루어지게 하시며, 주님께서 말씀하신 대로 행하소서. 롬 12:2, 엡 5:17, 골 4:12, 행 13:36, 히 10:36, 대상 17:23

주님의 뜻이 하늘에서 온전히 이루어짐을 우리가 깨닫고 즐거워하게 하소서. 거룩한 천사들이 주님의 명령을 행하며, 주님의 말씀을 듣고, 하늘에 계신 우리 아버지의 얼굴을 언제나 보고 있음을 인하여 우리가 기뻐합니다. 그러나 이 땅에서 주님의 뜻이 이루어지지 않는 슬픈 일이 우리 눈에 보입니다. 얼마나 많은 사람들이 사탄에 사로잡혀 그의 뜻을 좇고 있는지 모릅니다! 이 땅이 더욱더 하늘을 닮아 가게 하시고, 주님의 뜻이 하늘에서 이루어진 것같이 땅에서도 이루어지게 하소서. 이 땅의 성도들이 하늘의 천사들과 같아지기를 우리가 얼마나 소망하는지 모릅니다! 우리가 곧 하늘에 계신 하나님의 천사들과 같아질 것으로 믿습니다. 바로 지금 우리가 천사들처럼 불꽃같이 날아서 주님의 뜻을 행하게 하시고, 바람처럼 날아가 우리에게 뜻하신 일을 이루게 하소서. 우리로 하여금 성령께서 가시려는 곳으로 곧게 앞으로 나아가게 하셔서 주님의 뜻을 온전히 이루게 하소서. 우리에게 은혜를 베푸셔서 천사들처럼 다른 이들의 유익을 위하여 일하게 하소서. 이로써 우리가 장차 하늘에서 수많은 천사들과 함께하는 특권을 누릴 것입니다. 시 103:19-20, 마 18:10, 딤후 2:26, 마 22:30, 계 4:8, 단 10:13, 시 104:4, 단 9:21, 겔 1:9, 12, 히 1:14; 12:22-23

오늘 우리에게 일용할 양식을 주시옵고

하늘에 계신 우리 아버지, 아버지의 이름이 거룩히 여김을 받으시고, 아버지의 나라가 임하시며, 아버지의 뜻이 하늘에서 이루어진 것같이 땅에서도 이루어지게 해달라고 우리가 기도드렸습니다. 이제 우리가 오늘 주님께 날마다 일용할 양식을 달라고 기도드립니다. 아버지께서는 아들을 통하여 우리에게 가르치시기를, 일용할 양식과 같이 필요한 다른 모든 것들을 주실 줄을 믿고 먼저 하나님의 나라와 하나님의 의를 구하라 하셨습니다. 마 6:9-11, 눅 11:3, 마 6:33

우리로 하여금 일신의 이익을 도모하는 속임수와 거짓을 멀리하게 하소서. 우리를 가난하게도 부하게도 하지 마시고, 오직 주님께서 정하신 필요한 양식으로 만족하게 하소서. 우리에게 너무 많이 주지 마소서. 우리가 주님을 부인하며 말하기를, 주님이 누구냐 할까 두렵습니다. 우리에게 너무 적게 주지 마소서. 우리가 가난하여 도둑질하며 주님의 이름을 욕되게 할까 두렵습니다. 욕심으로 기도하며 오직 우리의 양식만을 구하는 우리를 용서하시고, 다른 이들의 필요를 위해서도 열심히 기도하게 하소서. 주님의 가난한 이들에게 양식을 풍족히 채워 주소서. 다른 이들을 착취하여 얻는 이득을 경멸하게 하시고, 언제나 우리로 하여금 의로운 길을 걷게 하소서. 우리의 두 손에 뇌물을 받아 드는 일이 없게 하소서. 그리하면 우리가 지극히 높은 곳에서 주님의 복을 온전히 누릴 것입니다. 우리 원수들의 모든 공격을 막아 내는, 돌로 쌓은 견고한 산성이 우리의 은신처가 되게 하시고, 우리에게 넉넉한 양식을 공급하시며, 마실 물이 떨어지지 않게 하소서. 잠 30:8-9, 시 132:15, 사 33:15-16

우리로 하여금 맛난 음식을 탐하지 않게 하소서. 그러한 음식은 거룩한 생활을 그르치게 합니다. 우리가 아직 이 세상의 좋은 것을 다 누리지 못했다는 그릇된 생각으로 사치와 안락의 삶을 바라는 일이 없게 하시고, 우리의 생명을 유지하기에 족한 만큼의 양식을 위하여 기도할 수 있도록 도우소서. 혹이라도 남을 속여서 음식을 얻으려는 마음을 품지 않게 하시고, 물을 훔쳐서 마시려는 생각을 하지 않게 하시며, 일하지 않고 얻은 양식을 먹지 않게 하소서. 만일 주님의 뜻이면, 우리 손으로 일한 만큼 먹게 하시고, 우리가 조용히 일해서, 자기가 먹을 것을 자기가 벌어서 먹는 은혜를 베푸소서. 먹을 것과 입을 것이 있으면 그것으로 만족하게 하시고, 우리 입으로 정직하게 말하기를, 우리에게는 모든 것이 있고, 또 풍족하다 하게 하소서. 잠 23:3, 눅 16:19, 25, 시 104:15, 잠 20:17; 9:17; 31:27, 시 128:2, 살전 4:11, 살후 3:12, 딤전 6:8, 빌 4:18

주님, 주님께서 우리에게 주신 재산에 복을 내려 주시고, 우리가 손으로 하는 일을 받아 주소서. 우리의 가족과 친척을 돌볼 수 있도록 능력을 주시고, 할 수 있으면 우리의 자손들을 위하여 유산을 남기게 하소서. 주 우리 하나님의 은총이 우리 위에 머물게 하시고, 우리 손으로 하는 일을 견고하게 하소서. 우리 손으로 하는 일을 견고하게 하소서. 주님, 하늘에서 내리는 귀한 것들로, 햇빛과 계절이 내는 풍성한 소출로 이 땅에 복을 내리소서. 그러나 무엇보다 우리가 떨기나무 가운데서 말씀하시는 분의 은혜를 힘입어, 요셉의 머리에

임했던 복을, 형제 중에 으뜸이었던 그의 정수리에 임했던 그 복을 얻게 하소서. 신 33:11, 딤전 5:8, 잠 13:22, 시 90:17, 신 33:13-14, 16

무화과나무에 과일이 없고 포도나무에 열매가 없어도, 올리브나무에 소출이 없고 밭에서 거두어들일 것이 없어도, 우리에 양이 없고 외양간에 소가 없어도, 우리로 하여금 우리 언약의 주님 안에서 즐거워하게 하시고, 우리 구원의 하나님 안에서 기뻐하게 하소서. 합 3:17-18

아버지, 우리가 장차 오랫동안 두고 먹을 양식을 청하지 아니하고, 다만 오늘 일용할 양식을 청하오니, 진실로 우리가 내일 일을 걱정하지 않는 법을 배웁니다. 우리가 무엇을 먹고 마시며 무엇을 입을까 걱정하지 않게 하시고, 주님께서 우리를 돌보아 주실 줄을 알고 우리의 모든 염려를 주님께 맡기게 하소서. 우리의 하늘 아버지이신 주님께서 우리에게 이 모든 것이 필요함을 아시니, 우리는 다만 더욱더 주님을 의지하게 하소서. 믿음을 가지고 주님을 바라볼 수 있도록 우리를 가르치소서. 주님께서는 심지도 거두지도 않는 공중의 새들조차 먹이시는 분이니, 주님께서 새들보다 귀한 우리를 먹여 주실 줄을 우리로 하여금 확신하게 하소서. 마 6:11, 31-32; 10:31

우리가 우리에게 죄지은 자를 사하여 준 것같이 우리 죄를 사하여 주시옵고

주님, 우리가 날마다 일용할 양식을 위하여 기도드림과 같이, 또한 우리가 죄를 용서받기 위하여 기도드립니다. 우리가 죄를 지었고, 하나님의 심판 아래 있습니다. 모든 사람이 죄를 범하였으며, 이로 인하여 주님의 영광에 이르지 못하였습니다. 주님께서는 주님의 형상으로 우리를 거듭하여 지으시고, 우리로 하여금 참 의로움과 참 거룩함으로 살아 주님의 이름을 영광되게 하도록 하셨습니다. 그러나 우리는 늘 주님께서 우리에게 두신 이 높으신 뜻에 미치지 못하였습니다. 우리는 날마다 여러 가지 죄를 짓습니다. 주님의 율법을 얼마나 범하는지 알 수조차 없습니다. 주님께서 우리의 죄를 모두 적어 두신다면 우리는 감히 주님 앞에 설 수도 없을 것입니다. 그러나 주님께는 용서함이 있으시니, 우리가 주님을 경외합니다. 불쌍한 우리 죄인들에게 자비를 베푸소서. 롬 3:19, 23, 엡 4:24, 약 3:2, 시 19:12; 130:3-4, 눅 18:13

우리가 주님의 재산을 낭비하였으며, 주님께서 맡기신 달란트를 땅에 묻었습니다. 우리가 교만하여 주님께 받은 은혜에 조금도 보답하지 못하였습니다. 이러하므로 우리가 크게 빚진 자들이 되었습니다. 성경은 말하기를, 우리 모두가 죄 아래 있다 하였습니다. 우리는 죽어 마땅한 악한 일들을 행하였습니다. 우리의 불순종으로 인하여 하나님의 진노가 임하였습니다. 우리가 진 빚이 너무 커서 갚을 수도 없습니다. 우리는 감히 주님께, 참아 주소서, 우리가 진 빚을 모두 갚아드리겠습니다, 하는 청원을 드릴 수조차 없습니다. 우리를 고소하는 사탄이 재판관이신 주님 앞에서 우리를 고소했을 것이며, 주님께서는 우리를 옥리에게 넘겨 지옥의 감옥에 가두게 하셨을 것입니다. 그리고 우리는 우리 힘으로는 도저히 갚을 수 없는 그 빚을 마지막 한 푼까지 갚기 전에는 거기서 나오지 못했을 것입니다. 눅 16:1, 마 25:18, 대하 32:25, 갈 3:22, 롬 1:32, 엡 5:6, 마 18:24-26, 슥 3:1, 3, 마 5:25-26

그러나 찬양받으소서, 하나님! 주님께서는 사탄을 책망하셨으며, 우리의 더러운 죄의 옷을 벗기고 그리스도의 의의 예복을 입혀 주셨습니다. 주님께서 말씀하시기를, 누가 죄를 짓더라도 아버지 앞에서 변호해 주시는 분이 우리에게 계시는데, 곧 의로우신 예수 그리스도라고 하셨습니다. 이 예수 그리스도께서는 우리의 죄를 위한 화목제물이 되셨습니다. 슥 3:2, 4, 갈 3:27, 고후 5:21, 요일 2:1-2

주님의 아들의 희생을 인하여 우리의 모든 죄악을 지워 주시고, 우리에게 심판을 행하지 마소서. 결코 자신이 빼앗지 아니한 것을 물어 주신 그리스도로 하여금 우리 구원을 보증하시는 분이 되게 하시고, 그리스도로 하여금 주님과 우리 사이를 중재하시는 한분뿐인 중보자가 되게 하소서. 그리스도를 통하여 우리가 주님과 온전히 화해하게 하시며, 우리에게 불리한 조문들이 들어 있는 증서를 깨끗이 지워 버리시고, 그것을 그리스도의 십자가에 못 박으소서. 우리의 모든 죄를 용서하심으로 우리를 그리스도와 함께 살리소서. 오, 주님, 우리에게 넘치는 자비를 베푸셔서 우리의 불의와 죄를 다시는 기억하지 마소서. 시 51:1; 143:2, 히 7:22, 시 69:4, 딤전 2:5, 욥 9:33, 고후

5:20, 골 2:13-15, 히 8:12

　우리에게 주님과 다시 화해하는 복을 누리게 하시고, 우리의 죄를 용서받았다는 온전한 확신을 얻게 하소서. 우리에게 평화를 말씀해 주시고, 우리 마음에 기쁨과 즐거움의 소리를 들려주소서. 주님의 아들 되신 그리스도의 피로 우리의 모든 죄를 씻어 주시고, 우리의 양심을 깨끗하게 하셔서 우리로 하여금 죽은 행실에서 떠나 살아 계신 하나님을 섬기는 충만한 삶을 찾게 하소서. 롬 5:11, 요일 2:12, 시 85:8; 51:8, 요일 1:7, 히 9:14

　우리의 죄를 용서받았다는 증거로 우리가 우리의 원수들을 용서할 수 있는 은혜를 베푸소서. 우리를 미워하는 사람들을 사랑하고 우리를 저주하는 사람들을 축복하게 하소서. 우리가 다른 이들의 잘못을 용서하지 않으면 우리의 하늘 아버지께서도 우리의 잘못을 용서하지 않으심을 우리로 하여금 온전히 깨닫게 하소서. 주님, 우리가 남을 용서하되, 진정으로 용서할 수 있도록 도와주소서. 우리가 누구와 다툰 일이 있을진대, 그리스도께서 우리를 용서하신 것과 같이 그들을 용서하게 하시고, 악을 악으로 갚거나 스스로 원수 갚겠다는 마음을 품지 않게 하소서. 모든 악독과 격정과 분노와 소란과 욕설과 모든 악의를 버리게 하소서. 서로 친절히 대하고 불쌍히 여기며, 하나님께서 그리스도 안에서 우리를 용서하신 것같이 서로 용서하게 하소서. 우리의 하늘 아버지께서 자비하심과 같이 우리 또한 자비한 사람이 되게 하소서. 진실로 주님께서는 자비한 사람을 자비롭게 대하시리라 약속해 주셨습니다. 마 5:44, 눅 6:27-28, 마 6:15, 막 11:25-26, 골 3:13, 잠 20:22, 롬 12:19, 엡 4:31-32, 마 5:7, 시 18:25

우리를 시험에 들게 하지 마시옵고
다만 악에서 구하시옵소서

주님, 우리 안에 배신으로 향하는 악한 마음이 남아 있습니다. 주님께서 우리 죄를 용서하시자마자 우리는 다시 어리석은 데로 돌아가려 합니다. 그러므로 우리가 이처럼 연약함을 알고 주님께 겸손히 구합니다. 우리의 죄를 용서해 주시고, 다시는 악한 일을 저지르지 않도록 도와주소서. 우리를 시험에 들게 하지 마소서. 사람이 시험을 받을 때에 그 누구도 하나님께 시험을 받고 있다고 말해서는 안 됨을 우리가 알고 있습니다. 진실로 주님께서는 누구를 시험하여 죄짓도록 하시는 분이 아닙니다. 그러므로 우리가 구하오니, 우리를 우리의 고집대로 버려두지 마시고, 우리가 원하는 대로 가게 하지 마소서. 우는 사자같이 삼킬 자를 찾아 두루 다니는 사탄을 제어하시고, 우리로 사탄의 계략을 몰라 속임을 당하는 일이 없게 하소서. 우리를 손아귀에 넣고 밀처럼 체질하려는 사탄의 요구에 넘어가지 않도록 우리를 지켜 주시고, 주님께서 사탄에게 우리를 시험하도록 허락하실진대, 우리를 강하게 하시어 우리의 믿음이 꺾이지 않도록 하소서. 사탄의 사자가 우리를 괴롭히는 일이 없게 하소서. 그러나 우리가 교만하게 되지 않도록 끊임없는 시련이 필요하다면, 우리에게 주님의 은혜가 족하게 하소서. 약한 데서 우리를 강하게 하시고, 우리를 사랑하여 주신 그리스도를 힘입어서 넉넉히 이기게 하소서. 우리의 싸움은 혈과 육을 상대함이 아니요 통치자들과 권세자들과 이 어두운 세계의 지배자들과 하늘에 있는 악한 영들을 상대함이니, 우리를 주님 안에서 강하게 하시고, 주님의 힘찬 능력으로 굳건하게 하소서. 평화의 하나님께서 사탄을 우리의 발밑에 짓밟히게 하시고, 속히 짓밟히게 하소서. 우리를 넘어지지 않게 지켜 주시고, 그리스도께서 영광으로 나타나실 때에 우리를 주님 앞에 흠이 없는 사람으로 나서게 하소서. 호 11:7, 시 85:8, 욥 34:32, 마 6:13, 약 1:13, 시 81:12, 벧전 5:8, 고후 2:11, 눅 22:31-32, 고후 12:7, 9-10, 롬 8:37, 엡 6:10, 12, 롬 16:20, 유 24

주님, 우리가 한시라도 깨어 있지 못하고 시험에 빠지는 일이 없게 하시고, 언제나 우리 앞에 위험이 있음을 알고서 죄와 사탄의 간교함을 경계하도록 도우시며, 늘 깨어 기도하게 하소서. 우리의 모든 일을 섭리하시어 사람이 흔히 겪는 시험밖에 다른 시험을 당함이 없게 하시고, 주님의 은혜를 힘입어서 분별하고 맞서 싸워 이길 수 있는 능력 이상으로 시험당함을 허락하지 마소서. 우리 인생길에 걸림돌이 놓이지 않게 하시고, 우리가 으뜸가는 사랑의 법을 외면함으로써 우리의 아버지들과 아들들과 이웃들과 친구들마저 걸려 넘어져 멸망하게 하는 일이 없게 하시며, 그리스도께서 생명을 바쳐 살리신 형제가 우리로 인하여 실족함도 없게 하소서. 평안은 주님의 법을 사랑하는 사람들의 영원한 소유이니, 우리에게 언제나 큰 평안이 깃들게 하시고, 우리가 주님의 법을 따라 살기만 하면 아무런 장애물도 없으리라 확신하게 하소서. 마 26:41, 느 4:9, 고전 10:13, 렘 6:19, 21, 롬 14:13, 시 119:165

우리를 모든 진리 가운데로 인도하소서. 주님께서는 우리의 구원의 하나님이시니, 우리를 가르치소서. 우리에게 주님의 길을 보여 주시고, 우리가 마땅히 가야 할 길을 가르치소서. 주님의 이름을 위하여 우리를 옳은 길로 인도하시며, 죄악으로 요동치지 않는 잔잔한 물가로 인도하소서. 악한 자가 우리를 해치지 못하게 하시고, 우리 안에 계신 분이 세상에 있는 자보다 크심을 우리로 알게 하소서. 악한 자의 간계에 속거나 그의 불화살에 상하는 일이 없게 하시고, 우리가 주님의 말씀에 온전히 사로잡혀서 강하게 되어 악한 자를 이기게 하소서. 요 16:13, 시 25:4-5; 23:2-3, 요일 5:18; 4:4, 마 13:25, 엡 6:11, 16, 요일 2:14

아무도 악을 저지르지 않게 해달라고 우리가 서로를 위하여 주님께 드리는 기도에 응답하시고, 언제나 우리가 주님 앞에서 옳은 일을 행할 수 있도록 하소서. 우리를 죄책과 죄의 권세로부터 구하시고, 온전히 주님의 소유로 삼으셔서 모든 불법으로부터 건져 냄을 받게 하소서. 우리가 믿음의 경주를 할 때 그토록 쉽게 우리를 얽매는 죄를 벗어 버리게 하소서. 우리의 모든 교만을 버리게 하시겠다는 주님의 경고를 듣고 두려워할 줄 알게 하소서. 우리에게서 거짓을 온전히 쫓아내시고, 죄인들의 진수성찬을 먹고자 하는 마음을 몰아내소서. 우리의 마음이 탐욕으로 향하지 아니하고 주님의 율법의 계명에 몰두하게 하소서. 모세와 같이 망령되이 말하지 않도록 우리의 입술을 제어하소서. 무엇보다 주님의 종들이 고의로 죄를 짓지 않도록 막아 주시고, 결코 죄의 손아귀에 잡히는 일이 없게 하셔서, 모든 끔찍한 죄악에서 벗어나게 하소서. 고후 13:7, 마 1:21, 딛 2:14, 히 12:1, 욥 33:16-17, 시 119:29; 141:4; 119:36; 106:33; 19:13

우리에게 불행이 찾아오지 않고, 우리 장막에 어떠한 재앙도 가까이 오지 않도록 지켜 주시며, 주님의 손으로 우리를 도우셔서 환난을 막아 주소서. 우리를 치려고 일어나는 자들로부터 우리를 구원하시고, 주님의 놀라운 사랑을 드러내소서. 주님의 눈동자처럼 우리를 지키시고, 주님의 날개 그늘 아래 숨겨 주소서. 우리가 주님께 우리 영혼을 맡겼으니, 주님께서 우리 영혼을 지키는 분이 되어 주소서. 주님께서 우리를 위험한 죽음의 고비에서 건져 주셨고 앞으로도 건져 주실 터이니, 마지막에도 건져 주실 것을 우리가 믿습니다. 모든 두려움에서 우리를 건지시고, 오직 주님께서만 마련해 주실 수 있는 안전함 가운데서 재앙의 두려움 없이 살아가게 하소서. 그리하여 마침내 우리가, 찌르는 가시도 없고 해치거나 파괴하는 일도 없는 주님의 거룩한 산에 무사히 이르게 하시고, 물이 바다를 채우듯, 주님을 아는 지식이 온 땅에 가득하게 하소서. 시 91:10, 대상 4:10, 시 17:7-8, 딤후 1:12, 고후 1:10, 시 34:4, 잠 1:33, 겔 28:24, 사 11:9

나라와 권세와 영광이
아버지께 영원히 있사옵나이다.
아멘

하늘에 계신 아버지, 아버지의 나라가 임하게 하소서. 나라가 아버지의 것입니다. 아버지께서는 하늘에 계신 하나님이시니, 세상 모든 나라를 다스리십니다. 아버지의 뜻이 이루어지게 하소서. 뜻대로 하실 권세가 아버지께 있으며, 아버지께서는 못하는 일이 없으십니다. 아버지의 이름이 거룩히 여김을 받으소서. 주님의 이름에 위엄이 가득하고, 주님의 영광이 하늘을 덮었습니다. 대하 20:6, 렘 32:17, 시 8:1

우리의 통치자 되시는 주님께서 우리의 필요를 채우시고, 우리의 죄를 용서하시며, 악으로부터 우리를 지키소서. 나라와 권세와 영광이 아버지께 있습니다. 아버지께서는 모든 사람에게 똑같이 주님이 되어 주시고, 주님을 부르는 모든 사람에게 풍성한 복을 내려 주십니다. 하나님의 온전하신 권능으로 우리 죄를 용서하소서. 주님 한분 외에 그 누구도 죄를 용서할 수 없습니다. 죄를 용서하시고 죽게 된 사람을 도와주심은 주님의 영광을 위함임을 보이소서. 오, 우리를 구원하시는 하나님, 우리를 도와주소서. 주님의 이름을 위하여 우리의 죄를 용서하시고, 주님의 영광스러운 이름을 위하여 우리를 건져 주소서. 롬 10:12, 막 2:7, 민 14:17, 시 79:9

주님은 위대하시고 크게 찬양받으실 분이니, 모든 기도로 주님께 영광을 드리는 우리의 마음을 받아 주소서. 대대로 이어질 영원한 나라를 세우신 주님께 찬양을 드립니다. 주님께서는 정의를 사랑하시고 악을 미워하십니다. 주님의 나라를 정의로 다스리심을 보이소서. 주님께서는 각 사람에게 행한 대로 갚아 주십니다. 주님의 자비를 보이소서. 주님의 능력을 인하여, 주님의 팔에 능력이 있음을 인하여 우리가 주님을 찬양합니다. 주님의 손은 강하고, 주님의 오른손은 높이 들리셨습니다. 의와 공의가 주님의 보좌를 받들게 하시고, 언약하신 사랑과 신실이 주님 앞에 넘치게 하소서. 주님의 영광 영원하시며, 주님께서 친히 행하신 모든 일로 기뻐하소서. 아버지와 아들과 성령께 영광이 임하소서. 이 영광은 태초에도 임하였고 이제도 임하여 있으며 앞으로도 영원히 임할 것입니다. 주님의 성소에서 찬양받으시고, 주님의 권능이 거하시는 하늘의 하늘에서 찬양받으소서. 주님의 위대하신 일을 인하여 찬양받으시고, 지극히 위대하심을 인하여 찬양받으소서. 숨 쉬는 사람마다 주님을 찬양하게 하소서. 주님을 찬양하여라. 시 145:3, 13; 45:6-7; 62:12; 89:13-14; 104:31; 150:1-2, 6

기도를 마침

기도를 마치는 이 순간, 주님의 뜻을 따라 그리스도를 통하여 믿음으로 구한 것은 무엇이든지 주님께서 들어주심을 우리가 확신합니다. 우리가 주님께 구한 것들을 얻은 줄 알고 주님을 찬양하며 승리의 기쁨을 누립니다. 주님께서 기름 부으신 그리스도의 기도를 주님께서 들어주심을 우리가 확신합니다. 주님께서 그리스도로 인하여 주님의 오른손의 구원하시는 힘으로 거룩한 하늘에서 우리의 기도에 응답해 주실 것입니다. 그리스도의 이름으로 기도할 때 주님께서 들어주신다는 이 확신의 증거로서 우리가 거듭 아멘, 아멘 하며 이 기도를 마칩니다. 요일 5:14-15, 요 16:23, 시 106:47; 20:6, 고후 1:20

9. 짧게 드리는 상황별 기도

어린이들이 이해하고
드릴 수 있는 기도

오, 주님, 주님은 나의 하나님이십니다. 내가 아직 어릴 때 주님을 찾겠습니다. 내가 주님을 찬양하겠습니다. 주님은 내 아버지의 하나님이시니, 내가 주님을 높이겠습니다.

주님 같으신 하나님이 누구입니까? 누가 주님처럼 놀라운 일을 행할 수 있습니까? 주님과 같이 거룩하시고 영광스러우시며 찬송 받으실 만한 위엄이 있으신 분이 어디 있습니까?

하늘에서는 내게 주님밖에 누가 더 있습니까? 땅에서는 내가 주님 말고 무엇을 더 바라겠습니까? 나의 몸과 마음이 시들어도 주님은 언제나 내 삶의 힘이시며, 영원히 나의 가장 소중한 소유이십니다. 주님께서는 나를 주님을 찬양하는 사람으로 만들어 주셨습니다.

그렇지만 나는 죄인입니다. 태어날 때부터 죄인이었습니다. 어머니의 배 속에 있을 때부터 죄인이었습니다.

하나님, 이 죄인에게 자비를 베풀어 주십시오.

다가올 진노에서 나를 건져 주시고, 나를 위하여 죽었다가 살아나신 예수님을 통하여 나를 구원해 주십시오.

주님, 나에게 새로운 마음을 주십시오. 내 영혼에 그리스도의 형상이 이루어지게 해주십시오. 내가 그리스도를 위하여 살게 해주시고, 죽는 것도 유익한 일이 되게 해주십시오.

주님, 내가 세례를 받으며 주님께 나를 드렸습니다. 은혜롭게 나를 받아 주시고, 아낌없이 사랑해 주십시오.

주 예수님, 주님께서는 어린이들을 격려하셔서 주님께 오도록 하셨고, 하나님의 나라는 어린이들의 것이며 어린이들과 같은 사람들의 것이라고 말씀하셨습니다. 이제 내가 주님께 갑니다. 나를 주님 나라의 충성스러운 시민으로 만들어 주십시오. 나를 주님의 품에 안아 주시고, 내게 손을 얹어 축복해 주십시오.

주님의 은혜로 모든 죄악에서 나를 구해 주시고, 특별히 모든 어린이들에게 있는, 자랑하는 마음을 품지 않도록 해주십시오.

주님, 나에게 지혜롭고 현명한 마음을 주십시오. 모든 일에서 주님의 뜻을 알고 실천할 수 있게 해주십시오. 어떤 일에서든지 주님에게 죄를 짓지 않도록 도와주시고, 거짓말하지 않게 해주십시오.

이와 같이 어릴 때부터 나를 축복해 주셔서 성경 말씀을 잘 알 수 있도록 해주십시오. 나를 가르쳐주는 나의 부모님과 할머니, 할아버지를 축복해 주십시오. 은혜를 베푸셔서 주님의 율법을 내 마음에 새겨 주십시오. 내가 배운 착한 일을 언제나 충실히 지켜 나가게 해주십시오.

나의 아버지가 되어 주십시오. 사랑하는 나의 하늘 아버지께서 내게 필요한 모든 것을 채워 주십시오. 나를 가르쳐 주시고, 인도해 주시며, 돌보아 주시고, 보호해 주십시오. 오, 나의 아버지, 나를 축복해 주십시오.

나의 모든 가족과 친척들을 축복해 주십시오. 나의 아버지와 어머니, 나의 형제와 자매, 나의 사촌과 친척 어른들을 축복해 주십시오. 이 모든 사람들에게 나의 의무를 다할 수 있도록 내게 은혜를 베풀어 주십시오.

주님, 나의 죽음에 대비할 수 있게 해주시고, 내게 은혜와 지혜를 베푸셔서 나의 생명이 어떻게 끝날 것인지 생각하게 해주십시오.

나에게 베풀어 주시는 주님의 모든 자비에 대하여 감사드립니다. 내가 누리는 삶과 건강과 음식과 옷과 교육에 대하여 감사드립니다. 나를 창조해 주시고 보호해 주신 것에 대하여 감사드립니다. 이 삶에 주신 모든 축복에 대하여 감사드립니다. 그리고 주님의 크고 한없는 사랑과 주님의 아들 예수님을 보내 주심과 영광의 소망에 대하여 특별히 감사드립니다.

오, 나의 하나님, 주님께서는 나에게 주님의 아들을 보내 주셨습니다. 이 놀라운 구주를 보내 주셔서 감사드립니다. 내가 소리 높여 예수 그리스도를 찬양합니다. 내가 원하는 것은 예수님뿐입니다. 예수님밖에 내게 필요한 분은 없습니다.

내가 성부, 성자, 성령 하나님의 크신 이름으로 세례를 받았습니다. 존귀와 권세와 영광이 영원히 성부와 성자와 성령 하나님께 있습니다. 아멘.

어린이와 청소년들을 위하여
쉽게 표현한 주님의 기도

하늘에 계신 우리 아버지, 자녀들이 아버지에게 가듯이 우리가 우리를 도와주시는 주님께 갑니다.

아버지의 이름을 거룩하게 하여 주십시오. 주님의 영광을 위하여 만물에 질서를 주시고, 주님께서 주님을 알리신 그 모든 일을 인하여 모든 사람들이 주님을 공경하며 주님께 영광을 드리게 해주십시오.

아버지의 나라가 오게 하여 주십시오. 사탄의 나라를 무너지게 하시고, 주님의 은혜의 나라가 더 일찍 오게 하여 주십시오. 주님께서 선택하신 백성들이 그 나라에 들어가서 보호받을 수 있게 해주십시오. 주님의 은혜의 나라가 빨리 올 수 있게 해주십시오.

아버지의 뜻이 하늘에서 이루어진 것과 같이 땅에서도 이루어지게 해주십시오. 우리가 주님의 뜻을 빠짐없이 알 수 있도록 해주시고, 또한 알고 싶어 하는 마음을 주십시오. 하늘에서 천사들이 하는 것처럼, 우리도 모든 일에서 주님의 뜻에 순종하고 복종하게 해주십시오.

오늘 우리에게 일용할 양식을 주십시오. 우리의 삶에 유익하고 필요한 분량을 받을 수 있도록 해주시고, 주님께서 주신 것을 누리는 우리를 축복해 주십시오.

우리가 우리에게 죄지은 사람을 용서해 준 것같이 우리의 죄를 용서해 주십시오. 그리스도로 인하여 우리의 모든 죄를 아낌없이 용서해 주십시오. 주님의 은혜로 우리가 우리에게 잘못한 다른 사람들을 진심으로 용서할 수 있도록 해주십시오.

우리를 시험에 들게 하지 마시고, 악에서 구해 주십시오. 우리를 죄의 유혹에 빠지지 않게 지켜 주시고, 또한 우리가 유혹에 빠졌을 때는 도와주시고 구해 주십시오.

나라와 권세와 영광이 영원히 아버지의 것입니다. 주님, 오직 주님 때문에 우리가 기도하며 용기를 얻습니다. 우리가 이와 같이 기도드리며 주님을 찬양하기 원하며, 나라와 권세와 영광을 주님께 돌립니다. 주님께서 예수 그리스도를 통하여 우리의 기도를 들어주시기를 바라며, 우리의 마음과 확신을 아멘으로 고백합니다.

1703년에 발행된 매튜 헨리의
『어린이들을 위한 소요리문답』에서
발췌한 기도문

언약의 주 우리 하나님, 주님은 무한하고 영원하신 영이십니다. 주님은 한없이 지혜롭고, 능력 있고, 거룩하고, 올바르고, 선하십니다.

주님은 세상을 만드신 위대한 하나님이십니다. 주님은 또한 나의 창조주이십니다. 주님께서 나를 보호하시고 돌보아 주십니다. 나는 주님 안에서 살고, 움직이고, 존재하고 있습니다. 내가 아직 어릴 때 언제나 주님을 나의 창조주로 기억하고, 결코 잊지 않도록 도와주십시오.

나에게 주님을 섬길 수 있는 은혜를 베풀어 주십시오. 언제나 주님을 예배하고 공경할 수 있게 하시고, 주님을 의지할 수 있도록 해 주십시오. 내가 가는 모든 길에서 주님께 순종하고 주님을 기쁘시게 할 수 있도록 은혜를 베풀어 주십시오.

나에게 주신 주님의 거룩한 말씀으로 인하여 감사드립니다. 주님의 말씀만이 나의 믿음과 삶의 완전한 기준입니다. 주님의 말씀은 내게 구원에 이르는 지혜를 줄 수 있습니다.

내가 죄악 되고 비참한 상태에서 태어났음을 고백합니다. 내게는 본성적으로 악을 행하려는 성향이 있습니다. 내가 보니, 나는 악한 일을 행하려는 마음은 강하고 선한 일은 좀처럼 행하려 하지 않습니다. 내 마음에는 미련한 것이 얽혀 있습니다. 나는 태어날 때부터 주님의 진노 아래 있는 자녀입니다. 나는 주님의 계명에 불순종하였고, 금지된 열매를 먹었습니다. 주님께서 나를 위하여 구주를 세워 주지 않으셨다면 나는 반드시 잃어버린 자가 되어 영원히 멸망했을 것입니다.

그러나 내가 나의 구주 예수 그리스도를 인하여 주님을 찬양합니다. 하나님의 영원한 아들, 곧 하나님과 사람 사이의 유일한 중보자이신 예수님께 영광을 돌립니다. 놀랍게도 예수님께서는 나와 같은 잃어버린 죄인들을 구원하시려고 우리의 본성을 입고 사람이 되셨습니다.

예수님의 거룩한 삶을 인하여 내가 주님을 찬양합니다. 내게 예수님의 뒤를 따라갈 수 있는 은혜를 베풀어 주십시오. 예수님께서 가르치시고 전파하신 진리를 내가 기뻐합니다. 예수 안에서 찾은 그 진리에 믿음으로 반응할 수 있도록 나를 도와주십시오. 예수님께서 가르치심을 확증하시려고 친히 행하신 이적에 내가 놀랍니다. 예수님께서 나의 죄의 빚을 갚으시고 나를 하나님과 화해하게 하시려고, 십자가에서 저주받아 죽으심으로 나를 죄책으로부터 구원해 주신 그 놀라운 일을 내가 생각하며 겸손히 엎드립니다. 그리고 사흘째 되는 날 기적적으로 죽음에서 부활하신 일을 생각할 때 내게 기쁨이 넘칩니다. 예수님께 경배드립니다. 예수님께서는 살아나셔서 하늘로 올라가셨으며, 이제는 나를 위하여 대신 간구하고 계십니다. 예수님께서는 하늘과 땅의 권세를 모두 가지고 계시므로 이제 내가 세상으로 나아가라는 예수님의 명령에 따라 믿음으로 발을 내딛습니다. 예수님께서 마지막 날 세상을 심판하시기 위하여 이제 곧 영광 중에 다시 오실 것을 내가 날마다 확실히 소망하고 바라며 삽니다.

내가 그리스도인으로서 세례를 받아, 영원히 그리스도의 한 제자로 바쳐지고 구별되었으므로 주님께 감사드립니다. 한분 하나님이신 성부와 성자와 성령의 이름으로 내가 세례를 받았습니다. 성부와 성자와 성령께 영광을 돌려 드립니다.

주님, 그리스도로 인하여 나의 하나님이 되어 주시고, 나를 주님의 한 백성으로 삼아 주십시오. 나의 최선이 되어 주시고 내 삶의 가장 높은 목표가 되어 주십시오. 예수 그리스도를 나의 왕과 구주 되게 해주십시오. 성령님을 나를 성결하게 하시는 분, 나의 교사, 안내자, 위로자 되게 해주십시오.

온갖 불경건함과 죄악 된 육체의 욕망을 버리고, 지금 이 세상에서 신중하고 의롭고 경건하게 살아가도록 은혜를 베풀어 주시며, 언제나 그리스도께서 영광 중에 다시 오시리라는 소망을 바라보게 해주십시오.

나를 하나님 앞에서 회개하는 사람이 되게 하시고, 내게 우리 주 예수 그리스도를 향한 믿음을 주십시오. 내게 은혜를 베푸셔서 믿음과 회개의 삶을 살아가게 해주십시오.

나의 생각과 말과 행동으로 주님께 지은 죄를 뉘우치게 하시고, 더 이상 죄를 짓지 않도록 은혜를 베풀어 주십시오. 같은 죄를 반복하여 짓지 않도록 도와주십시오.

복음에 제시된 대로 예수 그리스도를 받아들이게 하시고, 나의 예언자이시며 제사장이시며 왕이신 예수님을 의지할 수 있도록 언제나 나를 일깨워 주십시오. 예수님 앞에 나를 온전히 복종시켜 예수님께 다스림 받고 가르침 받으며 구원받게 해주십시오.

주님, 나의 모든 죄를 용서해 주시고, 영원한 생명의 첫 체험으로 내게 성령을 선물로 주십시오. 주님의 모든 계명에 순종함으로써 나의 믿음과 회개의 진실함을 보일 수 있도록 내게 은혜를 베풀어 주시고, 나의 양심에 어긋나는 일을 하지 않게 해주십시오.

마음을 다하여 주님을 사랑하게 하시고, 또한 내 이웃을 내 몸과 같이 사랑하게 해주십시오.

언제나 경건하고 진실하게 주님의 이름과 주님의 창조와 구속의 사역을 알릴 수 있도록 내게 은혜를 베풀어 주십시오. 무엇보다 주님의 말씀을 부지런히 읽고 듣게 하시고, 또한 말씀을 묵상하고 믿으며, 말씀에 따라 나의 삶을 이루어 나가도록 도와주십시오.

감사함으로 주님의 모든 자비를 받아들이도록 나를 가르쳐 주십시오. 또한 내가 인내하고 주님의 거룩한 뜻에 순종함으로써 모든 고난을 견딜 수 있도록 은혜를 베풀어 주십시오.

나의 마음이 교만하지 않게 해주시고, 분노나 악한 감정으로 동요하지 않도록 마음을 지켜 주십시오. 나의 몸을 정결하게 해주십시오. 나의 몸이 방탕함이나 부정함이나 다른 육체적 욕망으로 더러워지지 않도록 해주십시오. 또한 내가 악한 말을 하지 않도록 해주십시오.

나의 부모님과 지도자들을 존경하고 순종할 수 있도록 내게 은혜를 베풀어 주십시오. 그들의 가르침과 훈계를 받을 수 있게 해주셔서 주님께 감사드립니다. 나의 부모님과 선생님들에게 특별한 축복을 내려 주십시오. 모든 일에서 내가 그들의 보람이 될 수 있도록 도와주십시오.

가난한 사람들과 고통 중에 있는 모든 사람들을 불쌍히 여기시고 도와주시며, 위로해 주십시오.

나의 친구들을 축복해 주십시오. 나의 원수들을 용서해 주십시오. 모든 사람들에게 나의 의무를 다할 수 있도록 해주십시오.

내가 주님께 잘못한 어떤 일에 대해서도 그리스도의 피를 통하여 용서해 주시기를 주님께 겸손히 부탁드립니다. 다음에는 나의 의무를 더 잘 행할 수 있도록 은혜를 베풀어 주십시오. 하나님을 두려워하며 살아서, 이 세상과 다음 세상에서 복된 삶을 누리게 해주십시오.

주님, 내가 죽어서 이 세상을 떠날 날이 있음을 생각하고 준비하게 해주십시오. 악하고 불경건한 모든 사람들에게 반드시 뒤따를 영원한 고통과 괴로움을 내가 당하는 일이 없게 해주시고, 주님과 주님의 아들 예수 그리스도와 더불어 영원한 안식과 기쁨의 나라에서 살아갈 수 있도록 나를 인도해 주십시오.

거룩하고 경건하게 살 수 있도록 내게 지혜와 은혜를 베풀어 주십시오. 주님을 섬기고 내 영혼을 구원함이 내게 가장 중요한 일이 되게 해주십시오.

나의 한분이신 구주이시며 구원자이신 예수 그리스도의 이름으로, 또한 그분으로 말미암아 겸손히 이 모든 기도를 드립니다. 예수 그리스도와 아버지와 영원하신 성령께 존귀와 영광과 찬송이 지금부터 영원까지 함께하소서. 아멘.

가족이 함께 드리는
아침 기도

언약의 주님, 우리 가족이 주님과 언약으로 묶이기를 원합니다. 우리 가족이 주님을 경외하고 경배하기를 원합니다. 주님은 한없이 빛나고 복되시며 영광스러우십니다. 주님은 스스로 완전하시며 다른 어떠한 것도 필요치 아니하십니다. 주님은 모든 존재와 능력과 생명과 움직임과 완전함의 근원이십니다.

주님께서는 모든 만물을 선하게 대하시고, 지으신 모든 것에 긍휼을 베푸십니다. 우리가 은혜를 모르고 악해도 주님께서는 언제나 우리를 위하여 선한 일을 행하십니다.

우리가 예수 그리스도로 인하여 주님을 우리 가족의 아버지라 부를 수 있음이 얼마나 큰 특권인지 모릅니다. 우리가 예수 그리스도를 통하여 주님께 가까이 갈 자유를 얻음이 얼마나 복된 일인지 모릅니다. 주님의 이름을 사랑하는 사람들에게 늘 그리하셨듯이, 이제 우리를 굽어 살피시고 자비를 베푸소서. 이 가족 예배를 우리의 하루 일과 중에서 가장 중요한 일로 만드시고 우리가 누리는 하루의 기쁨 가운데 가장 큰 기쁨으로 삼게 하소서.

주님께서는 주님의 백성으로 택하신 모든 가족의 하나님이십니다. 우리 가족의 하나님이 되어 주소서. 다른 가족이 어찌하든, 우리 가족은 모두 주님을 섬기겠습니다. 한 해의 시작부터 마지막까지 우리 가정 위에 주님의 축복이 머물러 있게 하소서. 주님께서 우리를 축복하시면, 우리에게는 다른 누구의 축복도 필요하지 않습니다.

밤마다 우리에게 베풀어 주시는 자비를 인하여 주님께 감사드립니다. 우리를 보살펴 주심을 인하여 주님께 감사드립니다. 날마다 편히 누워 잠들게 하시고, 새로운 마음으로 깨어나 주님을 섬길 준비를 하게 하소서. 날마다 우리에게 그날 하루의 빛과 위로를 허락하소서.

우리가 진멸되지 않음은 오직 주님의 자비 때문입니다. 주님의 긍휼하심은 다함이 없습니다. 주님의 긍휼하심이 아침마다 새롭고 주님의 신실하심이 큽니다.

많은 사람들이 밤새도록 번민하며 뒤척였지만 우리는 안식하며 새 힘을 얻었습니다. 많은 사람들이 여러 가지 위험을 앞에 두고 자야 했지만 우리 가정은 주님께서 안전하고 평화롭게 지켜 주셨습니다. 우리는 주님께서 베풀어 주신 모든 자비와 은혜와 평화를 감히 받아 누릴 자격이 없습니다.

우리 가족이 주님 앞에 죄를 범했고, 주님의 영광에 크게 미치지 못했습니다. 너무도 빈번히 우리는 주님에게서 끊임없이 달아나려고 하는 부패하고 죄악 된 본성의 지배를 받습니다. 우리는 선을 행하기보다는 악을 행하려는 마음이 더욱 강합니다.

헛된 생각이 우리 안에 깃들어 있어서 우리의 마음을 더럽히고 선한 생각을 방해합니다. 주님께서 우리에게 모든 염려를 주님께 맡기라고 권면해 주셨음에도 우리는 스스로 이 세상의 근심과 걱정으로 괴로워합니다.

우리는 우리 가족 구성원들 서로에 대해 의무를 다하지 못했고, 피차간에 사랑과 선행을 격려하기보다는 어리석음과 분노를 부추졌습니다. 주님을 향한 우리의 사랑이 미지근해졌으며, 주님을 향한 우리의 마음이 약해졌습니다. 주님과 함께 걷는 우리의 걸음이 불안정하고 변덕스럽습니다. 우리는 주님을 위하여 일할 준비를 다 갖추고 있지 아니합니다.

그리스도로 인하여 우리의 모든 죄를 용서하시고, 예수 그리스도를 통하여 우리와 화해하소서. 예수 그리스도께서는 우리를 주님과 화목하게 하려고 죽으셨으며, 이제는 늘 살아 계셔서 우리를 위하여 중재의 간구를 하십니다.

누가 이 세상에서 우리에게 좋은 일을 보여 줄 수 있을까, 하고 말하는 사람들이 많습니다. 주님, 우리가 이 세상이 주는 좋은 것들에 흡족해하는 일이 없게 하소서. 주님의 임재를 밝히 보이심으로 우리의 어둠을 밝혀 주심이 우리 마음의 소원이오니, 들어주소서. 우리가 언제나 주님과 사귐으로써 세상의 재물과 번영에서 즐거움을 찾는 사람들보다 복된 사람들이 되게 하소서.

주님의 평화가 우리의 마음을 믿음으로 지배하게 하시고, 예수 그리스도 안에서 우리의 마음과 정신을 지키게 하소서. 하나님의 격려와 위로가 우리의 힘이 되고 밤에 부를 우리의 찬송이 되게 하소서.

우리가 오늘 하루 주님의 보살피심과 보호하심에 의지합니다. 우리를 지켜 주소서. 방패로 지킴과 같이 우리를 주님의 은혜로 둘러싸 지켜 주소서. 모든 악으로부터 우리를 보호하시고, 나갈 때나 들어올 때나 우리를 지켜 주소서.

우리의 몸과 우리의 모든 세상일을 주님의 지혜롭고 은혜로우신 섭리에 맡깁니다. 우리는 주님께서 작정해 놓으신 주님의 영원하신 목적에 복종합니다. 아무것도 우리를 해치지 못하게 하시고, 우리를 건강하고 안전하게 지켜 주소서. 우리가 하는 일에 복을 내리시고, 우리가 손을 대는 합당한 모든 일을 번성케 하소서. 이 일들로 인하여 기쁨과 성취를 누리게 하시고, 우리가 손으로 수고하여 얻은 것을 먹게 하소서.

우리의 영원한 영혼을 주님의 성령의 돌보심과 주님의 은혜에 맡깁니다. 우리 안에 은혜가 강하게 역사하도록 하시고, 우리의 모든 고난과 시련에 은혜가 우리에게 족함을 보여 주소서. 또한 이 은혜가 크게 역사하여 우리로 하여금 우리 삶에 두신 주님의 선하신 뜻을 따라 선을 행하려는 결심과 소원을 일으키게 하소서.

주님 앞에 드리는 오늘의 의무를 정해진 대로 지켜 행하도록 은혜를 베푸시고, 일반적인 의무 또한 거룩히 행하도록 도우소서. 우리가 행하는 모든 일에서 주님을 인정할 수 있도록 은혜를 베푸시고, 우리의 눈이 언제나 주님을 바라보게 하시며, 우리의 모든 발걸음을 인도하소서.

죄짓지 않도록 우리를 막아 주시고, 우리가 우리 자신의 마음을 제어할 수 있도록 도우소서. 화나는 일이 있다 해도 함부로 분노하지 않게 하시고, 어리석은 말을 하지 않도록 우리의 입술을 지켜 주소서. 우리에게 은혜를 베푸셔서 서로 평화와 사랑으로 살게 하소서. 주님의 가장 큰 복, 곧 영생을 우리에게 내려 주소서. 우리의 모든 거래를 양심적으로 하게 하시고, 언제나 죄를 경계하며, 주님께서 우리를 보고 계심을 한시라도 잊지 않게 하소서. 모든 유혹에 대적할 수 있도록 우리를 무장하여 주시고, 우리를 붙드셔서 흠 없는 사람이 되게 하시며, 언제나 우리의 의무에서 벗어남이 없게 하소서. 주님을 경외함이 지혜의 근본임을 늘 기억하게 하시고, 날마다,

종일토록 주님을 경외하며 살게 하소서.

우리가 가야 할 길이 어둡고 희미할 때는 바른 길을 밝히 드러내 보여 주시고, 올바른 결정이 무엇인지 확신하지 못할 때는 위에서 오는 지혜를 주소서. 이 지혜는 순결하고, 평화스럽고, 친절하고, 온순하고, 자비와 선한 열매가 풍성합니다. 의로운 길을 걸어갈 때 주님을 신뢰하는 우리의 마음이 드러납니다. 의롭고 바르게 살아가도록 우리를 지켜 주소서.

우리의 모든 상실과 십자가와 고난과 낙심이 우리에게 거룩하고 귀한 것이 되게 하소서. 어떤 처지에 있든지 주님의 뜻에 순복하는 은혜를 베푸소서. 우리가 고난을 당함은 주님의 거룩하심에 더욱 온전히 참여하게 하시려는 뜻입니다. 고난당함을 유익으로 알게 하소서.

하루 사이에 무슨 일이 생길지 우리가 알 수 없습니다. 오늘 일어날 일들에 대비하게 하소서. 주님의 완전하신 뜻을 어느 한 부분도 모자람이 없이 따르게 하소서. 우리 자신을 부인하고 날마다 우리의 십자가를 지고 예수 그리스도를 따라가는 은혜를 베푸소서.

주님, 우리의 죽음과 주님의 보좌 앞에 홀로 서서 받을 마지막 심판을 준비하게 하소서. 하늘나라에서 영생을 누리기에 합당한 자 되게 하시고, 하루하루를 세상의 마지막 날로 알고 살아가는 은혜를 베푸소서.

주님, 온 세상에 주님의 나라를 퍼뜨리시고, 주님의 교회를 거듭 일으키셔서 그리스도의 신부로서 온전히 아름다워지게 하소서. 사탄의 나라를 폐하신 자리에 존귀하신 구속자의 보좌를 세우소서. 주님의 은혜로 한 번 개혁한 교회가 앞으로도 늘 개혁되게 하시고, 주님의 백성들 가운데서 그릇된 모든 일들이 바로잡히게 하소서. 의를 위하여 고난받는 사람들을 도우시고 구원하소서.

　모든 민족들 가운데서 선을 행하소서. 다스리는 자와 권세 있는 모든 사람들을 축복하소서. 나라들이 유모와도 같이 주님의 교회를 돌볼 수 있도록 각 나라의 정책을 지도하소서. 주님의 영광을 위하여 모든 사람들, 모든 민족, 모든 족속을 다스리시고, 우리 시대에 평화와 진리가 널리 퍼지게 하시며, 다음 세대들 또한 경건한 선조들의 유산을 온전히 누리게 하소서.

　우리의 친척과 친구들과 이웃에게 은혜를 베푸소서. 그들에게 필요한 것을 공급해 주소서. 주님의 영광 안에 있는 넘치는 부요하심으로 예수 그리스도를 통하여 주님의 모든 백성들의 필요를 채우소서. 주님을 경외하고 주님의 이름을 부르는 모든 가족들 안에 주님의 처소를 마련하소서. 우리의 원수와 우리를 미워하는 사람들을 용서하시고, 우리에게 올바르고 관대한 마음, 모든 사람들과 그들의 소유를 사랑하는 마음을 주소서.

　고통받는 사람들을 돌보시고 위로하소서. 그들이 어렵고 위급할 때에 항상 계셔서 도움이 되소서. 아픈 사람들을 치유하시고, 그들의 고통을 어루만지소서. 유혹과 시험을 앞에 둔 사람들에게 견디는 능력을 더해 주소서. 핍박받는 사람들을 구원하소서. 시온에서 슬퍼하는 사람들에게 기쁨을 주소서.

　주님의 영원하신 언약을 따라 우리와 우리 가족을 대하소서. 이는 주님께서 언약으로 정하시고 약속하신 확실한 것입니다. 언약의 말씀들에서 우리는 우리의 완전한 구원과 소망하는 모든 것을 봅니다.

　창조와 구속의 모든 축복을 인하여 주님을 찬양합니다. 우리가 이 세상에서 받은 축복과 장차 올 세상에서 받으리라 소망하는 축복을 인하여 주님께 감사드립니다. 모든 복의 근원이신 예수 그리스도를 인하여 주님께 특별히 감사드립니다. 주님의 아들 예수 그리스도, 곧 우리에게 주신 그 한량없는 선물을 인하여 주님께 감사드립니다.

우리가 주님께 겸손히 구하오니, 우리의 죄를 용서하시고 그리스도를 위한 우리의 섬김을 받아 주소서. 주님의 크나큰 지혜와 은총으로, 또한 우리의 죄를 위하여 죽으셨다가 다시 살아나신 예수 그리스도의 영광을 위하여 우리의 모든 기도에 응답해 주소서.

가족이 함께 드리는
저녁 기도

　지극히 거룩하시고 복되시며 영광스러우신 언약의 주님, 우리는 주님께 속하였고, 반드시 주님을 섬겨야 하는 존재입니다. 주님께서는 우리를 지은 분이시며 우리의 구속자이십니다. 주님께서 우리를 지으셨고, 값을 치르고 우리를 사셨으므로 우리는 주님의 것입니다. 우리는 우리의 것이 아닙니다. 우리의 영혼이 주님을 우러르며 주님의 얼굴을 찾습니다. 우리의 모든 존재가 주님께로부터 왔습니다. 주님이 아니시면 우리가 누구에게로 가서 행복을 찾겠는지요.
　하나님의 선하신 보살핌으로 우리가 또 하루를 무사히 마무리하게 되었습니다. 오늘 하루 여러 가지 일을 마치고, 우리 가족이 주님의 자비하신 보살핌을 돌아보고, 우리의 구주이시며 하나님이신 주님을 찬양하기 위하여 함께 모였습니다. 진실로 주님께서는 선하시고, 주님의 자비는 영원합니다.
　주님께서는 모든 피조물들에게 은혜를 베푸시는 분이십니다. 주님께서는 모든 사람에게 생명과 호흡을 주십니다. 주님께서는 지금까지 우리를 먹이시고 보살펴 주신 하나님이십니다. 이제 우리가 주님의 자비의 기념비로서, 또한 주님의 한없는 은혜의 증인으로서 부끄러움이 없는 삶을 이어갑니다. 우리가 주님의 온전한 도우심을 받았습니다. 주님께서는 변치 않는 하나님이시며, 늘 흔들리는 사람과 같지 아니하시니, 이 하나만으로도 우리는 멸망치 아니할 것입니다.

날마다 낮이 주님의 선하심을 증언하고, 날마다 밤이 주님의 선하심을 주장합니다. 주님께서는 언제나 선을 행하십니다. 주님을 찾고 주님의 은혜에 의지하는 사람을 주님께서 실망케 하신 적이 없습니다. 밝아 오는 아침과 어두워 가는 저녁이 주님을 찬양합니다.

날마다 우리의 짐을 대신 짊어지시는 주님, 찬양받으소서. 주님께서는 우리의 구원의 하나님이십니다. 우리가 오늘도 날마다 필요한 주님의 자비를 받았습니다. 그러나 우리는 많이 부족하여, 주님 앞에서 지켜야 할 오늘의 의무를 정해진 대로 온전히 행하지는 못하였습니다.

오늘도 우리 곁에 섬기는 천사들을 두시고 우리를 보살피게 하심을 인하여 주님을 찬양합니다. 그보다 못한 피조물들의 섬김을 받게 하심을 인하여 또한 주님께 감사드립니다. 오늘 우리가 누린 육신의 건강과 평안을 인하여 주님께 감사드립니다. 우리가 서로 한 가족이므로 얻는 위로와 우리에게 주신 부족하지 않은 처소를 인하여 주님께 감사드립니다. 광야를 우리의 집으로, 사막을 우리의 거처로 삼게 하지 않으심을 인하여 주님께 감사드립니다. 우리에게 주님의 진리를 깨닫고 이해할 능력이 지속되게 하심을 인하여 주님께 감사드립니다. 우리 양심의 고요와 평화를 인하여 주님께 감사드립니다.

이 나라의 평화를 인하여 주님을 찬양합니다. 우리에게 옥토를 주시고, 각 가정이 그들의 포도나무와 무화과나무 아래에서 평화롭게 살아감을 인하여 주님께 감사드립니다.

무엇보다 예수 그리스도로 인하여, 또한 그분께서 거룩하신 하나님과 죄 많은 인간 사이에서 중보자가 되심을 인하여 감사드립니다.

주님께서 예수 그리스도 안에서 우리와 맺으신 은혜의 언약을 인하여 감사드립니다. 이 언약 안에 담긴 위대하고 고귀한 그 모든 약속과 특권을 인하여 감사드립니다. 우리가 스스럼없이 은혜의 보좌로 나아갈 수 있음을 인하여 감사드립니다. 예수 그리스도의 이름과 그분의 피를 통하여 겸손하고 담대히 나아가게 하소서. 예수 그리스도로 말미암은 영원한 생명을 인하여 감사드립니다.

우리가 주님께 죄지었음을 고백합니다. 오늘도 우리는 죄를 범했으며 어리석은 일을 행하였습니다. 오, 하나님, 주님께서는 우리의 죄를 아시고, 우리의 죄는 주님 앞에서 숨길 수 없습니다. 우리는 시간을 낭비합니다. 우리는 의무를 무시합니다. 우리는 무가치한 것들을 좇고 우리 앞의 자비는 저버립니다. 우리는 우리의 혀로 죄를 짓습니다. 우리가 진정으로 이 속된 욕망에서 구원받은 것처럼 살고 있는지요. 우리는 거듭나고 구원받은 그리스도인으로 행하기보다는 세상 사람들처럼 행하고 있지 않은지요. 자기 허물을 능히 깨달을 자 누구이리요. 우리를 숨은 허물에서 벗어나게 하소서.

우리의 죄에서 돌아설 수 있도록 은혜를 베푸시고, 우리 죄의 악함과 위험을 언제나 잊지 않게 하소서. 주님의 아들 되신 그리스도의 피로 우리의 모든 죄를 씻겨 주셔서, 오늘 밤 우리가 주님과 함께 평화로이 누워 잠들게 하시고, 우리 영혼이 주님께 돌아가 주님 안에서 쉼을 얻게 하소서.

우리가 날마다 짓는 죄들을 회개할 수 있도록 은혜를 베푸시고, 이로써 우리의 하나님이시며 심판자이신 주님 앞에서 우리가 고백해야 할 죄는 오직 우리가 이 세상을 떠나는 마지막 날에 지은 죄밖에 없게 하소서. 주님 앞에서 심판받을 때보다 지금 죄를 고백함이 얼마나 더 쉬운지 모릅니다.

　주님의 자비의 섭리를 통해서나 고난의 섭리를 통해서나 우리에게 유익이 되게 하소서. 주님께서 거룩하게 작정하신 모든 일을 기쁨으로 받아들이게 하소서. 주님의 손으로 우리 삶의 모든 일을 인도하시고, 어떠한 일이나 환경도 주님께 더 가까이 가는 도구로 쓰이게 하소서. 주님의 크고 은혜로운 모든 섭리를 통하여 우리를 주님 앞에서 더욱 유용한 자들로 삼아 주소서. 우리가 오늘 밤 주님께 헌신합니다. 우리로 하여금 지극히 높으신 분의 은밀한 곳에 거주하게 하시고, 전능하신 분의 그늘 아래에서 피난처를 구하게 하소서. 주님께서 우리의 거처가 되어 주셔서, 우리가 주님을 더욱 깊이 알아 가며 살게 하소서.

　우리와 우리 가정과 우리의 모든 소유에 울타리를 둘러 보호하소서. 우리에게 불행한 일이 생기지 않게 하시고, 어떠한 재앙도 우리 가정 가까이 오지 않게 하소서. 오, 졸지도 주무시지도 아니하시는 주님, 우리의 보호자가 되어 주시고, 우리의 태양과 방패가 되어 주소서.

　오늘 밤 평화로운 안식으로 우리의 육신에 새 힘을 불어넣으소서. 불신과 두려움으로 흔들리는 일이 없게 하소서. 주님의 웃으시는 얼굴에서 나오는 빛으로 우리 영혼을 새롭게 하시고, 생명보다 소중한 주님의 사랑을 체험하게 하소서.

　잠자리에 들어 주님을 기억할 수 있도록 우리에게 은혜를 베푸소서. 밤에 주님을 묵상하게 하소서. 이 세상 염려에서 물러 나와 침묵과 고요 가운데 거하게 하시고, 주님과 더불어 사귀는 이 특별한 시간을 온전히 누리게 하소서. 우리를 홀로 있게 하지 마시고 주님께서 함께하시며, 우리가 아침이 되어 깨어났을 때, 주님께서 밤새 우리와 함께 계셨음을 알게 하소서.

이 밤을 무사히 보내고 또 하루를 맞이하여 그날의 의무와 일들을 준비하게 하소서. 우리의 삶을 위하여 보내 주시는 주님의 도움과 격려로 우리가 몸과 영혼을 바쳐 주님을 섬기게 하소서. 우리의 몸과 영혼으로 주님을 영화롭게 하게 하시고, 우리는 그리스도의 피로 사신바 된 사람들이니 우리 자신의 것이 아님을 항상 기억하게 하소서.

이제 우리가 마지막에 하루 더 가까이 갑니다. 우리에게 남은 날들을 헤아려 보고 지혜로운 마음으로 남은 생을 이끌어 가게 하소서. 하루를 마치는 이 시간, 옷을 벗고 잠자리에 듭니다. 이제 곧 우리가 이와 같이 육신의 옷을 벗고 죽음의 잠을 자게 될 것임을 기억하게 하소서. 우리는 머지않아 죽음의 암흑에 들어 각기 잠잘 준비를 해야 합니다. 그러므로 언제나 이 마지막 죽음이 올 것을 생각하며 지금 여기서 날마다 자기를 부인하며 죽게 하소서. 실제로 죽음이 찾아올 때 일어날 변화에 대비하게 하셔서, 우리가 놀라는 일이 없게 하소서. 우리는 우리가 의지해 온 분을 잘 압니다. 그러니 우리로 하여금 죽음을 두려워하지 아니하고, 평화롭게 육신의 옷을 벗으며 우리 영혼을 주님께 의탁하게 하소서.

세상의 모든 가족들이 그리스도 안에서 복을 받듯이, 우리 가족 또한 그리스도 안에서 복을 받게 하소서. 이 가족이 예수 그리스도 안에서 하늘에 속한 온갖 신령한 복을 받게 하시고, 주님께서 우리에게 가장 유익하다 여기시는 현세적인 복 또한 누리게 하소서. 우리의 거룩함에 도움이 될 만큼의 건강과 번영을 허락하시고, 특별히 우리 영혼이 번성하여 힘을 얻고 더 얻으며 올라가 영광에서 영광에 이르게 하소서. 우리 가족에 속한 모든 사람이 그리스도께 속하게 하시고, 우리가 이 세상에서 한집에서 살아가듯이 천국에서도 주님과 더불어 영원히 함께 살아가게 하소서.

잃은 바 되어 죽어 가는 이 세상을 불쌍히 여기소서. 사탄의 권좌가 있는 곳에 그리스도의 보좌를 세우소서. 복음을 들어 본 바 없는 곳에 복음을 보내시고, 이미 복음이 들어간 곳에서는 복음이 더욱 왕성히 퍼지게 하소서. 예수 그리스도의 기쁜 소식은 하나님의 능력입니다. 주님의 진리에 대적하는 그 어떤 견고한 요새라도 이 능력 앞에 무너지게 하소서.

그리스도의 교회가 세워지는 곳마다 번성하게 하소서. 살아 계신 하나님의 아들, 곧 그리스도를 향한 참된 믿음의 고백이라는 반석 위에 주님의 거룩한 교회를 세우셔서 지옥의 권세가 그것을 이기지 못하게 하소서. 의인들의 땅에서 악인들이 권세를 부리지 못하게 하소서.

우리가 태어난 이 땅이 언제나 주님의 선하신 섭리의 축복 아래 있게 하소서. 이 땅에 평화가 널리 퍼져 우리 또한 평화를 누리게 하소서. 이 땅에 주님의 영광이 머물게 하시고, 주님의 영광으로 온전히 우리를 덮어 주소서.

우리 지도자들의 마음을 주장하소서. 책임 있는 자리에 있는 모든 사람들이 공익에 충실하도록 하소서. 권세 있는 통치자들로 하여금 악을 행하는 사람들을 징벌하고 선을 행하는 사람들을 보호하며 격려하고 칭찬하게 하소서. 주님의 말씀을 전하는 충실한 종들이 하는 모든 일을 도우시고, 또한 그들의 도움으로 영혼들이 하나님의 뜻을 온전히 행함으로 이 세상과 다가올 세상에서 번성하게 하소서.

우리와 가까운 사랑하는 모든 이들에게 은혜를 베푸소서. 자라나는 세대가 우리보다 주님을 더 많이 섬기고 더 잘 섬기게 하소서. 슬픔 중에 있거나 크나큰 시련을 겪고 있는 이들을 위로하시고, 그들이 감당하기 어려운 무거운 짐을 지워 주지 마소서. 그들을 날마다 강건하게 하시고, 그들을 사랑하시는 그리스도를 힘입어서 넉넉히 이기게 하소서.

우리 구주 예수 그리스도의 영광을 위하여, 우리가 구하거나 생각하는 것보다 넘치도록 우리에게 행하소서. 우리 구주 예수 그리스도께서는 우리의 의가 되신 주시니, 아버지와 영원하신 성령과 더불어 우리 구주 예수 그리스도께 영광과 찬송이 이제부터 영원까지 함께하소서. 아멘.

주님의 날 아침에 드리는
가족 기도

우리 주 예수 그리스도의 아버지이시며 지극히 은혜로우신 하나님, 주님께 가까이 가는 일이 우리에게 얼마나 좋은지 모릅니다. 주님께 가까이 갈수록 더 좋습니다. 그리고 가장 좋은 것은 주님의 영광의 나라에서 우리가 주님과 가장 가까이 있게 되는 때일 것입니다.

우리가 주님을 스스로 계시는 위대하신 분이며 알파와 오메가로 경배합니다. 주님의 존재하심과 행복은 주님께 본래부터 내재해 있습니다. 우리는 주님에게서 우리의 존재를 부여받았으며, 우리의 복은 전적으로 주님께 있습니다. 그러므로 우리가 주님을 찾고, 주님의 은총을 구하며, 주님의 이름에 합당한 영광을 드림이 우리의 의무이며 우리의 복을 위해 필수적입니다.

아침이 오게 하심을 인하여, 마땅한 장소와 마땅한 시간에 동이 트게 하심을 인하여 우리가 주님을 찬양합니다. 하늘의 떠오르는 해로 우리의 어두운 영혼을 밝히소서. 의로운 해가 떠올라서 치료하는 광선을 발하게 하소서.

우리가 보는 모든 빛이 빛의 아버지이신 주님에게서 나옴을 인하여 주님께 찬양을 드립니다. 이날은 주님께서 사람과 주님 모두를 위하여 만드신 날입니다. 우리가 이날을 즐거워하고 기뻐할 것입니다. 우리에게 주님의 거룩한 안식일을 깨닫게 하셨음에 우리가 주님을 찬양합니다. 우리는 어렸을 때부터 이날을 다른 날들과 구분하도록 가르침 받았습니다. 이날 주님을 공적으로 거룩하게 예배하는 나라에 우리가 살고 있음을 인하여 주님께 감사드립니다.

우리에게 여전히 안식의 자유와 기회가 있음을 인하여 주님께 감사드립니다. 인자(人子)의 날 하루를 바라는 우리의 소망이 헛되지 않음을 인하여 주님께 감사드립니다. 우리가 여러 가지로 처음 사랑을 버렸으므로 주님께서 공의를 행하셔서 촛대를 옮기심이 마땅했습니다. 그러나 세상에서 우리의 증거가 되는 이 촛대를 옮기지 아니하셨음을 인하여 주님께 감사드립니다.

우리가 이 안식일을 기쁘게 맞이합니다. 호산나, 다윗의 자손이여! 찬송하리로다, 주의 이름으로 오시는 이여. 우리의 호산나 찬송이 가장 높은 곳에서 울리게 하소서! 주님, 우리가 이와 같이 주님의 날을 맞아 성령 안에 있게 하소서. 우리 가정과 마음에서 이날이 주님의 안식일이 되게 하시고, 또한 죄에서 벗어나 주님 안에서 쉼을 얻는 안식일이 되게 하소서. 우리가 이 안식일을 거룩하게 지킴으로 이 안식일이 우리에게 거룩한 것이 되고 우리가 거룩함에 이르는 수단이 되게 하소서. 오늘은 우리가 세상일에서 물러나 쉬는 날입니다. 이 세상의 일시적인 것들로부터 우리의 마음이 돌아서 영원한 것들을 바라보게 하소서. 오늘 주님 앞에서 예배하는 동안, 다가올 세상에서도 주님 앞에서 살아가는 기쁨을 소망하게 하소서.

주님께 고백하오니, 우리에게는 주님과 개인적인 사귐을 갖는 이 특권을 누릴 자격이 결코 없습니다. 그러나 우리가 온전한 자격을 갖추신 예수 그리스도의 이름을 힘입어 주님 앞으로 나아갑니다. 우리가 우리 안에서 역사하시는 성령의 도우심을 의지합니다. 우리로 하여금 주님과의 친밀한 사귐을 가로막는 안팎의 모든 장애물을 극

복할 수 있도록 성령께서 우리에게 힘 주실 것을 믿습니다.

우리가 이날을 거룩하게 지켜, 하늘과 땅을 지으신 전능하신 아버지 하나님께 영광을 드립니다. 능력의 말씀으로 엿새 동안 무(無)에서 온갖 선한 것들을 만드신 주님의 놀라운 창조 사역을 우리가 기억하며 이날을 거룩하게 지킵니다. 주님께서 지으신 다른 모든 것들과 더불어 우리가 주님의 종임을 고백합니다. 우리의 존재가 그치지 않고 이어짐은 오직 주님의 창조의 뜻으로 인함입니다. 주님께서는 찬송과 존귀와 영광과 권능을 받기에 합당하시니, 진실로 주님께서는 만물을 창조하셨고, 만물은 주님의 기쁨을 위하여 창조되었으며 이제도 창조되고 있기 때문입니다. 주님께서는 무엇보다 먼저 어둠에서 빛이 생기도록 명령하셨습니다. 첫 주 첫날에 주님께서 빛이 있으라 말씀하시니, 빛이 있게 되었습니다. 이번 주의 이 첫날, 주님께서 우리의 마음을 밝게 비추셔서, 예수 그리스도의 얼굴에 나타난 하나님의 영광을 아는 지식의 빛을 우리에게 더욱더 많이 주소서. 오늘 우리를 주님의 작품으로, 곧 우리로 하여금 새로운 피조물의 증거가 되는 선한 일을 하게 하시려고 예수 그리스도 안에서 창조하신 작품으로 만드소서.

또한 우리가 이날을 거룩하게 지켜, 하나님의 영원한 아들이시며 우리의 존귀하신 구속자 되시는 우리 주 예수 그리스도께 영광을 드립니다. 안식일이 지나고, 그 주간의 첫날에 예수 그리스도께서 죽음에서 부활하셨음을 우리가 기억하며 이날을 거룩하게 지킵니다. 예수 그리스도께서 부활하심으로써 능력으로 하나님의 아들로 선포되셨음을 우리가 고백합니다. 속죄를 위하여 자기의 생명을 드리신 예수 그리스도께서 우리를 의롭게 하시려고 다시 살아나셨으며, 이로써 영원한 의를 세우려 하셨음을 인하여 우리가 주님을 찬양합니다. 집 짓는 사람들의 버린 돌이 세상에 임한 주님 나라의 집 모퉁이의 머릿돌이 되었음을 인하여 우리가 주님께 찬송을 드립니다. 주님께서만 이와 같은 일을 하실 수 있으니, 얼마나 놀라운지요. 죽어서 잠든 신자들의 첫 열매로 그리스도께서 죽은 사람들 가운데서 살아나셨음을 인하여 우리가 주님을 찬양합니다. 예수 그리스도를 부활이요 생명으로 드러나게 하셨음을 인하여 우리가 주님께 감사드립니다. 이날 큰 기쁨으로 예수 그리스도의 부활을 축하하는 우리로 하여금 그리스도 부활의 능력을 온전히 새롭게 체험하게 하시고, 그리스도와 함께 죄로 인한 죽음에서 의로운 삶으로, 세상의 헛됨에서 거룩하고 신령한 삶으로 부활하게 하소서. 우리가 그리스도의 죽으심과 같은 죽음으로 연합하였습니다. 이제 그리스도의 부활하심과 같은 부활로 연합하게 하소서. 그리스도께서 아버지의 영광으로 죽은 자들 가운데서 살아나심과 같이 우리 또한 영광스러운 새 생명 가운데서 살아가게 하소서.

또한 우리가 이날을 거룩하게 지켜, 우리를 도와주시는 분이며 보혜사이신 영원하신 은혜의 성령께 영광을 돌려 드립니다. 마찬가지로 안식일이 지난 후 그 주간의 첫날인 오순절에 성령께서 강림하셨음을 우리가 기뻐하며 기억합니다. 예수께서 이 세상을 떠나 승천하실 때 그 이루신 구속의 유익을 세상 나라 모든 사람들에게 전하시려고 약속하신 성령을 보내 주셨음을 인하여 우리가 주님을 찬양합니다. 세상으로 하여금 예수 그리스도의 영광스러운 재림과 만물의 회복을 예비하게 하신 그리스도의 성령께 우리가 찬양을 드립니다. 성령께서 우리와 함께 영원히 거하리라 하신 약속을 인하여 우리가 주님께 감사드립니다. 이제 예수를 죽은 자 가운데서 살리신 성령께서 믿음으로 우리 마음을 주장하소서. 오, 은혜의 성령이시여, 우리의 이 마른 뼈에, 우리의 이 죽은 마음에 생기를 불어넣으시고, 살아나게 하소서. 우리 안에서 믿음과 사랑과 거룩함과 능력의 성령이 되소서.

오, 주님, 주님의 거룩하신 말씀을 인하여 우리가 주님을 찬양합니다. 주님의 말씀은 우리 발의 등불이요 우리 길의 빛입니다. 주님의 말씀이 우리의 배움을 위해 기록되어, 우리로 하여금 인내하고 성경의 위로를 받음으로써 소망을 얻게 하심을 인하여 우리가 주님께 감사드립니다. 우리를 위하여 성경을 흠 없이 온전하게 보존하신 주님께 영광을 돌려 드립니다. 우리가 이해할 수 있는 언어로 성경에 다가갈 수 있게 하신 주님께 영원히 감사드립니다. 이토록 넘치는 주님 은혜의 증거를 헛되이 받는 일이 없게 하소서. 성경에서 우리 마음을 기쁘게 하는 빛을 우리 눈으로 보게 하심을 인하여 주님께 감사드립니다. 우리의 귀로 구속자요 구주 되신 분의 즐겁게 외치는 소리, 그분을 통한 구속과 구원의 기쁜 소리를 듣게 하심을 인하여 우리가 주님께 감사드립니다. 복음으로 생명과 썩지 아니할 것을 드러나게 하셨음을 인하여 우리가 주님의 이름을 찬양합니다. 우리가 위에 있는 천사들과 더불어 지극히 높은 곳에 계신 주님께 영광을 돌려 드립니다. 땅에서는 주님께서 기뻐하시는 사람들에게 예수 그리스도 안에서 평화가 임하게 하소서.

주님께서 우리에게 영생을 주셨고, 이 영생은 주님의 아들 안에 있다는 위대한 복음을 인하여 우리가 주님께 감사드립니다. 주님, 우리가 이 복음을 온전히 신뢰하고 조건 없이 인정할 수 있는 진리로 받아들입니다. 우리가 예수 그리스도 안에 있는 이 구원의 말씀에 우리의 영혼을 영원히 의탁합니다. 우리가 우리의 중보자이신 주님의 아들을 통하여 아버지께 담대히 나아갈 수 있음을 인하여 기뻐합니다. 은혜로우신 주님, 주님의 아들 예수 그리스도께서 우리에게 지혜와 의와 거룩함과 구원이 되게 하소서. 주님의 부르심으로 인하여 우리가 만물의 머리 되시는 그리스도와 더불어 살아 있는 사귐을 갖게 하시고, 또한 우리가 믿음으로 그리스도와 연합하여 그리스도께서는 우리 안에 살고 우리는 그리스도 안에서 모든 면에서 자라나 장성한 데까지 이르게 하소서. 우리로 하여금 삶에서 열매 맺는 기쁨을 누리게 하시고, 이로써 그리스도께 영광이 되게 하소서. 우리가 어떠한 말과 행동을 하든, 모든 것을 주님의 이름으로 하고 주님의 영광을 위하여 하게 하소서. 우리가 그리스도의 사람이라는 엄숙한 확증으로 그리스도의 영을 받게 하시고, 내주하시며 변화시키시는 성령으로 이제부터 영원까지 우리로 하여금 참된 삶을 누리게 하소서. 우리 가족 가운데 누구도 이에 미치지 못하는 사람이 없게 하소서. 우리에게 있는 이 영생의 첫 열매로 주님의 성령을 우리에게 부어 주소서.

    주님께서 예수 그리스도 안에서 우리와 더불어 맺으신 새 언약을 인하여 우리가 주님을 찬양합니다. 새 언약에 나타난 주님의 크나큰 자비를 인하여 우리가 주님께 감사드립니다. 주님께서는 창조 시에 맺으신 첫 언약이 파기되어 타락한 죄인들이 그 언약으로는 주님과 화해할 수 없음을 보시고, 죄의 허물이 있음에도 축복해 주시겠다는 새 언약을 기꺼이 제정하셨습니다. 우리가 율법 아래 있지 아니하고 은혜 아래 있음을 인하여 주님께 감사드립니다. 이 언약이 우리의 중보자이신 그리스도 안에서 온전히 성취되는 더 나은 약속들 위에 세워졌음을 인하여 우리가 기뻐합니다. 주님, 언약을 어기는 신의 없는 자들을 위하여 주님께서 우리 앞에 소망으로 두신 주님의 은혜로운 약속의 말씀을 우리가 붙듭니다. 우리를 이 언약의 띠로 은혜로이 묶어 주소서. 아버지, 이 은혜로운 언약의 약속들을 따라 우리를 주님의 아드님 안에 속하게 하소서. 주님께서 선언하시기를, 주 예수께서는 주님께서 사랑하시는 아들이요 주님께서 기뻐하시는 자라고 하셨습니다. 주 예수께서는 우리의 사랑하는 구주이심을 우리가 겸손히 고백합니다. 주님, 주 예수 안에서 우리를 기뻐해 주소서.

이 거룩한 주님의 날, 우리 마음을 그리스도와 그분의 사랑에 대한 생각으로 채우소서. 인간의 지식으로는 알 수 없는 그리스도의 사랑의 높이와 깊이와 길이와 넓이가 얼마나 놀라운지요. 이 사랑이 얼마나 큰지요! 주님의 사랑으로 우리를 강권하셔서 그리스도를 사랑하게 하시고, 우리를 위하여 죽으셨다가 살아나신 그분을 위하여 살게 하소서. 우리가 은혜의 보좌 아래에서 기도하는 동안, 우리의 구주께서 그 영광의 보좌 우편에 앉으시어 우리를 위하여 간구하심이니, 우리가 이것을 기억하며 담대함을 얻게 하소서. 우리로 하여금 그리스도의 중보를 통하여 주님의 은총을 얻게 하소서. 우리가 주님과 맺은 언약과 사귐으로 새롭게 되어 새 힘을 얻게 하소서.

우리가 알고 지었거나 모르고 지은 모든 죄를 그리스도로 말미암아 용서하소서. 그리스도를 통하여 우리를 죄책으로부터 구하소서. 우리를 주님 앞에서 의로운 사람으로 받아 주시고, 우리가 정죄 받아 마땅하나 우리를 정죄하지 마소서. 우리의 죄악을 사하시고 우리의 죄를 덮으소서. 우리로 하여금 흠 없는 그리스도의 의의 옷을 입게 하셔서 주님 앞에서 벌거벗은 부끄러움을 가리게 하소서. 죄책의 구름이 주님과 우리 사이에 끼어들고 주님과 우리의 사귐을 방해하는 일이 없게 하소서. 우리의 정욕을 죽이시고, 하늘을 향하여 올라가는 우리의 영혼이 우리의 부패로 인하여 가로막힘을 당하지 않게 하소서.

이 거룩한 날, 주님께서 우리의 모든 예배를 특별히 도와주소서. 주님의 백성들이 모이는 성회에 우리와 함께 가소서. 주님께서 친히 우리와 함께 가지 아니하시면, 주님 없이 우리만 올라가는 일이 어찌 유익하겠는지요. 순전한 마음과 충만한 믿음으로 주님 앞에 나아가게 하소서. 주님의 축복을 들고 오셔서 우리를 만나 주소서. 두세 사람이 주님의 이름으로 모이는 곳에 늘 주님께서 함께하소서. 우리의 기도와 송영과 찬송과 성경 봉독과 믿음의 고백과 복된 자들의 간증과 주님 말씀의 선포와 성례전에 주님의 은혜가 임하게 하소서. 우리의 예배를 방해하는 여러 가지 나약함과 죄를 이기도록 우리를 도우소서. 주님의 말씀이 우리 영혼에 생명과 능력으로 오게 하시고, 옥토에 뿌린 씨앗이 되게 하시며, 뿌리를 내리고 열매를 맺어 주님께 영광을 돌려 드리게 하소서. 우리의 기도와 찬송이 주님께서 예수 그리스도를 통하여 기쁘게 받으시는 영적인 제사가 되게 하소서. 주님의 섭리하심으로 이 예배의 모임에 참석하지 못하는 사람들에게도 자비하신 은혜를 베푸소서.

신실한 그리스도인들이 모이는 모든 성회에 주님의 임재하심이 밝히 드러나게 하소서. 진실로 주 예수 그리스도를 사랑하는 모든 사람들과 함께하소서. 위대하신 구속자께서 영원한 복음의 병거를 타고 이기려고 나아가는 승리자로 행진하소서. 우리의 모든 생각을 그리스도께 복종시키게 하시고, 많은 사람들이 복음을 믿게 하시며, 주님의 구원하시는 팔이 많은 사람들에게 알려지게 하시고, 죄인들이 회개하여 주님 앞으로 돌아서게 하소서. 주님의 성도들이 믿음과 거룩함으로 굳건히 서게 하소서. 유대인과 이방인을 가리지 않고 선택하신 주님의 모든 백성들을 불러 모으시고, 속히 주님의 나라가 온전히 임하게 하소서.

평화의 주님께서 언제나 우리에게 평화를 주소서. 소망의 하나님께서 우리의 구주이시며 구속자이신 예수 그리스도로 말미암아 우리에게 믿음에서 오는 기쁨과 평화를 넘치도록 채워 주소서. 아멘.

주님의 날 저녁에 드리는 가족 기도

오, 영원무궁하시고 복되시며 은혜로우신 주 하나님. 주님께서는 만물 위에 뛰어나신 하나님이시며, 주님을 부르는 모든 사람들에게 풍성한 자비를 베풀어 주십니다. 주님께서는 지극히 지혜로우시고 능력 있으시며 거룩하시고 의로우시며 선하십니다. 주님께서는 만왕의 왕이시며 만주의 주이시고 우리의 주님이시며 우리의 하나님이십니다. 주님께서는 우리 없이도 온전히 복되시며, 우리의 섬김을 필요로 하지 않으십니다. 우리의 선함은 주님께 아무런 도움이 되지 않습니다. 그러나 주님 없이 우리는 비참합니다. 우리에게는 주님의 은혜가 끊임없이 필요합니다. 주님의 선하심이 없어서 우리가 주님께 복을 받지 못하면 우리는 영원히 멸망하고 맙니다. 주님, 우리가 마음을 다하여 주님의 은총을 구합니다. 예수 그리스도를 통하여 주님의 축복이 우리에게 임하게 하소서. 진실로 우리의 모든 복은 주님의 선하신 은혜에 달려 있습니다. 주님의 인자하심이 생명보다 낫습니다.

우리는 주님의 은혜를 입을 권리를 모두 잃었습니다. 우리는 스스로 주님의 축복을 받을 자격이 없는 사람들이 되었습니다. 그러나 우리를 사랑하시고 우리를 위하여 자기를 내어 주신 예수 그리스도의 이름으로 우리가 겸손히 주님의 자비를 구합니다. 우리가 주님 앞에서 우리의 죄를 고백합니다. 우리는 본성이 부패하여 주님의 거룩하심을 못마땅해합니다. 우리는 주님의 나라를 유업으로 얻기에 결코 합당치 아니합니다. 우리는 죄와 허물로 인하여 주님의 정의 앞에서 가증스럽게 되었고, 주님의 진노와 저주를 받아 마땅한 자들이 되었습니다. 본래 우리는 불순종의 자식이며, 주님의 의로운 심판을 받아 마땅합니다. 거룩하시고 의로우신 하나님께 나아갈 때마다 우리는 부끄러움과 두려움을 감출 수 없습니다. 주님께서 우리를 마땅히 보응하신다면, 우리가 주님께 바친 것들의 더러움만으로도 우리는 멸망할 수밖에 없습니다.

그러나 주님께는 인자하심과 풍성한 속량이 있습니다. 은혜로우신 주님께서는 회개하고 복음을 믿는 모든 사람들을 위하여 그리스도의 죽음의 공로로 말미암아 죄책을 면할 길을 마련해 주셨습니다. 주님께서는 그리스도의 성령과 은혜로 죄의 권세가 무너지리라 약속하셨습니다. 주님께서는 영원히 살아 계셔서 그들을 위하여 간구하시는 분이니, 그리스도를 힘입어 주님께 오는 모든 사람들을 끝까지 구원하십니다.

주님, 거룩하신 하나님과 죄 많은 인간 사이의 유일한 중보자 되시는 예수 그리스도를 통하여 우리가 우리의 아버지 되시는 주님께 나아갑니다. 우리가 회개와 믿음으로 세상과 정욕과 마귀로부터 돌아서기를 그리스도를 통하여 간절히 소망합니다. 우리가 우리를 다스리시고 심판하시는 주님께 돌아섭니다. 우리가 주님께 범죄한 모든 것들을 회개합니다. 우리가 주님께 반역하고 배은망덕했던 모든 일들을 생각하면 부끄럽기가 한이 없습니다. 이제 우리가 더 이상 죄와 연관되지 않도록 도우소서. 우리 안의 죄의 권세를 멸하시고, 죄책을 사하소서. 우리가 주님의 은총을 되찾는 유일한 길은 예수 그리스도의 의와 그분의 죽음의 공로뿐입니다. 그리스도 안에서 우리를 긍휼히 여기시고, 그리스도로 말미암아 우리를 받아 주소서. 우리의 반역을 고쳐 주시고 기꺼이 우리를 사랑해 주소서. 우리가 죄악으로 인해 멸망하는 일이 없게 하소서.

우리가 믿음으로 의롭다 하심을 받았으니 우리 주 예수 그리스도로 말미암아 주님과 화평을 누리게 하소서. 그리스도의 죽음을 우리의 죄로 인한 주님의 진노를 거두시게 하는 희생제물로 삼으소서. 주님의 완전하신 의로 의로우심을 나타내시고, 그리스도를 믿는 사람들을 의롭다 하소서. 우리 스스로는 의롭게 될 수 없습니다. 주님께서 죄를 모르시는 그리스도에게 우리를 대신하여 죄를 씌우셨으니, 그리스도를 통하여 우리를 의롭다 여기소서.

평화의 하나님께서 우리 삶의 모든 부분에서 우리를 온전히 거룩하게 해주시고, 우리의 몸과 영혼에 은혜로 선한 일을 계속하소서. 우리의 심령을 새롭게 하시고, 모든 면에서 우리가 주님께서 원하시는 사람이 되게 하소서. 우리 마음에 주님의 보좌를 세우시고, 우리 가슴에 주님의 율법을 새겨 넣으시며, 우리 영혼에 주님을 향한 경외심을 심으소서. 주님의 성령의 온갖 은혜로 우리를 충만하게 하셔서, 의의 열매를 맺고 주님께 영광과 찬양을 드리게 하소서.

우리의 교만과 정욕을 죽이소서. 우리에게 겸손의 옷을 입혀 주시고 썩지 않는 온유하고 정숙한 마음으로 단장하게 하소서. 이것이 주님께서 보시기에 값진 것입니다. 우리 마음에서 모든 무익한 생각들을 몰아내시고, 주님의 은혜로 강하게 역사하셔서 마땅히 주님의 일들을 진지하고 올바로 대하게 하소서. 우리의 정욕과 욕망과 함께 우리의 육체를 십자가에 못 박게 하시고, 우리에게 은혜를 베푸셔서 육체의 무질서한 욕망을 제어하게 하소서. 우리로 하여금 이 육체의 욕망을 성령 앞에 복종하는 종으로 만들게 하소서. 성령께서는 우리의 몸을 자기의 성전으로 삼으셨습니다. 우리가 우리의 몸을 거룩하고 귀하게 다스릴 수 있도록 하소서.

우리 안에서 세상을 향한 사랑이 뿌리 뽑히고 그리스도를 향한 사랑이 뿌리내리게 하소서. 탐욕은 우상 숭배입니다. 탐욕에서 우리를 구하소서. 성령을 통하여 우리 가슴에 주님의 사랑을 부어 주소서. 우리로 하여금 마음을 다하고 목숨을 다하고 뜻을 다하고 힘을 다하여 우리의 하나님이신 주님을 사랑하게 하소서. 우리가 하는 모든 일을 주님을 사랑하는 마음으로 할 수 있도록 은혜를 베푸소서.

모든 미움과 악함과 함께 모든 시기심을 죽여 주소서. 우리의 사랑 없는 마음을 버리게 하시고, 우리 안의 모든 쓴 뿌리를 뽑아 주소서. 우리가 주 예수를 따르는 자들로서 순결한 마음으로 서로를 뜨겁게 사랑할 수 있도록 은혜를 내리소서. 주 예수께서 우리를 사랑하신 것같이 우리도 서로 사랑하라 하심이 그분께서 주신 새 계명입니다. 우리로 이 계명을 따라 살게 하소서. 우리로 하여금 형제 사랑하기를 계속하게 하시고, 언제나 우리의 사랑에 거짓이 없게 하소서.

우리의 모든 잘못을 고쳐 주시기를 주님께 겸손히 청합니다. 우리가 아무 일에든지 길을 잃고 그릇 행할진대, 우리의 잘못을 알려 주소서. 진리의 성령께서 예수 안에 있는 모든 진리 가운데로 우리를 인도하소서. 우리로 하여금 경건에 이르는 진리를 알도록 도우시고, 주님의 계명을 지키는 사람들에게 있는 그 뛰어난 지혜를 우리에게도 주소서. 우리의 사랑이 지식과 모든 통찰력으로 더욱더 풍성하게 되도록 하소서.

이 세상의 헛됨과 그것으로 우리가 행복해질 수 없음을 깨닫게 하소서. 우리로 하여금 이 세상일들에 마음을 빼앗기지 않게 하시고, 일시적인 것들에 영원한 기대를 걸지 않도록 보호하소서. 우리로 하여금 죄의 비열함과 우리를 비참하게 만드는 죄의 능력을 온전히 깨우치게 하시고, 우리에게 은혜를 베푸시어 죄를 미워하게 하시고, 우리를 그 죄로 이끄는 우리 마음의 탐심을 또한 미워하게 하소서.

우리의 영혼이 한없이 귀함을 깨닫게 하소서. 영원의 무게와 영원한 고통의 무서움을 느끼게 하소서. 우리로 하여금 부지런하고 진지하게 영원에 대한 준비를 하게 하소서. 썩어 없어질 양식을 위하여 일하지 말고, 영원히 사는 우리 영혼이 먹을 양식을 위하여 일하게 하소서. 무익하고 덧없는 땅에 있는 것들을 사랑하지 아니하고 위에 있는 것들을 사랑할 수 있도록 우리에게 은혜를 베푸소서.

영원의 일들과 비교하건대, 시간의 일들은 아무것도 아님을 우리로 하여금 알게 하소서. 우리가 다음에 올 세상을 늘 생각함으로써, 바라는 것들의 실상이요 보이지 않는 것들의 증거인 믿음의 다스림을 받게 하시고, 인간의 눈으로는 보이지 않는 것들을 언제나 믿음으로 바라볼 수 있게 하소서.

주님을 기쁘시게 하려는 거룩한 관심으로 다음에 올 세상을 생각하는 은혜를 베푸소서. 이 세상에서 잠시 지나가는 것들이 어찌하여 영원한 것처럼 받들어지는지 헤아려 보게 하소서. 그러므로 기뻐하지 않는 것처럼 기뻐하게 하시고, 울지 않는 것처럼 울게 하소서. 우리의 소유가 아닌 것처럼 물건을 사게 하시고, 이 세상에 있는 것들을 과하게 사용하지 않도록 하소서. 진실로 이 세상의 형체는 지나가고, 우리도 지나갑니다.

　우리에게 주님의 풍성한 은혜를 내리시어, 반드시 오고, 불시에 오며, 급히 올 크나큰 격변에 대비하게 하소서. 이 격변이 오면 우리는 시련 가운데서 옮겨져 상급이나 형벌을 받을 것입니다. 우리로 하여금 성도들이 받을 상속의 몫을 차지하기에 합당한 자 되게 하셔서, 이 세상이 사라지는 날 영원한 처소에서 영접을 받게 하소서.

　이제부터 무덤으로 갈 때까지 우리에게 일어날 일들에 대비하게 하소서. 우리는 하루 사이에 무슨 일이 일어날는지 알 수 없습니다. 우리는 앞날을 어떻게 준비해야 하는지 알 수 없습니다. 그러나 주님께서는 모든 것을 아십니다. 주님께서 우리 앞에 정해 두신 어떠한 섬김과 고난에도 준비된 자 되도록 우리에게 은혜를 내리소서. 우리를 치려고 달려드는 유혹에 대적하여 무장하게 하시고, 언제나 깨끗한 양심을 지니게 하소서. 주님의 거룩하신 뜻이 무엇이든 기쁨으로 받아들이게 하시고, 주님께서 다시 오시는 날, 우리의 의무가 무엇이든 열심히 하는 모습을 보여 드리게 하소서. 어떠한 처지에서도 언제나 주님을 영광스럽게 하는 은혜를 베푸소서. 우리로 하여금 그리스도 안에 있는 소망과 기쁨을 지속하게 하시고, 영원한 생명에 대한 믿음을 굳건히 붙들게 하소서.

　규칙적으로 기도하고 주님의 말씀을 묵상함으로 늘 주님과 친밀한 사귐을 유지할 수 있도록 우리에게 은혜를 베푸소서. 주님께서 우리 삶을 섭리적으로 이끌어 주실 때, 우리가 주님에게서 멀어지지 아니하고 더욱더 가까이 가게 하소서. 언제나 우리의 생각과 마음 앞에 주님을 모시게 하시고, 우리의 눈이 늘 주님을 향하게 하소서. 주님을 의지하고, 주님의 섭리와 주님의 약속과 주님의 능력에 기댐으로써 우리 삶이 번성하도록 축복하소서. 언제나 주님을 신뢰하고, 주님을 향한 우리의 마음을 기도에 쏟아붓는 은혜를 베푸소서. 주님께 온전히 헌신하는 삶을 살며, 주님을 영화롭게 하고 주님께 영광을 드리게 하소서. 이것이 우리 삶의 주요한 목적입니다. 우리로 하여금 주 안에서 항상 기뻐하게 하시고, 이로써 거룩한 삶이 우리의 의무일 뿐 아니라 기쁨도 되게 하소서. 주님을 우리 마음의 즐거움으로 삼게 하시고, 언제나 우리 마음에 확실한 소원을 두셔서, 주님을 기쁘시게 해드리는 사람이 되게 하시고 우리 또한 주님 안에서 기뻐하게 하소서.

죽는 날까지 흠 없이 살도록 우리를 지켜 주소서. 주님을 저버리거나 주님을 따르다가 돌아서는 일이 없게 하소서. 우리의 하나님이신 주님을 언제나 굳건히 붙잡게 하시고, 우리의 목숨을 주님보다 귀한 것으로 여기지 않게 하소서. 우리의 삶을 잘 마무리하게 하시고, 우리가 가야 할 길을 영광과 기쁨으로 마칠 수 있도록 힘을 주소서.

장차 우리가 죽어서 이 세상을 떠나 더 나은 곳으로 옮겨 가는 모든 과정을 주님의 선하신 섭리로 주관하소서. 주님의 족하신 은혜로 우리에게 힘을 주셔서 우리가 마지막까지 믿음의 경주를 마치고, 우리의 주님과 우리의 구주 예수 그리스도의 영원한 나라에 영광스럽게 들어가는 체험을 얻게 하소서.

우리가 이 세상을 지나는 동안 날마다 지혜로워지고 나아질 수 있게 하소서. 한때 쓰이고는 없어지는 것들에 대한 애착을 끊어 버리게 하시고, 이 세상을 떠나서 그리스도와 함께 있는 것이 훨씬 더 좋은 일임을 깊이 깨닫게 하소서. 우리가 이 세상에 오래 남아 있을수록 더 거룩해져서 다가올 세상에 더 합당한 사람이 되는 은혜를 베푸소서. 우리의 마지막 날이 가장 좋은 날이 되게 하시고, 우리가 하는 마지막 일이 가장 좋은 일이 되게 하시며, 우리가 받는 마지막 위로가 가장 따뜻한 위로가 되게 하소서.

이 마지막 날에 주님의 교회와 관련한 모든 약속을 이루소서. 물이 바다를 덮듯이 온 땅이 주님의 영광으로 가득하게 하소서. 주님의 성전이 서 있는 산이 모든 산 가운데 으뜸가는 산이 되게 하시고 모든 언덕보다 높이 솟게 하시며, 모든 민족이 주님의 참된 성전으로 몰려들게 하소서. 이방 사람들의 수가 다 찰 때까지 이스라엘 사람들 일부를 완고함 가운데 두시고, 이 영광스러운 방식으로 하나님의 온 이스라엘이 구원을 받게 하소서. 어떤 민족들은 높이시고 어떤 민족들은 낮추심으로 그리스도의 나라와 교회의 확장에 도움이 되게 하소서. 모든 곳에서 마귀의 나라가 무너진 자리 위에 그리스도의 나라가 세워지게 하소서.

불법자의 멸망을 앞당기시고, 흠 없는 사도들의 신앙이 모든 민족들 가운데서 되살아나 부흥하게 하소서. 참된 경건의 능력이 경건의 모든 대적자들을 이기게 하시고, 신앙의 외형만 가진 자들을 부끄럽게 하소서. 민족들의 전쟁과 혼란이 끝나서 그리스도의 교회와 나라가 퍼져 나가고 평화가 오게 하소서. 민족들의 흥망으로 인하여 사람들 가운데서 그리스도의 영원한 나라가 앞당겨지게 하소서.

주님의 영원한 복음이 우리 가운데서 영광이 되게 하시고, 주님의 섭리가 우리를 감싸 보호하는 불의 성벽이 되게 하소서. 주님의 말씀과 성례를 맡은 모든 일꾼들을 축복하소서. 그들이 구부러지고 뒤틀린 세대 가운데서 불타오르며 빛나는 빛이 되게 하시고, 그리스도께 충성하며 사람들의 영혼을 염려하는 자들이 되게 하소서. 주님의 일꾼들이 진리 안에서 연합하게 하시고, 그들에게서 시기와 높아지려는 욕심을 걷어 내시며, 서로 참되게 사랑하는 마음을 보이게 하소서. 그들에게 참된 사랑과 관용과 겸손의 심령을 쏟아부어 주소서. 그들을 한 사람처럼 묶어 주셔서, 오직 주님의 영광과 잃은 자들의 구원을 더하게 하소서.

모든 나라의 땅의 소산을 축복하시고, 세상 모든 백성들에게 풍성한 소출이 있게 하소서. 가난한 사람들에게 양식을 흡족히 주셔서 삶을 이어 가게 하소서. 나라 사이의 교역에 정의를 세우시고, 작고 힘없는 사람들을 착취하는 자들의 탐욕을 드러내소서. 반역자들을 막으시고, 주님께서 그들보다 높여 세우신 주권자들 아래 복종시키소서. 공공의 평화를 지키셔서, 복음이 막힘없이 전파되게 하소서.

이 거룩한 날에 베풀어 주신 모든 자비를 인하여 주님께 감사드립니다. 주님의 집 뜰 안에서 지내는 하루가 다른 곳에서 지내는 천 날보다 낫습니다. 오, 만군의 주님, 주님의 장막이 어찌 그리 사랑스러운지요! 오늘 성경이 봉독되고 전파될 때, 우리가 들은 말씀을 축복하소서. 우리의 기도를 들으시고, 우리의 찬양을 받으시며, 주님의 흠 없는 눈으로 우리에게서 보신 모든 잘못을 용서하소서.

오늘 밤 우리를 보호하소서. 주님과 함께 오늘 하루를 무사히 마치게 하시고, 근심 없이 누워 잠들게 하소서. 다시 한 주를 지나는 동안도 우리와 함께하시고 우리의 모든 길을 인도하소서. 우리가 지난 한 주간의 많은 일들을 들고 안식에 들었음을 용서하소서. 그러나 이제 우리가 크나큰 안식을 얻어 다시 세상의 한 주 안으로 들어갑니다. 돌아오는 안식일에도 우리에게 생명이 허락될진대, 더욱 잘 준비하여 다음 안식일을 주님께 거룩히 바칠 수 있도록 하소서. 이 안식일에 우리에게 천국을 맛보게 하셨음을 인하여 주님께 감사드립니다. 우리로 하여금 주님을 찬양하는 일에 더 많은 시간을 사용하게 하소서. 이것이 우리가 영원토록 시간을 들여 해야 할 일입니다.

우리에게 허락된 시간과 날들이 끝날 때, 주님께서 주시는 영원한 안식에 들어가는 은혜를 베푸소서. 오늘 보낸 이 안식일로 인하여 우리의 안식의 여정이 천국에 더욱 가까워지게 하시고, 우리가 안식하는 일이 천국에 더욱 합당하게 준비되게 하소서. 오늘 우리가 그리스도의 부활을 기쁘게 기억하며 이 주님의 날을 시작했습니다. 이제 그리스도께서 영광 가운데 다시 오시고, 우리 또한 부활하며, 주님의 충만한 영광을 보리라는 소망을 품고 즐거워할 것을 우리가 기쁘게 고대하며 이 주님의 날을 마칩니다. 오, 내 영혼아, 주님을 찬송하여라! 나의 마음을 다하여 그 거룩하신 이름을 찬송하게 하소서. 주님께서는 선하시며 그 인자하심이 영원하십니다.

영원하신 왕, 곧 없어지지도 않으시고 보이지도 않으시는, 오직 한분이신 지혜로우신 하나님, 삼위로 계시는 우리의 한분 하나님, 아버지와 아들과 성령께 존귀와 영광과 권세와 찬양이 이제부터 영원까지 함께하소서. 아멘.

부모가 자녀들을 위하여
드리는 기도

오, 주 우리의 하나님, 주님께서는 모든 사람에게 영을 주시는 하나님입니다. 모든 영혼이 주님의 것입니다. 부모들의 영혼과 그 자녀들의 영혼도 주님의 것이며, 이 둘의 영혼에 주시는 주님의 은혜가 족합니다. 주님께서는 우리 조상들의 하나님이셨으니, 우리가 주님을 찬양합니다. 주님께서는 우리 자녀들의 하나님이시니, 우리와 우리 자녀들을 두고 하신 약속을 이루어 주실 것을 우리가 주님께 구합니다. 주님께서 믿는 자들 및 그 후손들과 언약을 맺은 하나님이심을 우리가 압니다.

주님, 우리가 주님의 선하신 섭리로 세우심을 받아 한 가족을 이루었습니다. 주님께서 은혜로 우리에게 주신 자녀들을 축복해 주셨음을 인하여 우리가 주님께 감사드립니다. 진실로 우리의 자녀들이 우리에게 복이 되어, 혹이라도 우리가 자녀 없는 자 되기를 소원하는 일이 없게 하소서.

우리의 자녀들이 죄악 중에 잉태되고 태어났음을 생각하며 우리가 슬퍼합니다. 우리의 자녀들이 우리에게서 물려받은 부패한 본성을 우리가 한탄합니다. 그러나 태초로부터 내려온 그들의 더러움을 씻어 줄 샘이 열려 있음을 인하여 우리가 주님께 감사드립니다. 우리의 자녀들이 언약의 끈에 묶여 태어나, 세례를 받으며 언약의 서원으로 주님께 헌신하게 되었음을 인하여 우리가 주님께 감사드립니다. 우리의 자녀들이 주님의 집에서 태어나, 주님께서 이 땅에 세우신 가족의 일원으로 받아들여졌음을 인하여 우리가 주님께 감사드립니다.

우리의 자녀들이 세례에 의하여 주님께 헌신했습니다. 우리가 주님께 겸손히 구하오니 그들을 구원하소서. 그들이 거듭나서, 주님과 맺은 언약을 그들 스스로 더욱 확신하게 하소서. 그들을 주님의 특별한 소유로 삼으셔서, 그 영광스러운 마지막 날에 그들이 주님께서 아끼시는 자들로 드러나게 하소서.

우리의 자녀들에게 선한 성품과 뛰어난 마음의 능력을 주소서. 그들이 유순하고 순종적이며, 기꺼이 교훈을 받아들이는 사람들이 되게 하소서. 그들이 아직 어릴 때부터 경건한 삶에 마음을 기울이게 하시고, 지혜와 지식이 자라나 하나님과 사람에게 더욱 사랑을 받게 하소서. 우리의 훈계의 매와 아울러 주님의 훈계의 매로 우리 자녀들의 마음에 얽혀 있는 어리석음을 멀리 쫓아내시고, 어린이들과 젊은이들이 굴복하기 쉬운 헛된 것으로부터 그들을 구해 내소서.

우리가 우리의 자녀들을 위하여 주님께 이 세상의 큰일들을 구하지 않습니다. 그러나 주님께서 원하시면, 우리 자녀들에게 건강을 허락하시고 심히 위태한 사고로부터 그들을 지켜 주소서. 그들이 먹기에 족한 만큼의 양식을 주시고, 그들이 이 세상에서 주님의 나라에 쓸모 있는 삶을 살도록 특별한 축복을 내려 주소서.

우리의 자녀들에게 무엇보다 주님의 성령을 부어 주소서. 우리의 자손들에게 이 가장 큰 축복이 임하게 하셔서, 그들 세대에 부지런히 주님을 섬길 수 있게 하소서. 그들로 하여금 주님과 가장 가까이 사귐으로써 오는 최상의 삶에서 크나큰 기쁨을 찾게 하시고, 이 축복이 결코 그들에게서 거두어지는 일이 없게 하소서.

우리가 주님을 두려워하며 주님의 교훈과 훈계로 자녀들을 양육할 수 있도록 지혜와 온유와 긍휼과 은혜를 베푸소서. 그들을 순종하는 공손한 자녀들로 키울 수 있도록 우리를 도우시고, 그들의 생각과 지식에 맞추어 하나님의 일들을 가르칠 수 있도록 주님께서 우리를 가르쳐 주소서. 합당한 방식으로 그들을 꾸짖고 훈계하며 격려하고 고쳐 줄 수 있는 지혜를 우리에게 주시고, 그들에게 언제나 덕이 되고 주님의 칭찬을 받을 만한 삶의 모범을 제시할 수 있게 하소서. 우리로 하여금 그들에게 주님을 기쁘시게 하는 삶을 권면하게 하시고, 그들이 가야 하는 올바른 길을 가도록 훈련하게 하시며, 이로써 그들이 오래 살도록 그 길에서 떠나지 않게 하소서.

우리의 자녀들이 악한 친구들의 올무에 걸리지 않도록 보호해 주시고, 그들이 만나는 모든 유혹으로부터 지켜 주소서. 하나님을 기쁘시게 하는 삶은 주님께 대한 그들의 의무이며 그들의 유익을 위해서도 심히 중대한 일입니다. 그들로 하여금 아직 어린 나이에 이것을 깊이 깨닫게 하소서.

우리의 자녀들이 아직 어릴 때에 그들의 영혼에 그리스도의 형상이 이루어지게 하소서. 그들이 아직 어릴 때에 그들의 마음에 은혜의 씨앗이 뿌려지게 하소서. 그들이 진리 안에서 걷고 하늘을 우러르는 모습을 우리로 하여금 기쁜 마음으로 보게 하소서. 그들이 권면에 귀 기울이고 가르침을 받아들여서, 위로부터 오는 지혜로 충만하게 되는 은혜를 베푸소서.

우리 자녀들의 교육이 번성하게 하시고, 주님께서 그들의 교사가 되셔서, 그들의 삶에 주님의 평화가 넘치게 하소서. 그들이 주님을 오직 한분이신 참된 하나님으로 알며, 또한 예수 그리스도를 주님께서 이 세상에 보내신 유일한 구주로 알도록 은혜를 베푸소서. 그들이 아직 이 땅에 살고 있을 때부터 영생의 선물을 누리게 하소서.

우리 자녀들이 아직 어릴 때부터 지혜와 지식을 얻게 하소서. 그들이 어려서 배운 교훈을 결코 잊지 않게 하시고, 언제나 그들이 배운 것들에 비추어 살아가도록 은혜를 베푸소서. 또한 그들이 예수 그리스도 안에 있는 진리에 대하여 배운 바를 잊는 일이 없게 하소서.

우리가 천국에서 주님을 찬양하기 위하여 올라간 후에도 우리의 자녀들이 이 땅에서 주님을 찬양하는 것이 우리 마음의 간절한 소원이며 기도입니다. 오, 주님, 우리가 영원히 우리의 자녀들과 함께하며, 이 땅에서와 마찬가지로 천국에서도 주님을 섬기는 가장 높은 특권을 허락하소서. 우리의 자녀들이 아직 어릴 때에 어느 누구를 우리에게서 데려가시는 것이 주님의 뜻이면, 주님께 순종하며 그들을 주님께 내어 드릴 수 있도록 우리에게 은혜를 베푸소서. 우리로 하여금 그들의 죽음을 인하여 소망 가운데 살아가게 하소서. 우리의 자녀들 중 누구도 영생을 소유하기에 부족함이 없도록 하시고, 그들 중 누구도 심판 날에 그리스도의 왼편에 서게 되는 일이 없게 하소서.

우리의 자녀들이 아직 어릴 때에 주님께서 우리를 데려가실진대, 주님께서 우리 자녀들의 아버지가 되어 주소서. 그들을 먹이시고 가르치소서. 아버지 없는 이들이 주님에게서 긍휼을 얻습니다.

우리가 자녀들을 두고 하는 많은 염려를 주님께서 아십니다. 이 모든 염려를 주님께 맡깁니다. 우리와 우리 자녀들을 주님께 드립니다. 우리가 죽을 때 우리의 가정에서 진리의 빛이 꺼지지 않게 하시고, 우리의 무덤에 복음의 보배가 묻히지 않게 하소서. 우리보다 우리의 후손들이 주님을 더 섬기고 헌신하게 하소서. 그들로 하여금 주님의 이름 앞에 영광과 찬양을 드리게 하소서.

　우리의 자녀들을 위하여 드리는 이 모든 기도로 우리가 주님의 영광을 구합니다. 아버지, 우리 가정에서 주님의 이름이 거룩히 여김을 받으시고, 우리의 가정에 주님의 나라가 임하게 하소서. 천국에서 천사들을 통하여 주님의 뜻을 이루심과 같이 우리와 우리 자녀들을 통하여도 주님의 뜻을 이루소서. 우리가 예수 그리스도를 힘입어 이 모든 기도를 드립니다. 우리의 복되신 구주이시며 구속자 되시는 예수 그리스도의 후손이 영원토록 이어지고, 그분의 왕위가 하늘처럼 영원할 것입니다. 우리와 우리의 자녀들이 세례를 받은 그 거룩하신 이름, 아버지와 아들과 성령께 존귀와 영광과 권세와 찬양이 이제부터 영원까지 함께하소서. 아멘.

성찬 예식을 받기 전에 드리는 개인 기도

　지극히 높고 복되시며 영광스러우신 주 하나님, 내가 겸손하고 경건한 마음으로 주님 앞에 나아갑니다. 내가 주님의 얼굴을 찾고 주님의 은총을 구합니다. 내게 두신 주님의 선하신 뜻의 증거로 내 안에서 행하시는 주님의 선한 일을 나로 하여금 경험하게 하소서.

　내가 이 복된 성찬을 받기에는 온전히 부족한 인간임을 고백합니다. 내가 주님의 식탁에 초대 받음이 합당치 않습니다. 주님께서는 내게 은혜를 베푸시어 주님의 말씀으로 주님의 음성을 듣게 하셨고, 기도로 주님께 아뢰게 하셨습니다. 그리고 이제는 주님의 거룩한 식탁에서 주님과 함께하는 사귐에 초청해 주셨습니다. 또한 나는 나의 구주의 죽으심을 기념하고, 그분의 희생으로부터 흘러나온 무한한 유익에 믿음으로 참여하라는 부르심을 받았습니다. 나는 이 식탁에서 떨어지는 부스러기를 얻어먹기에도 합당치 아니하지만 주님의 초청에 힘입어 자녀들의 떡을 먹습니다.

　이 은혜로운 절기를 제정하심을 인하여 주님께 감사드립니다. 주 예수께서 그분의 교회를 위하여 남기신 이 사랑의 성례를 인하여 주님께 감사드립니다. 이 규례가 오랫동안 보존되어 오늘날에 이르렀음을 인하여 주님께 감사드립니다. 이 성례가 이 땅에서 규칙적으로 거행됨을 인하여 주님께 감사드립니다. 내가 그리스도에 의하여 개인적으로 이 식탁에 초대 받았음을 인하여 주님께 감사드립니다.

이제 내가 주님의 풍성한 은혜의 식탁에 참여하게 되었음을 인하여 주님께 감사드립니다. 주님께서 마련하신 이 넘치는 은혜를 결코 합당하지 않게 받는 일이 없도록 하소서.

주님께서 나를 어린양의 혼인 잔치에 초대해 주셨습니다. 내게 마땅하고 필요한 혼인 예복을 주소서. 세상의 죄를 없애시려고 흘리신 하나님의 어린양의 생명의 피로 나의 더러운 죄의 옷을 벗기시고, 그리스도의 의의 생명으로 이루어진 완전함을 입혀 주소서. 그리스도의 거룩하신 희생을 기념하는 이 성찬을 합당하게 받을 수 있도록 나를 준비시켜 주소서.

나의 마음가짐을 바르게 하시고, 주님의 성령으로 나를 감동하셔서 온전히 봉헌된 마음으로 이 규례에 참여하게 하소서. 마음으로 예비하는 것과 혀로 대답하는 것은 주님으로부터 옵니다. 주님과 친밀히 사귀는 이 특별한 순간을 위하여 준비되지 않은 나의 마음을 바르게 하시고 준비시켜 주소서.

내가 주님께 죄를 지었음을 고백합니다. 내가 어리석은 일들을 행하였고, 내 마음에 미련한 것이 얽혀 있습니다. 내가 죄를 범하였으므로 주님을 영광스럽게 하는 일에 크게 미치지 못하였습니다. 내 마음이 늘 악한 생각을 지어 내고, 나의 부패한 본성이 언제나 죄의 욕망을 만족시키려 합니다. 나는 죄짓기 쉬운 사람이요 항상 죄를 범하고 싶어 하는 사람입니다. 나의 영은 하나님의 일들에 감동하려 하지 않습니다. 나는 주님 나라의 일들을 본능적으로 싫어합니다. 나는 나의 시간을 낭비하였고, 나의 기회들을 하찮게 여겼습니다. 내가 무익한 우상들을 쫓아다녔으며, 나의 참된 복의 근원을 저버렸습니다. 하나님, 이 죄인을 불쌍히 여기소서. 주님께서 위대한 일을 위하여 나를 부르셨으나 이 세상에 와서 내가 한 일이 얼마나 보잘 것없는지 모릅니다.

주님께서는 친히 나와 언약을 맺어 주셨으며, 나를 구별하여 주님의 소유로 인 치셨습니다. 내가 주님 앞에서 많은 약속을 하였으나, 거듭하여 이 약속과 서원을 어겼고 뒤틀린 활처럼 믿을 수 없게 되었습니다. 주님과 맺은 언약을 내가 지키지 못하였습니다. 나는 주님께 충성하겠다고 고백하였으나 나의 마음과 말은 이 고백과 달랐습니다. 나의 삶은 언제나 주님의 기대와 주님께 드린 나의 약속과 어긋났습니다. 이처럼 나는 늘 오직 한분이신 살아 계신 하나님에게서 달아나려 합니다. 내가 율법 아래 있었다면, 아무런 소망도 없이 멸망했을 것입니다.

그러나 내가 은혜의 언약 아래 있음을 인하여 주님을 찬양합니다. 이 언약이 회개를 통하여 죄를 용서받고 그리스도 안에 있는 주님의 자비에 의지하는 길을 마련하였습니다. 이 언약이 배신한 자녀들조차 돌아오라고 부르고, 그들의 배신을 고쳐 주겠다고 약속합니다. 이제 내가 주님의 식탁으로 나아갈 때, 이 언약을 내게 확증해 주소서. 내가 내 마음의 죄를 인하여 진실로 겸손해질 수 있게 하시고, 하나님의 뜻에 맞게 마음 아파하게 하소서. 내가 주님의 식탁에 앉을 때, 내가 찌른 그분을 바라보고 그를 위하여 슬피 울고 통곡하게 하셔서, 나로 하여금 상한 마음으로 상한 그리스도를 영접하게 하소서. 아벨의 피보다 더 훌륭하게 말해 주는 그리스도의 피를 나의 양심에 뿌리셔서, 나의 양심이 깨끗하고 평화롭게 되도록 하소서. 주님의 식탁으로 나아가는 내게 주님께서 나와 화해하셨음을 확신케 하소서. 내가 나의 모든 죄악을 용서받았으며 더 이상 정죄받지 않으리라 믿는 은혜를 내려 주소서. 주님의 식탁에 앉아 있는 내게, 안심하라, 네 죄를 용서받았다, 하시는 주님의 음성을 듣게 하소서.

내가 이 지극한 은혜와 축복의 순간을 합당치 아니하게 맞이하는 일이 없게 하소서. 주님, 십자가에 못 박히시고 영광을 받으신 주님의 아들 예수 그리스도와 더욱 친밀히 사귀도록 나를 인도하소서. 나로 하여금 그리스도의 부활의 능력과 그분의 고난에 참여함이 무엇인지 알게 하시고, 이 두 가지를 앎으로 인하여 죽으시고 부활하신 "주님의 몸"이 의미하는 바를 깨닫게 하소서. 이제 주님의 식탁에 참여한 내가 주님의 죽음의 유익을 명백히 선언하는 사람이 되게 하소서.

주님, 내가 참되고 살아 있는 믿음으로 예수 그리스도와 더욱 가까이 동행하기를 원합니다. 나의 입술과 삶으로 그분을 나의 주님이시며 나의 하나님으로 더욱 온전히 고백하기를 원합니다. 나의 예언자, 나의 제사장, 나의 왕이신 그분 앞에 나의 삶을 내려놓습니다. 나로 하여금 그분으로 인하여 가르침을 받고 깨끗하게 되며 다스림을 받게 하소서. 오, 그리스도이신 주님께서는 나의 구주이시며 나의 주님, 나의 친구이시니, 내게 필요한 것은 오직 주님뿐입니다. 주님, 나의 믿음을 더하여 주시고 또한 온전케 하소서. 주님의 식탁에서 떡과 잔을 받을 때, 살아 있는 믿음으로 주님이신 그리스도 예수를 영접하게 하소서. 떡을 떼고 잔을 마심으로 드러나는 바와 같이 죄인들을 구원하기 위하여 그리스도께서 죽으셨다는 위대한 복음이 내 영혼의 참된 양식이며 음료가 되게 하소서. 이 거룩한 규례를 통하여 내 영혼이 먹고 기운을 얻게 하시며, 이 규례가 나의 힘이요 노래가 되게 하시고, 나의 거룩함과 위로의 근원이 되게 하소서. 이 거룩한 주님의 만찬 성례가 내 영혼에 깊고도 영원한 감동을 끼쳐 나의 남은 삶을 지배하게 하소서. 이 성례가 나를 깊이 사로잡아, 육체 가운데 사는 이 삶이 나를 사랑하시고 나를 위하여 자기 몸을 내어 주신 하나님의 아들을 믿는 믿음으로 사는 삶이 되게 하소서.

주님, 나를 위한 주님의 희생을 깊이 생각할 수 있도록 도우소서. 나의 마음이 주님에게만 집중되어 흐트러짐 없이 주님께 나아가 주님만 바라보게 하시고, 나의 모든 소원이 주님을 향하게 하소서. 나를 의에 주리고 목마르게 하시며, 믿음으로 주님의 몸을 받아 영접함으로 나의 주림이 채워지게 하소서. 나로 하여금 참된 마음과 충만한 믿음으로 주님에게 더욱 가까이 가게 하소서.

오, 주님, 주님 곁으로 나를 이끄소서. 주님의 빛과 진리를 보내 주시고, 그 빛과 진리로 나를 이끄시고 인도하소서. 내게 주님의 성령을 부어 주소서. 내 속에 주님의 영을 주시고, 그분께서 내 안에서 역사하시어 나로 하여금 주님 앞에서 선한 일을 하고자 하는 열심을 일으키게 하소서. 나를 홀로 남겨 두지 마소서. 복되신 은혜의 성령께서 오셔서 그리스도를 아는 지식으로 내 마음의 어둠을 밝혀 주소서. 나의 뜻을 꺾어 그리스도의 뜻에 복종시키소서. 그리스도의 사랑으로 내 마음을 채우소서. 내게 그리스도를 위하여 살고 그리스도를 위하여 죽기로 결단하는 능력을 주소서.

모든 사람을 향한 거룩한 사랑의 법을 내 안에 세우소서. 나의 원수들을 용서하는 은혜를 내게 베푸소서. 세상 모든 곳에서 우리 주 예수 그리스도의 이름을 부르는 모든 사람들과 더불어 믿음과 소망과 사랑으로 늘 친밀한 사귐을 갖게 하소서. 주님, 믿음으로 그리스도와 연합한 모든 이들을 축복하시고, 오늘 나와 함께 이 거룩한 성찬의 예식에 참여하는 그리스도의 회중을 특별히 축복하소서. 은혜로우신 주님, 마음을 돌이켜 자신들의 조상의 하나님이신 주님을 찾으려는 모든 사람들을 용서하소서. 오, 주님, 나의 기도를 들으시고, 주님의 백성들을 고쳐 주소서.

주님, 아버지의 복을 들고 주님의 식탁에서 나를 만나 주소서. 주님께서 충만히 임재하심으로 친히 제정하신 성찬의 은혜를 더하소서. 주님의 기뻐하시는 모든 뜻을 내 안에서 이루소서. 주 예수님, 나의 복되신 구주요 구속자가 되어 주소서. 아버지와 영원하신 성령과 더불어 예수 그리스도께 존귀와 영광과 영원한 찬송이 함께하소서. 아멘.

성찬 예식을 받은 후에 드리는
개인 기도

　오, 예수 그리스도 안에 계시는 주 나의 하나님, 나의 아버지, 주님께서 친히 자신을 낮추시고 내게 은혜를 보이심에 감히 내가 어떠한 말로 감사를 드려야 할지 알 수 없습니다. 사람이 무엇이기에 주님께서 이렇게까지 생각해 주시며, 내가 무엇이기에 주님께서 이렇게까지 돌보아 주시는지요. 나의 가족이 무엇이기에 나를 여기까지 데리고 오셔서 타락한 인류를 위한 주님의 위대한 구속의 계획에 참여하게 하시는지요. 주님의 영광스러운 집 뜰 안에서 지내는 하루와 주님의 풍성한 식탁에서 보내는 한 시간이 다른 곳에서 지내는 천 날, 천 시간보다 나음을 고백하지 않을 수 없습니다. 주님께 가까이 가는 일이 얼마나 좋은지 모릅니다. 주님의 집에서 주님을 그토록 가까이하는 특권을 내게 주신 일이 또한 얼마나 놀라운지 모릅니다. 내가 주님의 기도하는 집에서 주님의 백성들을 기쁘게 하는 새 힘을 얻으며 즐거워합니다.
　그러나 주님께서 주님의 식탁에서 내게 권하신 귀한 것들이 더 이상 나를 사로잡지 않음을 인하여 나의 얼굴이 부끄러움으로 붉어집니다. 나의 마음이 얼마나 가벼운지요! 주님 앞에서 내가 진정으로 최선을 다하려 할 때조차 악이 여전히 나와 함께 있습니다. 주님, 나를 불쌍히 여기시고, 나의 가장 거룩한 섬김을 더럽히는 죄악을 용서하소서. 나의 생각과 마음의 많은 허물을 내게 돌리지 마소서.

나를 불쌍히 여기시고, 내가 이 거룩한 주님의 만찬의 규례를 통하여 얻어야 하는 크나큰 유익을 그 허물들로 인하여 얻지 못하는 일이 없게 하소서.

내가 그리스도의 죽음을 기억하였습니다. 이제 그분의 죽음의 능력으로 내 안에서 죄를 죽이소서. 세상이 나에 대하여 죽고, 내가 세상에 대하여 죽게 하소서. 내가 어디를 가든지, 나의 몸에 주 예수의 죽임 당하심을 짊어지고 다니게 하시고, 이로써 예수의 생명도 나의 죽을 육신에 나타나게 하소서.

이제 내가 그리스도의 죽음에서 흘러나온 수많은 은총을 받았습니다. 이 축복을 잃지 않게 하소서. 믿음으로 주 그리스도 예수를 영접한 내게 그분과 동행하는 믿음을 주소서. 이제 나는 나의 것이 아니요, 그리스도의 피로 값을 치르고 사신 바 되었음을 나로 하여금 깨닫게 하시고, 그분의 것이 된 나의 몸과 영으로 하나님께 영광을 드리게 하소서.

오늘 내가 주님과 더불어 새로이 언약을 맺었습니다. 내가 주님의 것이 되겠다고 새롭게 다짐했습니다. 이제 내게 이 엄숙한 언약의 서원을 행하도록 은혜를 베푸소서. 이 언약의 띠를 언제나 내 가슴에 보존하시고, 주님 앞에서 나의 길을 견고하게 하소서. 내가 다시는 어리석고 죄악 된 길로 돌아가지 않도록 주님의 은혜로 나를 보호하소서. 주님께서 주님의 아들의 피를 통하여 평화를 말씀하셨습니다. 이후로 내가 다시 무절제하고 그릇되게 살아서, 이 거룩한 날에 얻은 것들을 잃는 일이 없게 하소서. 이제 나의 마음이 헤아릴 수 없는 주님의 사랑의 선물을 깨닫게 되었습니다. 나로 하여금 종일토록 기쁘고 변함없는 마음으로 주님의 계명의 길을 걷게 하소서.

나의 이 귀한 영혼을 주님께 맡깁니다. 나의 영혼은 주님의 손으로 만드신 작품이며, 주님의 아들의 피로 사신 것입니다. 주님의 성령과 은혜로 이 영혼을 거룩하게 하소서. 모든 일에서 나의 뜻을 주님의 뜻 아래 두게 하소서. 주님, 내 안에 주님의 보좌를 세우시고, 나의 가슴 판에 주님의 율법을 새겨 넣으소서. 내 안에 주님의 사랑을 쏟아부으시고, 나의 모든 생각을 사로잡아 주님께 복종시키소서. 주님의 율법의 깨닫게 하시는 능력과 주님의 사랑의 강권하시는 능력으로 나의 모든 생각이 형성되게 하소서. 내가 주님께 의탁한 것을 주님의 능력 있으신 이름으로 지키소서. 나의 생명을 보호하소서. 내가 주님의 심판의 보좌 앞에 나아가는 날까지 나의 생명을 주님께 맡겼습니다. 주님께서 영광으로 다시 오시는 날까지 나를 흠 없이 지켜 주시고 보전하셔서, 나로 하여금 아무런 흠도 없이, 한없는 기쁨으로 주님 앞에 나서게 하소서.

나의 모든 육신의 일을 주님의 지혜롭고 은혜로우신 섭리에 맡깁니다. 주님, 먼저 나의 영혼을 구하시고, 다른 모든 일들을 주님의 뜻대로 내게 행하소서. 은혜를 베푸셔서, 주님께서 작정하신 모든 일이 서로 협력하여 내 영의 영원한 선을 이루게 하소서.

주님께서 창조하신 모든 것이 나에게 깨끗한 것이 되게 하소서. 나로 하여금 일상의 은혜 가운데서 주님의 크신 사랑을 보게 하소서. 궁핍할 때나 풍족할 때나 만족하며 사는 법을 가르쳐 주시고, 그리스도인으로서 어떻게 번성을 기뻐하고 역경을 견뎌야 하는지 알게 하소서. 언제나 주님의 은혜를 내게 족하게 하시고, 늘 주님의 은혜가 나의 힘이 되게 하소서. 하나님의 기쁘신 뜻을 위하여 선한 일을 행하려는 마음을 내 안에 일으켜 주소서.

나로 하여금 언제나 모든 일에서 나의 의무를 다하게 하시고, 나의 의무에 온전한 사람으로 서게 하소서. 나의 마음이 예수 그리스도를 향한 사랑으로 새로운 예배와 섬김을 향해 나아가게 하소서. 예수 그리스도께서 보여 주신 사랑의 높이와 깊이와 길이와 넓이로 인하여 내가 감화를 받아, 인간의 생각으로는 알 수 없는 그 사랑에 저절로 감사하게 하소서.

주님을 향한 내 사랑의 증거로 내 입에서 주님 찬양이 넘치게 하소서. 죽임을 당하신 어린양은 찬양과 존귀와 영광과 권능을 받기에 합당하십니다. 그분께서는 죽임을 당하시어 주님께서 선택하신 남은 자들을 그 피로 구원하셨으며, 그분을 섬기는 제사장 나라가 되게 하셨습니다. 내 영혼아, 주님을 찬양하여라. 마음을 다하여 그 거룩하신 이름을 찬송하여라. 나의 모든 죄를 용서해 주시고, 나의 모든 병을 고쳐 주시며, 나의 생명을 파멸에서 속량하시고, 나를 사랑과 자비로 단장해 주시는 주님을 찬송하여라. 내 안에서 선한 일을 시작하신 주님께서 예수 그리스도의 날까지 그 일을 완성하실 것입니다. 내가 생명이 다하는 날까지 주님을 찬양할 것입니다. 이 땅의 삶이 끝나는 날에는 하늘에서 살기를 소망합니다. 거기서는 주님을 더 아름답게 찬양할 것입니다. 주님의 영원하신 팔로 나를 받쳐 주소서. 나를 위하여 죽으시고 다시 살아나신 예수를 인하여 하늘의 시온에서 주님의 얼굴을 뵈올 때까지, 나로 하여금 힘을 얻고 더 얻으며 올라가게 하소서. 내가 예수 안에서 살고 예수 안에서 죽은 사람으로 인정받기를 원합니다. 나라와 권세와 영광이 이제부터 영원히 아버지 하나님과 아들과 성령께 있습니다. 아멘.

식사 전에 드리는 기도 1

오, 우리의 주 하나님, 우리가 주님 안에서 살고 움직이고 존재합니다. 주님에게서 우리가 생명을 이어 가기에 필요한 모든 것을 받습니다. 주님께서 우리의 식탁을 차려 주시고, 우리의 잔을 채워 주시며, 날마다 넘치는 자비의 선물로 우리를 위로해 주십니다. 우리가 온전히 주님께 기대어 삽니다. 우리의 죄를 용서하소서. 주님께서 보시기에 좋았다 하신 모든 피조물들을 거룩하게 하시고, 우리에게 유익한 것이 되게 하소서. 주님께서 주시는 모든 선물을 감사함으로 받는 은혜를 베푸소서. 우리 자신을 위하여 먹고 마시지 아니하고, 언제나 주님의 영광을 위하여, 우리의 복되신 주님이시며 구주이신 예수 그리스도를 위하여 먹고 마시게 하소서. 아멘.

식사 전에 드리는 기도 2

은혜로우신 하나님, 주님께서는 모든 피조물들을 보호하시고 보전해 주시는 분입니다. 우리가 악하고 배은망덕해도 주님께서는 오늘에 이르기까지 넉넉한 음식으로 우리를 일평생 먹여 주셨습니다. 우리의 모든 죄를 용서하소서. 우리가 죄로 인하여 주님의 모든 자비를 잃었습니다. 예수 그리스도 안에서 우리를 다시 주님과 올바른 관계에 놓이게 하소서. 우리로 하여금 일상의 은혜를 통하여 주님의 큰 사랑을 맛보게 하소서. 주님의 피조물들이 얻는 이 모든 자비와 위로를 우리의 위대한 은인이며 구속자이신 그리스도의 영광을 위하여 사용하도록 우리에게 은혜를 베푸소서.

식사 후에 드리는 기도 1

날마다 우리에게 은총을 베푸시는 주님을 찬송합니다. 우리의 섬김이 부족해도 언제나 우리에게 모든 것을 넘치도록 주시는 주님께 찬양을 드립니다. 오늘 우리에게 먹을 것을 허락해 주셨음을 인하여 주님께 감사드립니다. 주님의 아들 예수 그리스도를 구주로 주심으로 우리 영혼에 보이신 주님의 사랑에 감사드립니다. 그 사랑으로 인하여 우리가 주님의 모든 축복을 더욱 기쁘게 누립니다. 우리의 죄를 용서하소서. 언제나 우리에게 선을 행하심으로 주님의 끝없는 자비를 보이소서. 일용할 양식이 없는 가난한 사람들에게 먹을 것을 주소서. 우리로 하여금 주님의 완전하신 뜻을 모두 행하게 하소서. 우리의 주님이시며 구주이신 예수 그리스도를 인하여 우리의 하나님, 우리의 인도자, 우리의 영원한 분깃이 되어 주소서. 아멘.

식사 후에 드리는 기도 2

하늘과 땅의 주님이신 아버지, 우리가 주님께 감사드립니다. 주님의 은혜와 섭리로 주시는 모든 선물을 인하여 우리가 주님께 감사드립니다. 이 세상과 장차 올 세상의 축복을 인하여 우리가 주님께 감사드립니다. 이 땅에서 살아가는 동안 주님의 모든 선한 피조물들의 혜택을 누리는 특권을 인하여 우리가 주님께 감사드립니다. 우리 삶의 모든 일들을 온전하게 하소서. 생명의 양식으로 우리의 영혼을 먹이시어 영원한 생명을 누리게 하소서. 우리의 주님이시며 구주이신 그리스도 예수로 인하여 우리를 완전하게 성취된 주님의 나라에서 양식을 먹는 무리 가운데 속하게 하소서. 아멘.

기도 주제 요약

이 책에서 성경 말씀으로 드리는 기도의 내용에 익숙해졌다면, 이제 기도할 때 기억할 수 있도록 여러 주제를 요약함으로써 자신의 기도를 정리해 보는 것도 좋을 것이다. 다음의 내용은 이 책에서 다룬 모든 기도 주제의 요약이다. 이와 같은 개요를 사용하면 여러 기도 주제와 관련된 성경 말씀을 쉽게 떠올릴 수 있을 것이다. 그리고 이렇게 요약한 내용을 사용하면, 공적으로나 사적으로나 하나님을 찾을 때 더욱 담대히 자신의 마음을 표현할 수 있다.

1. 찬양

◉ 하나님의 영광스러운 존재와 친히 행하신 일을 인하여 찬양 가득한 마음으로 주님 앞에 나아갑시다.
◉ 하나님께서 의심의 여지없이 존재해 계심을 인정합시다.
◉ 여러분은 결코 하나님의 위대하심을 온전히 파악할 수 없음을 받아들입시다.
◉ 이 위대하신 하나님의 영광스러운 모습을 몇 가지 떠올려 봅시다.
　◐ 하나님께서는 시작도 없고 끝도 없으시며, 시간이 흘러도 변함이 없으신 영원한 분이십니다.
　◐ 하나님께서는 한없이 영광스러운 모습으로 어느 곳에나 계시고 어

느 때나 계십니다.

◐ 하나님께서는 모든 사람과 모든 일을 완전하게 아시고, 사람들의 깊은 비밀을 환하게 보고 계십니다.

◐ 하나님의 지혜는 한이 없으며, 그 지혜의 궁극적인 목적은 인간의 이해를 초월해 있습니다.

◐ 하나님의 주권은 명백하거니와, 이는 그분께서 만유의 절대적 주님이시기 때문입니다.

◐ 하나님의 권세는 무한히 크고, 하늘이나 땅의 어느 누구도 하나님의 권세를 제한할 수 없습니다.

◐ 하나님께서는 흠 없이 거룩하시고 온전히 의로우십니다.

◐ 하나님의 다스리심은 공의로우니, 진실로 하나님께서는 그분의 피조물 어느 하나에게라도 그릇되게 행하지 아니하셨고, 또한 앞으로도 그리하지 아니하실 것입니다.

◐ 하나님의 진실하심은 영원히 변치 않고, 그분의 선하심의 보화는 무궁무진합니다.

◐ 하나님께서 하늘에 나타내신 영광에 대하여 여러분이 들었으니, 이로 인하여 하나님을 찬양합시다.

◐ 주님의 영광스러운 완전하심에 대하여 여러분이 할 수 있는 모든 말을 한다 해도 주님의 그 위대하심을 합당히 선언하기에는 한없이 부족함을 인정합시다.

◉ 만물의 창조자이시며 세상의 통치자요 보호자이신 하나님께 영광을 돌리십시오.

◉ 삼위일체 하나님께 각기 구별되는 합당한 영광을 돌려 드립시다.

◉ 기도로 하나님께 나아갈 수 있는 특권에 대하여 진정으로 감사

드립시다.

◐ 이 하나님께서 여러분의 하나님이심을 인정하고, 하나님께서 여러분을 소유하고 여러분을 다스리심을 인정합시다.

◐ 기도로 하나님께 나아갈 수 있도록 허락받을 뿐 아니라 격려받기까지 하는 이 엄청난 특권을 깊이 감사하는 마음으로 받아들입시다.

◐ 여러분에게는 주님께 나아가 말씀드릴 자격이 없음을 고백합시다.

◐ 하나님을 향한 여러분의 마음의 소망을 주님께 아뢰십시오, 주님만이 참된 복의 근원입니다. 주님만이 여러분이 삶에서 소유할 유일한 가치요 다른 모든 복의 근원이 되심을 인정하십시오.

◐ 하나님과 그분의 풍성하심과 그분의 능력과 섭리와 약속을 믿는 여러분의 믿음의 소망과 확신을 명백히 고백합시다.

◐ 여러분의 기도가 보잘것없을지라도 여러분을 받아 주시기를 주님께 간구합시다.

◐ 하나님께서 여러분을 받으시도록 오직 주 예수 그리스도만 온전히 의지한다고 명백히 고백하고, 예수 그리스도의 이름으로 그분 앞에 나아갑시다.

◐ 여러분이 기도할 때 주님의 성령께서 능력 있는 도우심으로 도와주시기를 주님께 간구합시다.

◐ 하나님께서 영광받으시기를 여러분의 모든 기도의 가장 높은 목표로 삼읍시다.

2. 고백

◉ 거룩하신 하나님 앞에서 여러분의 죄를 고백하고, 겸손히 그 죄

를 회개하십시오.
◉ 주님께 반역하고 그분의 율법을 어긴 많은 일들을 고백하십시오.
◉ 여러분의 근원적인 부패를 인정하십시오.
◉ 악을 생각하고 행하며 선한 모든 것과 멀어지려는 여러분의 마음 바탕을 슬퍼하십시오.

　◐ 하나님께 속한 일들에 대하여 여러분의 마음이 어두운 것과, 하나님께서 주시는 깨달음의 빛을 받아들이지 못하는 마음의 무능력을 깊이 인식합시다.

　◐ 여러분의 의지의 완고함을 슬퍼하고, 하나님의 법에 복종해서 살아야 하는 모든 권면에 대해 지속적으로 저항하려는 의지를 슬퍼합시다.

　◐ 무익한 것들에 몰두하고 영혼의 자양분이 되는 것들에는 집중하지 아니한 일에 대하여 하나님께 용서를 구합시다.

　◐ 여러분의 육신의 정욕과 무질서한 욕망을 부끄러워합시다.

　◐ 여러분의 전인적 부패를 가슴 깊이 슬퍼합시다. 이 부패가 무질서한 욕망을 조장하고 성령의 생명으로부터 여러분의 마음을 멀어지게 했습니다.

◉ 여러분의 의무를 행하지 못한 일에 대하여 숨김없이 고백하십시오.
◉ 생각과 말과 행동으로 범한 여러 가지 특정한 죄악을 회개하십시오.

　◐ 여러분의 교만한 삶을 고백하고 뉘우칩시다.

　◐ 무분별하게 화를 내고 분노했던 시간들을 부끄러워합시다.

　◐ 여러분의 탐욕과 세상에 대한 사랑을 회개합시다.

　◐ 음욕과 육적인 쾌락을 버리십시오.

◐ 일신의 안락을 끊고, 이 세상을 사는 동안 필연적으로 일어나는 변화를 외면하지 맙시다.

◐ 여러분이 안달과 성급함을 보이고, 고통 중에 불평하며 크게 낙심하고, 하나님과 그분의 섭리를 불신한 일에 대하여 진정으로 슬퍼합시다.

◐ 여러분의 형제자매들에게 보여 준 사랑이 없음을 회개합시다. 여러분의 친척과 이웃과 친구들과 더불어 평화롭게 살지 못한 시간들을 슬퍼하며 고백합시다. 그들을 불의하게 대한 시간들에 대하여 하나님께 용서를 구합시다.

◐ 혀로 인하여 죄지었음을 고백하십시오.

◐ 여러분의 게으름과 영적인 퇴보를 고백하십시오.

◉ 죄의 크나큰 악을 알려 달라고 하나님께 간구합시다.

◐ 죄의 악함을 생각하십시오.

◐ 죄의 어리석음을 깨달으십시오.

◐ 죄의 무익함을 인정하십시오.

◐ 죄의 속임수를 경계하십시오.

◐ 죄로 인하여 거룩하신 하나님을 모욕했음을 인정하십시오.

◐ 죄가 여러분의 영혼에 입힌 피해를 잘 살펴보십시오.

◉ 하나님께서 더욱 가증스러운 죄로 여기는 것들을 잘 알아 둡시다.

◐ 하나님께서 보시는 선과 악을 명백히 이해할수록 여러분이 짓는 죄도 큽니다.

◐ 그리스도께 헌신하겠다는 고백이 강할수록 여러분이 짓는 죄도 큽니다.

◐ 하나님께 받은 자비가 많을수록 여러분이 짓는 죄도 큽니다.

◐ 죄의 위험에 대하여 여러분이 여러분의 양심은 물론 하나님의 말

씀으로부터 받은 경고가 충분할수록, 그 경고를 무시하며 짓는 죄 또한 큽니다.

◐ 여러분의 죄로 인해 받은 징계가 중할수록, 그 징계를 무시하고 짓는 죄 또한 큽니다.

◐ 더 잘 순종하겠다는 맹세와 약속을 많이 할수록 여러분이 짓는 죄도 큽니다.

◐ 여러분이 하나님의 율법을 위반하고 있음을 많이 알고 있을수록, 그분의 마땅한 형벌을 면하기가 어렵습니다.

◉ 여러분의 모든 죄를 온전하고도 남김없이 용서해 달라고 진실하게 기도합시다.

◐ 여러분에게 인내하시고 오래 참으시며, 기꺼이 여러분과 화해하심을 인하여 하나님께 합당한 영광을 돌리십시오.

◐ 하나님 앞에서 회개할 수 있도록 죄인들을 격려하신 주님의 그 격려는 또한 여러분에게도 주시는 것임을 믿고, 슬픔과 부끄러움으로 여러분의 죄를 고백하십시오.

◐ 겸손한 마음으로 여러분의 죄로 인한 수치심을 표현하십시오. 하나님의 넘치는 은혜를 구하여, 이제부터는 주님께 더욱 영광이 되는 삶을 삽시다.

◉ 참되며 살아 계신 하나님으로, 스스로 본성을 계시하신 하나님의 자기 계시에 근거하여 여러분의 죄를 용서해 달라고 탄원하십시오.

◐ 주님의 한없이 선하시며, 기꺼이 용서하시고, 즐거이 자비를 보여 주시는 모습을 생각합시다.

◐ 주 예수 그리스도의 공로와 의를 생각하며 힘을 냅시다. 여러분의 죄에도 불구하고 하나님 앞에 바로 설 수 있는 근거가 되는 그리스도

의 생명과 죽음의 효험에 온전히 의지하십시오.

◐ 진정으로 회개하고 주님의 복음을 믿는 사람들은 모두 용서하시겠다는 약속을 주님 앞에 나아가 아룁시다.

◐ 죄를 용서받은 사람들의 복됨을 기뻐합시다.

◉ 하나님께서 여러분과 온전히 화해하셔서, 여러분에게 은총과 축복을 베푸시고 또한 여러분을 은혜로이 받아 주시기를 기도합니다.

◐ 하나님께서 여러분과 화목하게 되셔서, 그분의 진노가 여러분에게서 완전히 떠나가기를 기도합니다.

◐ 하나님과 맺은 언약으로 보증을 받아서, 그분과 영원히 연합하는 관계가 되기를 기도합니다.

◐ 하나님의 특별한 사랑을 받는 사람들로서 여러분에게 그분의 끊임없는 은혜가 임하기를 기도합니다.

◐ 여러분의 삶에 언제나 하나님의 복이 임하기를 기도합니다.

◐ 하나님께서 언제나 여러분과 함께하시기를 기도합니다.

◐ 여러분이 하나님과 화해했으며 하나님께서 여러분을 받아 주셨음을 생각하며 위로를 얻기를 기도합니다.

▶ 하나님께서 은혜를 베푸셔서 여러분에게 명백한 증거, 곧 여러분의 모든 죄를 용서하시고 여러분을 양자로 삼아 주셨다는 명백한 증거를 얻게 해주시기를 기도합니다.

▶ 하나님께서 여러분에게 흔들림 없는 양심의 평화를 주시기를 기도합니다. 또한 여러분이 의롭다 하심을 받은 것과 하나님께서 여러분 안에서 행하신 선한 일을 인하여 여러분의 마음에 하나님의 평화가 깃들기를 바랍니다.

3. 간구

◉ 여러분에게 지속적으로 필요하며, 하나님께서 은혜로우신 손으로 내려 주시는 많은 것들을 위해 간절히 기도합시다.

◉ 여러분의 모든 간구를 도우시는 근거로서 하나님의 약속에 호소하십시오.

◉ 모든 악한 생각과 말과 행실을 대적할 수 있는 은혜를 달라고 주님께 간구합시다.

◉ 여러분 안에서 은혜의 역사가 온전히 이루어지기를 기도하고, 또한 여러분이 은혜를 입어 모든 생각과 말과 행동이 선하게 될 수 있도록 기도합시다.

◉ 여러분의 삶에서 각기 다른 모든 형편에 필요한 특별한 은혜를 간구하며 기도합시다.

◐ 주님의 은혜로 우리를 하나님의 일에 명철한 사람들로 만드소서.

◐ 주님의 은혜로 우리를 모든 진리 가운데로 인도하소서.

◐ 하나님의 진리를 언제나 지체 없이 기억하도록 우리를 도우소서.

◐ 우리의 양심을 가르치시고 우리의 의무를 일러 주셔서, 우리를 지혜롭고 분별 있는 그리스도인이 되게 하소서.

◐ 우리의 성품을 깨끗하게 하시며, 하나님께 영광을 돌려 드리는 삶에 필요한 모든 교훈과 은혜를 우리 안에 심으소서.

▶ 믿음을 달라고 기도합시다.

▶ 하나님을 경외하는 마음을 달라고 기도합시다.

▶ 하나님을 향한 사랑이 여러분 안에 뿌리내리고, 세상을 향한 사랑은 뿌리 뽑힐 수 있도록 기도합시다.

▶ 여러분의 마음이 언제나 부드럽게 되어 회개하는 삶을 살 수 있게 해달라고 기도합시다.

▶ 하나님께 우리 안에 긍휼과 형제 사랑의 마음을 일으켜 달라고 기도합시다.

▶ 자기를 부인하는 은혜를 달라고 기도합시다.

▶ 겸손과 온유를 구하며 기도합시다.

▶ 만족하며 인내하고, 육신의 감각과 시간에 대한 모든 것에 집착하지 않는 은혜를 달라고 기도합시다.

▶ 하나님과 그리스도를 바라보며 영원한 생명을 기대하는 소망의 은혜를 달라고 기도합시다.

▶ 은혜를 베푸셔서 우리를 죄에서 지켜 주시고, 죄를 향해 다가가려는 모든 유혹으로부터 지켜 달라고 기도합시다.

▶ 여러분의 혀를 다스려 유용하게 사용하는 은혜를 달라고 기도합시다.

◎ 여러분이 행하는 모든 의무와 관련하여 하나님께서 여러분을 지도해 주시고, 힘을 얻게 하시며, 도와주시기를 간절히 바라며 기도합시다.

◑ 하나님께서 여러분에게 지혜를 주셔서 여러분이 모든 의무를 완수하기를 기도합니다.

◑ 정직하고 진실하게 여러분의 의무에 임하기를 기도합니다.

◑ 여러분의 의무에 부지런하기를 기도합니다.

◑ 여러분이 비록 그리스도를 위하여 일시적으로는 패한 자가 될 수 있으나, 마지막에는 그분으로 인하여 결코 패한 자가 되지 아니할 줄을 알고, 용기를 내어 여러분의 의무에 임하기를 기도합니다.

◐ 기쁘고 즐거운 마음으로 의무를 행하기를 기도합니다.

◐ 삶의 모든 형편과 섭리하신 모든 사건과 맺고 있는 모든 관계에 요구되는 모든 의무를 이행하기를 기도합니다.

◐ 여러분의 의무에 전적으로 완전한 사람이 되기를 기도합니다.

◉ 날마다 은혜 안에서 자라나게 해달라고 주님께 간구합시다.

◐ 이 세상의 십자가와 고난을 겪는 여러분에게 주님께서 풍성한 은혜를 내려 주시기를 기도합니다.

◐ 여러분의 삶과 행복을 위협하는 재앙으로부터 하나님께서 늘 여러분을 지켜 주시기를 기도합니다.

◐ 주님께서 여러분에게 날마다 필요한 양식과 원조와 위로를 공급해 주시고, 여러분은 하나님에게 순종하는 겸손한 마음으로 받기를 기도합니다.

◉ 끝까지 인내하는 은혜를 베풀어 달라고 기도하십시오.

◐ 이제부터 무덤에 이르기까지 여러분에게 일어날 어떠한 일에 대해서도 주님께서 여러분을 준비된 자 되게 해주시기를 기도합니다.

◐ 하나님께서 임종에 이른 여러분을 지켜 주시고, 죽음의 순간을 지날 때까지 내내 여러분을 붙들어 주시기를 기도합니다.

◐ 주님께서 여러분을 천국에 가도록 준비시키셔서 장차 여러분이 온전히 영생을 소유하게 되기를 기도합니다.

4. 감사

◉ 여러분에게 자비를 보여 주시고, 또한 날마다 여러분의 삶에 많은 복을 내려 주신 하나님께 감사를 드립시다.

◎ 하나님께 감사드릴 이유가 많음을 인하여, 또한 이와 같은 찬양의 제사를 드릴 수 있도록 여러분을 격려해 주심을 인하여 하나님을 찬양합시다.
◎ 본질적으로 선하신 하나님께 감사드립시다.
◎ 이 타락한 세상에 여러 가지 구체적인 선을 베풀어 주신 하나님께 감사드립시다.
◎ 하나님의 구원의 목적과 계획을 인하여 감사드리고, 그 선하신 구원의 은혜를 인하여 주님을 찬양합시다.

◐ 인간이 죄로 인해 잃은 바 되고 멸망하게 되었을 때, 하나님께서 인간을 위해 마련하신 위대한 구속의 계획에 대하여 감사를 드립시다.

◐ 백성들의 구원에 대한 하나님의 영원하신 목적과 계획을 생각하며 경외심을 가집시다.

◐ 선택하신 백성을 위해 완전한 구원자를 세우신 하나님께 영광을 돌려 드립시다.

◎ 옛 언약 아래에서 보여 주신 하나님의 은혜로 인하여 감사를 드립시다.

◐ 타락한 인류를 위한 은혜로운 계획을 옛적에 이미 암시해 주신 주님께 감사를 드립시다.

◐ 옛 계약 아래에서 교회에 보여 주신 영광스러운 은총의 순간들을 인하여 하나님께 감사를 드립시다.

◎ 하나님의 아들을 통하여 구원을 이루어 주셨음에 감사드립시다.

◐ 아버지께서 아들에게 잃어버린 죄인들의 구원을 위탁하셨음을 인하여 감사드립시다.

◐ 하나님의 아들의 신비롭고 기적적인 성육신의 경이로움을 마음 깊

이 새깁시다.

◐ 예수께서 보여 주신 거룩한 삶과 뛰어난 가르침과, 그 가르치신 진리를 확증하여 행하신 영광스러운 기적을 인하여 하나님의 이름을 찬송합시다.

◐ 예수께서 이 땅에 계시는 동안 불쌍한 죄인들을 크게 격려하며 예수 앞에 나오라 하신 일을 인하여 기뻐합시다.

◐ 그리스도께서 십자가에서 피를 흘리심으로 하나님의 공의에 합당하게 인간의 죄를 온전히 속죄하신 일에 대하여 깊은 경외심을 표현합시다. 십자가의 승리를 기뻐하고, 주 예수의 죽으심을 인하여 여러분이 누리게 된 모든 유익을 또한 기뻐합시다.

◐ 제삼일에 죽음에서 부활하신 그리스도께 영광을 돌려 드립시다.

◐ 승천하신 그리스도께 경배를 드립시다. 그리스도께서는 하늘에 오르시어 하나님의 오른편에 주권자로 앉아 계십니다.

◐ 그리스도께서는 친히 여러분의 죄를 위한 희생제물이 되심으로 속죄를 이루셨고, 이로써 언제나 여러분을 위하여 중보하십니다. 이를 인하여 하나님께 영원한 감사를 드립시다.

◐ 지극히 높임을 받으시어 하나님의 오른편에서 하늘과 땅을 다스리시는 우리의 구주 그리스도께 영광을 돌려드립시다.

◐ 영광 중에 다시 오셔서 세상을 심판하시리라는 소망을 주신 주님께 감사드립시다.

◐ 그리스도께서 친히 세상에 계신 이후에도 여러분을 지켜 주시기 위하여 성령을 보내 주신 하나님의 은혜를 인하여 특별한 감사를 드립시다.

◉ 세상에 교회를 세워 주셨음을 인하여 감사를 드립시다.

◐ 예수 그리스도 안에서 우리와 맺으신 은혜의 언약을 인하여 하나님께 모든 영광을 돌려 드립시다.

◐ 영원한 말씀을 성경에 기록하시고, 오늘에 이르기까지 온전히 보전하신 주님께 감사드립시다.

◐ 친히 세우신 교회의 복됨을 위하여 하나님께서 정하신 법을 감사함으로 받아들입시다.

◐ 온 세상에 그리스도교 신앙을 세우시고, 어둠의 세력의 온갖 반대에도 복음에 충실한 교회를 세우신 하나님께 영광을 돌려 드립시다.

◐ 이 타락한 세상에서 오늘날까지 그리스도교 신앙을 지켜 주신 하나님께 영광을 돌려 드립시다.

◐ 여러분보다 먼저 하늘나라에 간 사람들이 보여 준 뛰어난 모범을 인하여 개인적으로 하나님께 감사의 마음을 고백합시다.

◐ 동일한 믿음과 소망과 사랑으로 말미암아 우리가 누리고 있는 성도의 교제를 인하여 하나님께 감사드립시다.

◎ 여러분의 삶에 그리스도의 구원 사역을 적용하신 주님께 감사드립시다.

◐ 죄에 빠진 여러분을 버리지 아니하시고, 여러분을 제어하는 양심을 마련해 주신 하나님을 찬양합시다.

◐ 성령으로 말미암아 여러분 안에 구원의 변화를 이루신 하나님을 찬양합시다.

◐ 여러분의 죄를 용서받고 양심의 평안을 얻은 일을 인하여 한없는 감사를 드립시다.

◐ 여러분을 거룩하게 하시고 보존해 주시며, 죄에 빠지지 않도록 보호해 주시고 의무를 행하도록 힘을 주시는 크고 강한 은혜를 인하여

하나님께 영광을 돌려 드립시다.

◐ 하나님과 친밀히 사귀고, 또한 여러분을 은혜로이 대해 주시는 하나님을 경험함으로 새 힘을 얻읍시다.

◐ 여러분의 기도에 은혜롭게 응답해 주시는 주님께 감사드립시다.

◉ 인생의 여러 시기를 거쳐 오는 동안 여러분에게 보여 주신 주님의 선하심을 생각합시다.

◐ 여러분을 영원히 멸망할 금수와 같이 만들지 아니하시고, 오직 주님을 알고, 사랑하고, 섬기고, 즐거워할 수 있게 하신 하나님께 감사드립시다.

◐ 날마다, 해마다 여러분을 지켜 주시는 하나님께 감사드립시다.

◐ 질병과 여러 가지 삶의 위협으로부터 여러분을 건져 내신 하나님의 간섭하심을 감사함으로 기억합시다.

◐ 이 세상 나그네 길을 평안히 기쁘게 갈 수 있도록 도와주시고 위로해 주시는 하나님께 감사드립시다.

◐ 우리의 소명을 이루게 하시고 우리의 관계를 격려하시며 우리의 주거를 평안하게 하시는 하나님께 감사드립시다.

◐ 여러분에게 다 같이 공적인 풍요와 평화를 누리도록 하시는 주권적인 주님께 영광을 돌려 드립시다.

◐ 어려울 때 도와주시는 주님께 감사드립시다. 또한 고난으로부터 오히려 유익을 얻게 하시는 주님을 찬양합시다.

◐ 여러분에게 하신 모든 약속을 성취하시는 하나님께 영광을 돌려 드립시다.

◐ 장차 시간의 종말이 오고, 영원한 생명으로 들어가는 그날을 간절히 사모합시다.

5. 다른 이들을 위한 기도

◉ 하나님께 기도드릴 때 다른 이들을 위하여 간구합시다.
◉ 아직 은혜의 역사를 경험하지 못한 사람들과 지역에 큰 은혜가 임하기를 기도합시다.
◉ 온 세상에 복음이 퍼져 나가게 해달라고 추수하시는 주님께 기도합시다.

　◐ 하나님으로부터 잃은 바 된 전 세계 인류를 위하여 기도합시다.
　◐ 모든 민족에게 그리스도의 구원의 복음이 퍼져 나가고, 많은 사람들의 끝없는 회개로 인하여 그리스도의 교회가 확산될 수 있도록 열심히 기도합시다.
　◐ 하나님께서 옛적에 언약을 맺으신 백성, 곧 유대인들이 예수를 그들의 약속된 메시아로 볼 수 있도록 하나님께 특별히 간구합시다.
　◐ 유럽의 개혁교회를 비롯하여 아시아와 아프리카의 교회들, 곧 크게 퇴보한 옛 교회들을 위하여 기도합시다.
　◐ 이 넓은 세상 곳곳에 복음이 퍼져 나갈 수 있도록 기도합시다. 북미와 남미, 호주, 남극을 포함한 모든 대륙에 하나님의 자비가 이를 수 있도록 기도합시다.
　◐ 무신론자들과 마음이 굳은 죄인들과 신앙을 조롱하는 불경건한 자들과, 믿음을 고백했지만 타락한 삶으로 그리스도를 욕되게 하는 모든 사람들이 죄를 깨닫고 회개하도록 기도합시다.

◉ 그리스도의 교회와 나라를 위하여 기도합시다.

　◐ 온 세상의 그리스도의 교회가 모든 면에서 복되고 강건할 수 있도록 주님께 기도합시다.

◐ 교회에 새롭고 강하게 성령을 부어 달라고 주님께 간구합시다. 참된 경건의 능력이 솟아 나오게 해달라고 주님께 간청합시다. 사도 시대의 신앙이 되살아나 오늘날의 교회에서 잘못된 모든 일들이 고쳐질 수 있도록 주님께 간절히 기도합시다.

◐ 주님의 의로운 나라에 대적하는 모든 원수들의 권세를 꺾으시고, 사탄에게서 온 그들의 모든 간계를 물리쳐 달라고 주님께 기도합시다.

◐ 고난받는 교회를 구해 달라고 주님께 간구합시다. 의를 위하여 핍박당하는 모든 사람들을 도와주시고 위로해 주시며 구원해 달라고 주님께 간청합시다.

◐ 교회 안에서 일어나는 슬픈 분열이 치유될 수 있도록 간절히 기도합시다.

◐ 하나님의 말씀과 성례를 담당하는 모든 사역자들을 위하여 기도합시다.

◉ 세상 민족들을 위하여 기도합시다.
◉ 여러분의 나라와 민족을 위하여 특별히 기도합시다.

◐ 여러분의 나라에 자비를 베푸시는 하나님께 감사드립시다.

◐ 하나님께서 진노하실 민족의 죄를 인하여 회개합시다.

◐ 여러분의 민족에게 자비를 베풀어 달라고 하나님께 간절히 기도합시다.

▶ 모든 복은 하나님의 은혜에 달려 있으니, 여러분의 민족에게 하나님의 은혜가 임하도록 겸손히 기도합시다.

▶ 여러분의 나라에서 언제나 복음이 그치지 아니하고, 여러분 나라의 모든 사람들에게 은혜의 수단들이 열려 있도록 기도합시다. 주께서 여러분의 나라에 문을 열어 주셔서 그리스도의 구원의 복

음이 퍼져 나가게 해달라고 주님께 간구합시다.

▶ 여러분 나라의 평화와 안정, 그리고 자유의 지속을 위하여 기도합시다. 하나님께서 풍성한 복을 내리셔서 여러분의 나라에 많은 결실이 있게 해달라고 기도합시다.

▶ 민족의 생활을 개혁하고 악습을 폐지하려는 모든 노력 위에 하나님의 축복이 함께해 주시기를 바라며 간구합시다.

▶ 여러분의 나라와 이웃 나라와 먼 나라에서 악과 거짓이 나타날 때 맞서 싸우는 여러분의 동포들을 지켜 달라고 기도합시다.

▶ 여러분 나라의 모든 공무원들을 위하여 기도합시다.

▶ 이 땅의 통치자들과 재판관들을 위하여 특별히 기도합시다.

◎ 나이와 처한 환경이 각기 다른 여러 사람들을 위하여 기도합시다.

◐ 이제 막 세상으로 나가는 젊은이들에게 특별히 필요한 것들을 기억합시다.

◐ 노년에 속한 사람들이 받는 특별한 시험을 생각하며 그들을 위해 기도합시다.

◐ 이 세상의 부유하고 유복한 사람들을 위하여 기도하는 일을 소홀히 하지 맙시다. 다른 사람들과 마찬가지로 그들에게도 기도가 필요합니다. 부자가 하나님 나라에 들어가기가 얼마나 어려운지 생각해 보면, 오히려 그들을 위하여 더 많이 기도해야 할 것입니다.

◐ 이 세상에서 가난한 사람들, 여러 가지 물질적 어려움으로 고통받는 사람들을 위하여 기도하는 일을 결코 잊지 맙시다. 우리 가운데는 늘 그렇게 어려운 사람들이 있고, 우리는 마땅히 그리스도의 이름으로 그들을 돌봐야 합니다.

◐ 여러분을 미워하는 사람들을 위하여 기도합시다.

◐ 여러분의 친구들을 위하여, 또한 여러분을 사랑하는 사람들을 위하여 기도하는 일을 잊지 맙시다.

6. 특별 기도

◉ 공적인 삶과 개인적인 삶 모두와 관련한 특별한 일에 대하여 기도합시다.
◉ 하루의 일과를 위하여 기도합시다.
  ◐ 여러분의 구주 되시는 하나님께 기도를 드림으로 아침을 시작합시다.
  ◐ 여러분을 지켜 주시는 하나님께 기도를 드림으로 하루를 마칩시다.
  ◐ 식탁에 앉아서 먼저 하나님의 복을 구합시다.
  ◐ 식사를 마친 후에는 하나님께 감사드립시다.
  ◐ 길을 나서기에 앞서 하나님의 보호하심을 구하며 기도합시다.
  ◐ 여행을 무사히 마친 후에는 주님께 감사 기도를 올립시다.
◉ 그리스도의 교회 안에서의 삶을 위하여 기도합시다.
  ◐ 주님의 날을 앞두고 전날 저녁에 기도로 준비합시다.
  ◐ 주님의 날 아침에 여러분을 하나님 앞에 거룩히 드리십시오.
  ◐ 주님의 날을 맞아 공적인 예배를 시작하면서, 그리스도인들의 모임을 이끌어 가는 모든 지도자들을 주관하시는 위대한 목자, 곧 한분이신 하나님께서 여러분을 인도하고 계심을 기억합시다.
  ◐ 성인 세례에 참여하여, 죄인 하나가 회개한 일로 하늘과 더불어 기뻐합시다.
  ◐ 유아 세례에 참여하여, 하나님의 언약의 약속들을 아룁시다.

◐ 성찬 예식 전, 마음을 경건히 하고 특별히 내려 주실 하나님의 은혜를 맞이할 준비를 합시다.

◐ 성찬 예식 중, 이 특별한 은혜의 순간을 온전히 자신의 것으로 받아 누립시다.

◐ 성찬 예식 후, 하나님 앞에 새로이 서원합시다.

◐ 복음의 일꾼들을 임명하는 안수식에 참석하여, 그들의 사역으로 하나님의 말씀이 온전히 선포될 수 있도록 특별히 기도를 드립시다.

◉ 지역 사회의 모든 삶에 하나님의 축복이 임하도록 기도합시다.

◐ 결혼식이 있을 때는 주 예수께 친히 함께 계셔 달라고 간구합시다.

◐ 장례식이 있을 때는 우리의 삶을 깊이 생각해 보게 해달라고 주님께 간구합시다.

◐ 비가 내리지 않을 때는 특별한 고백과 청원을 들고 주님 앞에 나아갑시다.

◐ 비가 너무 많이 내릴 때는 주님께 은혜를 베풀어 달라고 간구합시다.

◐ 전염병이 나라를 칠 때는 주님의 자비를 간구합시다.

◐ 크나큰 재앙이 있을 때는 간절히 주님의 얼굴을 찾읍시다.

◉ 육체가 연약한 사람들을 위하여 기도합시다.

◐ 아픈 사람들을 위하여 기도합시다.

▶ 병이 오랫동안 계속될 때

▶ 회복이 뚜렷해 보일 경우

▶ 죽음이 임박한 듯 보일 경우

◐ 아픈 아이들을 위하여 기도합시다.

◐ 출산을 앞둔 여성들을 위하여 기도합시다.

◐ 사람들이 병에서 회복하거나 무사히 출산을 마친 경우, 그들과 더

불어 주님께 감사드립시다.
◉ 영적인 문제를 붙들고 싸우는 사람들을 위하여 특별히 기도합시다.
　◐ 죄를 깨닫고 그리스도를 찾는 사람들을 위하여 기도합시다.
　◐ 자신들의 영적인 상태에 대하여 의심과 두려움을 떨치지 못하고 낙심하는 사람들을 위하여 기도합시다.
　◐ 자녀들로 인하여 크게 염려하고 슬퍼하는 부모들과 함께 기도합시다.
　◐ 정신이 온전치 않거나 기억을 잃어버린 이들을 위하여 기도합시다.
◉ 특별한 어려움에 직면한 사람들을 위하여 기도합시다.
　◐ 감옥에 있는 사람들을 위하여 기도합시다.
　◐ 사형 선고를 받아 죽음을 앞에 둔 범죄자들을 위하여 기도합시다.
　◐ 바다에서 항해하는 사람들이나 하늘에서 비행하는 사람들을 위하여 기도합시다.
　◐ 가족의 죽음을 겪게 된 사람들, 특별히 한 집안의 가장의 죽음을 겪게 된 사람들을 위하여 기도합시다.

7. 마침 기도

◉ 여러분의 모든 기도로 인하여 아버지와 아들과 성령 하나님께서 영광을 받으시게 해달라고 간구하며 기도를 마칩시다.
　◐ 여러분의 기도를 포괄적으로 요약하십시오.
　◐ 그리스도를 보셔서 여러분의 부족하고 연약한 기도를 받아 달라고 주님께 겸손히 간구합시다.
　◐ 잘못 드린 기도에 대하여 용서를 구합시다.
　◐ 오늘과 이후의 삶을 통틀어 여러분이 드려야 할 다른 모든 기도에

서도 온전히 하나님의 은혜를 의지합시다.

◐ 아버지와 아들과 성령께 영광을 돌려 드리는 송영으로 여러분의 모든 기도를 마칩니다. 그리고 모든 찬송과 기도를 가슴 뜨거운 "아멘"으로 끝내십시오.

◐ 그리스도께서 제자들에게 가르치신 것과 같은 방식으로 여러분의 기도를 마칩니다.

찾아보기

ㄱ

가난하고 고통받는 사람들 216-217
가족 기도
　매일 아침 기도 314-320
　매일 저녁 기도 321-327
　어린이들을 위한 소요리문답의 기도문 309-313
　어린이를 위한 주님의 기도 307-308
　자기 자녀를 위한 부모 347-351
　주님의 날 아침 328-336
　주님의 날 저녁 337-346
가족의 죽음 259-260
간구 102-136
　겸손과 온유 116
　만족 117-118
　모든 선한 생각과 말과 행동을 위한 은혜 107-121
　모든 진리로 인도하는 은혜 108-109
　믿음 112-113
　부드러운 마음 114-115
　소망 118
　악을 대적하는 은혜 104-105
　양심을 교육하는 은혜 109-110
　연민과 형제 사랑의 마음 115
　은혜 안의 성장 128-132
　의무 이행 122-127

　모든 의무 이행 126
　부지런하게 의무 이행 123
　용기 있게 의무 이행 124-125
　의무에 전적으로 완전함 127
　정직하게 의무 이행 123
　즐겁게 의무 이행 125
　지혜롭게 의무 이행 122
　자기를 부인 116
　정결 110-121
　죄에서 지키심 119
　하나님 경외 113
　하나님을 향한 사랑 113-114
　하나님의 일들을 깨닫는 은혜 107-108
　하나님의 진리를 기억하는 은혜 109
　혀를 다스림 120-121
감사 138-186
구원 계획 146-150
구원 성취 154-167
　그리스도 재림의 소망 165-166
　그리스도의 중보 164
　높임받은 그리스도의 다스림 164-165
　성령을 보내심 166-167
　승천과 좌정 162
　아들에게 위임한 아버지 154-155
　아들의 성육신 155-156

예수의 부활 161
예수의 삶과 가르침과 행하신 일 156-157
의의 만족 158-160
죄인들을 초대 158
구원 적용 175-179
  거룩하게 하시는 은혜 177
  기도 응답 178-179
  은혜로운 제어 175
  죄 용서 176-177
  하나님과 사귐 178
교회를 세우고 지키심 168-174
  교회를 위한 하나님의 지침 170-171
  교회를 지키심 172
  기록된 성경 169
  성도들의 교제 174
  성도들의 모범 173
  온 세상에 세워진 그리스도교 신앙 171
  은혜의 언약 168
보편 은혜 138-140
시련으로부터 유익 184-185
약속 성취 185-186
영원한 생명 186
옛 언약의 은혜 151-153
우리의 소명을 이루게 하심 183
정해진 구원자 148-150
지원과 위로 182
지키심 180-182
타락한 모든 피조물에게 선한 것 142-145
하나님을 즐거워함 180
감옥에 있는 사람들을 위한 기도 257

결혼 241
겸손과 온유 116
고난 129, 184, 318
고난 중의 은혜 129-136
  공급, 지원, 위로 130-132
  인내 133-135
  임종 때 지키심 134-135
  재앙으로부터 지키심 129
  천국 준비 135-136
공무원들을 위한 기도 212
교회 195-201
  고난받는 교회의 구원 198
  교회의 원수들을 물리침 197
  보편 교회의 복되고 강건함 195
  분열의 치유 200
  성령의 부으심 196
구원 적용 175-179
  거룩하게 하시는 은혜 177
  기도 응답 178-179
  은혜로운 제어 175
  죄 용서 176-177
  하나님과 사귐 178
기도
  기도를 받아 주시기를 간청 47
  기도를 받으시도록 그리스도를 의지 48-49
  기도의 목표는 하나님의 영광 49-50
  기도할 때 성령의 도우심을 간청 49
  나아갈 수 있는 특권 42-50
  나아갈 자격 없음 44-45
  은혜로운 기도 응답 178-179
기도 응답 178
끝까지 인내 133-136

ㄴ

노인들 214-215

ㅁ

마침 기도 262-267
만족 117-118
매일의 양식과 지원과 위로 130-132
모든 대륙을 위한 기도 193
모든 민족의 복음화 190-191
모든 선한 생각과 말과 행동을 위한 은혜 107-121
    양심 교육 109-110
    이해와 진리 기억 107-109
    정결 110-121
무신론자들과 마음이 굳은 죄인들 193
믿음을 구하는 기도 112-113

ㅂ

방황하는 자녀들 255-256
복음의 일꾼들 201-202
부드러운 마음 114-115
부유하고 유복한 사람들 216
비가 내리지 않을 때 243
비가 많이 내릴 때 243

ㅅ

사별 260
사역자 임명 240
사형 선고를 받은 범죄자들을 위한 기도 258
삼위일체 40-41
성찬 237-240, 352-361
    예식 전 237-238, 352-357
    예식 중 238-239
    예식 후 239-240, 358-361
세례 14, 169, 234-237
세상 민족들 204
소명을 이루게 하심 183
송영 266-267
시련으로부터 얻는 유익 184
식사 기도 225-228, 362-365

ㅇ

아침 기도 222-224, 314-320
아픔 245-252
    거의 회복 248-249
    아픈 아이들 249-250
    오랫동안 지속 248
    죽음이 임박 249
    출산 250-251
    회복 251-252
악을 대적 104-105
악을 대적하는 은혜 104-105
약속 성취 185-186
약속에 호소 103
어린이들을 위한 주님의 기도 307
어린이들이 드리는 기도 304-313
    소요리문답의 기도문 309-313
    어린이들을 위한 주님의 기도 307
    어린이들이 할 수 있는 일반 기도 304
여행자의 기도 228-229
연민과 형제 사랑의 마음 115
영원한 생명 186
영적인 문제 253-256
    방황하는 자녀들 255-256
    의심과 두려움 253-255

정신과 감정의 어려움 256
　　죄를 깨달음 253
유대인들 192
은혜 안의 성장 128-132
의심과 두려움 253-255
잃은 바 된 세상 190-191
임종이 다가올 때 134-135, 181-182, 249

ㅈ

자기 부인 116
자기 자녀를 위한 부모 347-351
자신의 민족 203-213
　　개혁의 노력들 210-211
　　공무원들 212
　　민족의 죄 206
　　복음의 개방 207-208
　　악과 맞설 때 보호 211-212
　　외적 평화 208-210
　　자비에 감사 206-206
　　통치자들과 재판관들과 정의 212-213
장례식 241-242, 259-260
재앙 129, 244
저녁 기도 224, 321-327
전염병 244
젊은이들 214
정신과 감정의 어려움 256
죄를 깨달음 253
죄에서 지키심 119
죄 용서 81-93
　　그리스도의 의로운 삶과 대속의 죽음을 기억함 89-91
　　기꺼이 용서하는 하나님을 기억함 88-89

　　여러분의 수치심을 표현하고 하나님의 은혜를 구함 86-87
　　죄 용서받은 기쁨 92-93
　　죄인들을 불러 자비를 베푸는 하나님께 요구 84-86
　　하나님의 인내에 영광 돌림 83-84
죄의 고백 52-80
　　가증스러운 죄 75-80
　　　많은 자비를 받았을 때 76
　　　맹세와 약속을 할 때 78
　　　선과 악을 명백히 이해할 때 75
　　　죄인 줄 알 때 78
　　　징계가 중할 때 77
　　　충분한 경고를 받았을 때 76
　　　헌신의 고백이 강할 때 75
　　게으름 69-70
　　교만 64-65
　　사랑 없음 67-69
　　안달 67
　　원죄 55-56
　　육신의 정욕 59-60
　　음욕 66
　　의무를 행하지 못함 62-63
　　의지의 완고함 57-58
　　일신의 안락 66
　　전적인 부패 58-59
　　죄로 인한 피해 73
　　죄의 무익함 72
　　죄의 속임수 72
　　죄의 악함 71
　　죄의 어리석음 71
　　탐욕 65
　　하나님을 모욕함 73

하나님의 일들을 깨닫지 못함 57
혀로 인한 죄 69
화 65
주님의 기도 해설 270-301
  나라가 임하시오며 281-284
  나라와 권세와 영광이 아버지께 영원히 있사옵나이다 299-300
  뜻이 하늘에서 이루어진 것같이 땅에서도 이루어지이다 285-288
  오늘 우리에게 일용할 양식을 주시옵고 289-291
  우리 아버지 272-274
  우리가 우리에게 죄지은 자를 사하여 준 것같이 우리 죄를 사하여 주시옵고 292-294
  우리를 시험에 들게 하지 마시옵고 다만 악에서 구하시옵소서 295-298
  이름이 거룩히 여김을 받으시오며 277-280
  하늘에 계신 우리 아버지 275-276
주님의 날에 드리는 기도들
  성인 세례 234-236
  성찬
    예식 전 237-238
    예식 중 238-239
    예식 후 239-240
  예배 때 하는 기도들 232-234
  유아 세례 236-237
  주님의 날 아침 231-232
  주님의 날 저녁 337-346
  주님의 날 전날 저녁 230-231
지원과 위로 182
지키심 180-182

ㅊ

찬양 22-50
  삼위일체 40-41
  찬양으로 나아감 22-25
  하나님의 속성 24, 29-35
    거룩 33
    불변적 선 34
    영광 34
    영원 29
    전능 32
    전지 30
    정의 33
    주권 31
    지혜 31
    편재 30
  창조자와 통치자이신 하나님 인정 36-39
    하나님의 위대하심을 받아들임 27-28
    하나님의 존재 인정 26
창조자와 통치자이신 하나님 36-39
출산 250
친구들을 위한 기도 217-218

ㅌ

타인을 위한 기도 188-218
  교회 195-201
    고난에서 구원 198
    모든 민족의 복음화 190-191
    분열의 치유 200
    성령의 부으심 196
    세계 교회의 복되고 강건함 195
    세상의 대륙들 193
    원수들을 물리치심 197
    무신론자들과 마음이 굳은 죄인들 193

복음의 사역자들 201-202
세상 민족들 204
유대인들 192
잃은 바 된 세상 190-191
자신의 민족 203-213
   가난하고 고통받는 사람들 216-217
   개혁의 노력들 210-211
   공무원들 212
   노인들 214-215
   민족의 죄 206
   복음의 개방 207-208
   부유하고 유복한 사람들 216
   악과 맞설 때 보호 211-212
   외적 평화 208-210
   자비에 감사 206
   젊은이들 214
   통치자들과 재판관들과 정의 212-213
친구들 217-218
통치자들과 재판관들과 정의 212-213
통치자들과 재판관들과 정의를 위한 기도 212-213

ㅎ

하나님 경외 113
하나님과 화해 94-99
   그분의 진노가 떠나감 94-95
   언약으로 보증 95
   특별한 사랑의 대상 95-96
   하나님의 복이 임함 96
   하나님이 함께하심 97
   화해 인식 97-99
하나님을 소망함 46-47, 118-119
하나님을 즐거워함 180

하나님을 향한 갈망 45-46
하나님을 향한 사랑 113-114
하나님의 속성 24, 29-35
   거룩 33
   불변 34
   영광 34
   영원 29
   전능 32
   전지 30
   정의 33
   주권 31
   지혜 31
   편재 30
행할 필요가 있는 의무들 122-127
   모든 의무 이행 126
   부지런하게 의무 이행 123
   용기 있게 의무 이행 124-125
   의무에 전적으로 완전한 사람 127
   정직하게 의무 이행 123
   즐겁게 의무 이행 125
   지혜롭게 의무 이행 122
혀 69, 120-121
회개 87, 114, 194, 206